Experimental analysis
of financial statistics

金融统计实验分析

主　编　郭文旌
副主编　童馨乐

南京大学出版社

图书在版编目(CIP)数据

金融统计实验分析 / 郭文旌主编. —— 南京：南京大学出版社，2024.5
ISBN 978-7-305-27466-4

Ⅰ.①金… Ⅱ.①郭… Ⅲ.①金融统计－统计分析－高等学校－教材 Ⅳ.①F830.2

中国国家版本馆 CIP 数据核字(2023)第 243494 号

出版发行	南京大学出版社
社　　址	南京市汉口路 22 号　　邮　编　210093
书　　名	金融统计实验分析 JINRONG TONGJI SHIYAN FENXI
主　　编	郭文旌
责任编辑	王日俊
照　　排	南京开卷文化传媒有限公司
印　　刷	南京人民印刷厂有限责任公司
开　　本	787 mm×1092 mm　1/16 开　印张 14.75　字数 416 千
版　　次	2024 年 5 月第 1 版
印　　次	2024 年 5 月第 1 次印刷
ISBN	978-7-305-27466-4
定　　价	58.00 元

网　　址：http://www.njupco.com
官方微博：http://weibo.com/njupco
微信服务号：njuyuexue
销售咨询热线：(025)83594756

* 版权所有，侵权必究
* 凡购买南大版图书，如有印装质量问题，请与所购
　图书销售部门联系调换

前　言

金融统计实验分析是金融类专业课程体系中的实验教学课程之一，其指导思想是在掌握一定金融专业知识基础上，培养本科三、四年级学生的实践能力和创新能力，建立"专业理论—综合分析—实验训练"的三阶段复合层次实验教学体系。在学生完成前置专业课程之后开设本课程，从而形成一套递进阶梯式的多维度本科生实践教学模式。这将有利于学生加深对金融理论的理解，提高运用金融工具的能力，掌握金融数据的分析方法，并进一步加强学生对数理模型、统计分析方法的理解与运用，从而达到当前形势下社会相关行业对金融专业本科毕业生的要求。

本书共分为八章，涵盖了金融统计运用体系的主要内容，包括金融统计分析概述、金融统计分析实验、金融数据挖掘与统计分析、EVIEWS 概述、金融数据处理、基本回归模型、违背计量经济学经典假设的情况及其修正、两个零散的实验。本书系统介绍了金融统计与分析的基本范畴、分析范式，并以 EVIEWS 软件为操作平台进行实验的教学，教与练相结合，充分体现了"培养学生成为专业基础理论知识扎实、实践操作动手能力过硬的复合型人才"的要求。

书中每一章都由理论与实验相结合，附加操作题以方便教材使用者分步骤讲解，并加入练习题，方便读者自己操作以检验学习效果。

本书是江苏省高等教育教改研究课题"数智化转型背景下金融人才培养模式的改革与创新研究"（2023JSJG743）的研究成果之一。

本书是高等院校金融相关专业必修课教材，适用于高等院校财经商科类专业使用，也适用于其他相关专业做选修课教材使用。课时及内容安排：建议对金融类专业的学生开设51课时；对非金融类专业大学生开设34课时，个别章节如金融数据挖掘与统计分析等可安排学生自学。

书稿内容如有遗漏、错误，欢迎读者批评指正。本书亦提供相关教学资源，如有需要，可与我们联系。

编者

2024.1

目 录

第1章 金融统计分析概述 ··· 001
    1.1 宏观金融统计分析的对象 ··· 002
    1.2 微观金融统计分析的对象 ··· 003
    1.3 金融统计分析的对象 ··· 004
    1.4 金融统计分析的任务 ··· 006
    1.5 金融统计分析的基本方法 ··· 008

第2章 金融统计分析实验 ··· 009
    2.1 金融统计分析实验的目标与要求 ·· 009
    2.2 金融统计分析实验的环境条件 ··· 010
    2.3 金融统计分析实验的类型 ··· 011
    2.4 金融统计实验报告 ·· 012
    2.5 金融统计分析实验效果评估 ·· 015

第3章 金融数据挖掘与统计分析 ·· 019
    3.1 金融数据的生产、分类与公布系统 ··· 020
    3.2 金融数据挖掘原理与技术方法 ··· 025
    3.3 金融数据处理与统计分析基础 ··· 034

第4章 EViews概述 ··· 047
    4.1 EViews简介 ··· 047
    4.2 工作文件基础 ··· 050
    4.3 对象基础 ··· 054

第 5 章 金融数据处理 ··· 061
5.1 工作文件与数据录入 ·· 061
5.2 图形与表格 ·· 086
5.3 金融数据统计计算 ··· 092

第 6 章 基本回归模型 ··· 110
6.1 线性回归方程的建立 ·· 110
6.2 方程统计量的读取与分析 ·· 117
6.3 方程的简单假设检验 ·· 121

第 7 章 违背计量经济学经典假设的情况及其修正 ···································· 126
7.1 异方差性 ·· 126
7.2 多重共线性 ·· 156
7.3 序列相关性 ·· 179

第 8 章 两个零散的实验 ·· 213
8.1 金融数据描述性统计分析 ·· 213
8.2 GARCH 族模型 ·· 220

第 1 章　金融统计分析概述

本章精粹

本章主要介绍金融统计分析的对象、任务、基本概念和基本方法。

章前导读

任何一门课程都有其特定的研究对象、目标和方法。"金融学"以及货币、信用、金融工具、金融机构等为基本研究对象,在宏观金融领域以货币均衡与经济内外均衡的实现作为基本目标;在微观金融领域,将金融工具或资产在时间和风险两个基本维度上实现最优配置,达到收益或效用最大化目标。无论宏观金融还是微观金融都是在金融基本理论的基础上,运用现代经济学分析工具来实现宏微观目标的,其中,统计学的基本方法运用最为广泛。"统计学是数据处理与分析的科学,是在海量信息与数据中探寻规律和有价值决策信息的方法论和基本工具,在金融领域运用尤为重要"。"金融统计分析"是应用统计学基本原理、方法和工具研究、处理、分析金融数据、解决宏微观金融中所需的决策信息问题的学科。货币政策的调整、金融资产的配置选择等关键决策,依托的是货币金融统计数据、金融市场定价模型预测结果等统计结论。统计参照结论是可以通过实验加以检验和分析的,金融统计分析又是一门实验性的学科,决策实验的可重复性可为宏观金融管理主体,如中央银行、监管部门等,以及微观金融投资主体,如固定收益证券基金、个人投资者等,提供多种可选方案,权衡取舍过程更加客观、有效。"金融统计分析"是解决问题的决策应用性实验学科,是一门应用统计学分析工具处理分析金融数据、提供决策参照系的方法论课程。

核心概念

货币统计(monetary statistics)　　　　　金融统计(financial statistics)
金融投资统计(financial investment statistics)　　创新型实验(innovative experiment)
金融统计分析(financial statistics and analysis)　　验证型实验(verifying experiment)
综合型实验(comprehensive experiment)　　设计型实验(designing experiment)
货币统计分析(monetary statistics and analysis)　　金融投资统计分析(financial investment statistics and analysis)

金融统计分析概述

金融统计分析与国际货币基金组织提出的《货币与金融统计手册》中界定的范围不同,它包含基金组织关于货币与金融的统计内容,又不拘泥于货币与金融统计数据的生成过程。它偏重于分析金融数据,用统计学的原理和方法处理统计数据,为宏微观决策提供参照依据。金融统计分析不仅分析宏观金融数据,也分析微观金融数据,从国家整体、经济活动主体部门以及经济活动个体角度分析金融数据,解决金融政策、投资决策中的信息缺失与不对称问题,使金融决策更加客观、科学和有效。

1.1 宏观金融统计分析的对象

1. 货币

货币是最基础的金融要素,经济活动离不开货币的媒介、支付功能,节约或储蓄依赖货币的价值储蓄功能。可以说,货币是经济运行的血液,是衡量各类型交易的最基本尺度,也是各种价值的基础计量手段。现在信用货币的源头为国家的中央银行,创造派生的载体是存款性银行,而经济交易、金融交易是决定货币派生的动力。从中央银行为满足实体经济、金融活动需要投放基础货币开始,货币的扩张就需要被监测统计,这是货币当局调整政策的基础。金融统计分析首先要对货币进行统计分析,及时掌握货币总量、结构和运行状态等信息。不同国家的中央银行对货币的统计划分有不同的标准和层次:国际货币基金组织将货币划分为通货(currency)、货币(money)和准货币(quasi money);中国人民银行将货币划分为 M_0、M_1 和 M_2,对应流通中的现金、狭义货币和广义货币。在货币统计中,这三个层次的货币是最主要的统计对象,目前按照月度统计并定期发布。

2. 信贷与债务

信用是金融的另一个基础要素,是借贷双方形成的债权债务关系。经济活动主体通过举债融资形成了相应的信贷规模。从银行等金融机构提供贷款角度,可以统计银行的信贷总量,也可以记录信贷资产的投放结构。举债融资还包括发行债券类融资工具,如各种期限的债券、票据和信用衍生品等。这些金融工具承载的债务总量是从债务人角度进行统计分析的对象,是掌握全社会债务总量的统计途径。信贷和债务尽管是一个事物的两个方面,但信贷统计主要从银行等金融机构的角度分析债券总量结构,而债务则是从借款人角度进行的统计,所包含的范围比从银行等金融机构统计的信贷规模要大。

3. 利率

利率是反映货币借贷成本高低的指标,既是一个宏观金融统计指标,又是微观金融活动中重要的分析指标。在一国的利率体系中,基准利率的宏观属性比较强,如中央银行再贴现利率、银行同业拆借市场利率等。其变化反映着货币政策取向和货币借贷成本的变动方向。其他差别利率,如存款、贷款利率,不同用途贷款的利率等调整与变化都以基准利率为基础。利率的统计是对官定利率或市场基准利率的连续、动态、系统的统计。

4. 汇率

汇率是本国货币与其他国家货币兑换的比率,反映本币的外币价值,也是金融基础要素之一。在开放的经济条件下,汇率同样关乎宏观均衡和微观主体的利益。自20世纪70年代布雷顿森林体系解体后,全球进入了浮动汇率时代,在浮动汇率中也存在盯住单一货币或货币篮的相对固定汇率安排。汇率的变化和调整,既是一国经济对外失衡的反映,也是改善对外竞争条件的政策选择。汇率的统计也是对汇率安排调整或市场汇率的动态和系统的统计。

5. 资产与金融工具

信用活动的结果就是形成各种各类的金融资产,如存款、贷款、股票、债券、基金、保险准备金等,也有出于规避利率、汇率、价格波动风险目的而产生的金融工具,如期货、期权、互换、抵押资产证券、信用违约互换等衍生产品。衍生金融工具的价值计量比较复杂,与工具合约标的物名义价值相关性比较小,交易过程多采用保证金交易方式,这给统计和分析过程增加了不少难度。不过,金融资产和金融工具统计是掌握金融深化与发展程度的重要途径,也是分析金融总量与结构的基础。

6. 资金流量

宏观金融政策决策需要关注社会资金在各部门配置的状况,资金流量是各部门资金来源与资金运用的发生额与净额,能够反映各宏观经济部门的资金缺额状态和债权债务状况。宏观经济部门主要划分为住户部门、非金融企业部门、政府部门、金融机构部门和国外部门;资金流量反映了一定时期内各部门金融交易的发生额,部门之间的信用关系。住户部门是社会资金的主要提供者;非金融企业部门、政府部门是社会资金的主要需求者;金融机构部门在社会资金配置中发挥着核心作用;国外部门反映着本国与其他国家和地区经济交易形成的收支和借贷关系。

7. 部门金融状况

部门金融状况主要是通过专门的金融统计来反映金融机构部门、政府财政收支和国际收支内容的资金流动与借贷关系。金融部门的统计包括货币、金融机构信贷收支、储蓄资产、各层次的概览等;政府财政收支的统计主要反映政府部门的收支状况、赤字融资过程、债务状况等;国际收支统计包括流量角度的收支统计表和反映对外资产负债的国际投资头寸表。部门金融状况是分析宏观金融运行状况的重要基础。

8. 金融稳定与危机预警

金融部门的稳定对于经济可持续发展至关重要,但是,从世界范围来看,每隔一定时间爆发的金融危机都不同程度地冲击了经济的发展,造成了国民经济和社会福利的损失。金融部门稳定性评估是国际货币基金组织于 1994—1995 年墨西哥金融危机后提出的概念框架,目前是预警金融危机,及早控制和消除金融不稳定因素,防患于未然。在 1997—1998 年亚洲金融危机之后,国际货币基金组织推出了金融部门稳定性评估(FSAP)框架,要求成员国在相应的框架下进行金融部门评估。金融危机预警理论也经历了 20 世纪 70 年代末的第一次货币危机,到 20 世纪 90 年代末的第三次货币危机模式发展过程,21 世纪前 10 年发生的几次局部危机和 2007 年爆发的美国次贷危机,将金融危机预警理论研究推向新高潮。金融危机预警体系以统计指标为主,将各指标相应的预警区间标准化,用预警指数对金融危机发生的概率进行预测和表述,为宏观经济金融政策与监管制度完善提供了参考。

1.2 微观金融统计分析的对象

1. 金融市场

金融市场是金融工具发行、交易的场所,将资金供求、金融工具交易双方连接在一起,发挥金融资源配置、资产价格发现、分散风险等功能。金融市场又是一个信息充分流动的市场,金融工具价格的变化能够反映市场信息。金融投资决策是在时间和风险两个维度上配置资金,决策过程要依托金融市场信息。金融市场统计是对不同类型金融市场、不同市场上投资工具的统计。市场类型包括传统的金融工具、衍生金融工具。金融市场统计信息还包括市场投资主体、融资者主体等信息。

2. 金融市场价格

金融市场价格是金融工具发行和交易的价格,是由金融工具交易双方通过公开的集合竞价形成的价格。金融工具价格反映了供求双方对投资工具市场价值的基本看法,价格在变化过程中隐含着一些信息。如果是完全有效的市场,价格会反映一切公开的和非公开的信息;而中度有效市场的价格则只能反映公开的信息;弱式有效市场的价格对公开信息的反映并不敏感。金融市场价格是研究市场特征和属性的重要依据,也是对不同金融工具市场活跃性判断的依据。连续的金融市场价格数据序列是检验一个投资决策模型、资产定价模型的基础条件。对于金融监管者而言,金融市场价格也是检测市场交易是否规范的重要依据之一。

3. 金融资产与金融工具

金融资产与金融工具的投资价值是金融投资过程中主要的判断对象,投资价值评估是应用统计方法,利用金融市场统计数据,结合宏微观经济条件进行分析的过程。金融市场统计中给出某些技术指标,简明扼要地显示金融资产的投资价值。如股票投资中的市盈率指标,就是股票现价与发行公司预期收益之间的比值;一般情况下,市盈率越低的股票,投资价值越大。金融统计分析将金融资产和金融工具的投资价值作为分析研究对象,为投资者投资决策提供参考依据,减少投资的盲目性。

4. 金融投资组合

金融投资组合是投资者货币基金在各类金融资产上配置形成的集合。投资组合可以规避金融市场中的非系统性风险。在资产集合中,各种资产的配置比重是由收益和风险对比以及投资者风险偏好程度决定的。资产的有效投资组合和最佳组合模式的确定,需要借助市场数据分析应用统计进行规划。在微观金融统计领域,资产组合研究是金融统计分析的重要对象。

5. 公司财务数据

公司的财务数据反映了公司的经营状况,股票、公司债券投资需要重点关注发行公司的财务状况。上市公司与公司债券发行公司会定期公布经过审核后的财务报告,从财务数据挖掘和分析中可以找到决定和影响公司盈利水平、成长性的信息。公司的可持续发展状况可以从文件的财务数据中反映出来。财务数据是投资决策中重点关注的对象。

1.3 金融统计分析的对象

1.3.1 货币统计概念及其分析

1. 货币统计

货币统计是针对货币总量与结构的统计,如货币供应总量和各层次的货币量。货币供给量是一个存量概念,是某一时点上中央银行发行的通货和金融机构吸收的存款总额。通货是流通中的现金,是中央银行的负债;金融机构吸收的各项存款构成其主要资金来源,是金融机构的负债。货币统计就是统计中央银行和金融机构的负债,同时,由于金融机构的资产业务可以创造新的负债,货币统计也包含对金融机构资产的统计。这样,货币统计的表现形式主要是部门资产负债表和概览,部门资产负债表主要是对某一类金融机构资产负债表的汇总;概览是一个或多个金融性公司次部门资产负债表的合并。

2. 货币统计分析

货币统计分析是应用统计分析方法对货币供应量、结构等数据中隐含的信息、趋势、规律和问题进行挖掘、处理、总结和解释。主要分析货币供应量的增长速度,结构是否与经济发展对货币的需求相适应,货币供应与经济增长、物价、利率、汇率、对外经济活动的关系,货币供应对宏观调控目标的影响,货币供应量、结构的变化是否反映了货币政策的效果,本国货币政策对其他国家经济是否产生了溢出效应,其他国家货币政策是否对本国经济产生了溢出效应,货币政策协调效果是否达到共同目标,等等。货币统计分析是宏观经济分析的重要环节,也是货币政策决策的基础。

1.3.2 金融统计概念及其分析

1. 金融统计

金融统计是针对金融活动要素和金融运行过程与结果形成的数据的统计。金融要素包括融资主体、金融工具、融资方式、金融服务中介、金融市场等。融资主体包括所有经济活动主体,其中企业、政府是主要的资金融入者,居民是主要的资金融出者,金融部门是资金的分配者,发挥中介功能;金融工具包括传统的存款、贷款、票据、证券等,也包括期货、期权、互换、信用衍生品等创新性金融工具;融资方式主要是直接融资和间接融资,在这两个基本分类下融资规模、融资工具、交易总量和结构等数据是重要的统计对象;金融服务中介主要是各类型的金融机构,包括以间接融资服务为主的商业银行、信用社等存款性机构,以直接融资服务为主的投资银行、证券交易所、期货交易所等机构;金融市场一般按照市场交易工具划分,主要有货币市场、资本市场、衍生金融市场、黄金市场、外汇市场、保险市场等。金融统计从不同角度,对上述金融要素相对应的数据信息进行统计、处理和储存。

2. 金融统计分析

金融统计分析是运用统计分析方法对金融部门的数据进行挖掘、处理、总结和解释,解释数据背后隐藏的有用信息,为宏观调控、金融监管、金融发展规划提供决策参考依据。通过金融统计分析,能够掌握社会资金在各经济部门之间的流动情况,反映部门之间的融资总量结构,部门内部不同融资工具的结构,不同融资形式的比重,各部门的资金头寸等情况。通过金融统计分析,能够发现金融与经济发展的关联性和适应性问题,评价金融发展的深度金融创新程度以及金融潜在的风险状况。

1.3.3 金融投资统计概念及其分析

1. 金融投资统计

金融投资是金融市场上的资金供给者通过购买有价证券、杠杆类金融工具、黄金与外汇等投资工具,有效配置资金,在承担一定风险的基础上实现投资资金的保值、增值,实现收益最大化目标。金融投资统计主要从投资者视角对金融市场层次、金融工具类型、金融工具价格、发行融资主体等数据信息进行统计。其中,金融工具价格信息是最主要的统计对象,也是金融投资分析的依据。

2. 金融投资统计分析

金融投资统计分析是针对金融市场的不确定性、金融工具价格的随机性、金融风险、投资预期、杠杆效应、模型定价等关系投资决策的要素,应用统计方法,基于市场数据进行的全面、系统的分析,为投资决策提供参考依据。金融投资统计分析中在对市场价格信息的分析,立足于市场有效性假设,将价格视为承载市场全部信息的符号,应用理论模型,确定均衡时的市场价格,评判市场现价的高估或低估程度。金融投资统计分析除了对市场要素进行分析之外,还针对影响投资收益的宏观经济状况、产业发展状况、企业财务状况、国际相关金融工具价格变化等进行统计分析。这些分析建立在相应的统计数据基础之上,从统计数据中挖掘对投资决策有用的信息。

1.4 金融统计分析的任务

金融统计分析的主要任务是运用统计学原理和方法,对金融活动内容进行分类、量化、数据收集和整理以及进行描述和分析,反映金融活动的规律和揭示其基本的数量关系,为金融制度的设计、理论研究和宏观调控的实施提供参考依据,也为金融投资决策提供方法和工具。

1.4.1 宏观金融政策决策中的基本任务

1. 货币金融运行状况的统计描述

金融统计分析在宏观金融政策决策中的作用,首先是为决策提供相关货币金融指标的全面分析,对于货币金融运行状况的统计描述可以揭示数据背后隐藏的一些基本信息,为纵向动态比较和横向静态比较提供依据。统计描述是数据分析的基础工作,是后续开展深度考察、模型验证的前提。

2. 货币政策效果分析评估

金融统计分析是货币政策效果评估的重要手段,货币政策执行情况评估大多需要通过数据变化来证实,金融统计分析通过对货币供应量、利率、汇率、物价指数、固定资产投资、经济增长、对外贸易和就业情况的分析,对不同时期货币政策执行的效果进行检验。通过对货币政策的传导过程中的可观测与未观测指标进行测度,可分析评判货币政策的传导效率,评价传导机制的有效性。

3. 金融发展状况

金融发展与深化是宏观金融与金融制度改革中关注的重要内容。金融统计分析通过对金融深化指标,如经济货币化比率、金融化比率、利率与汇率市场化程度、信贷配置结构、金融产品结构、金融体系结构等进行计量分析,评价金融发展与深化的进程,为货币政策决策和金融体制改革与制度建设提供依据,同时也是评价金融改革与发展的工具。

4. 资金在宏观经济部门的配置

对资金流量的统计分析也是金融统计分析在宏观金融决策应用中的重要方面。资金流量反映货币资金在宏观经济部门之间的配置情况,揭示社会资金运行规律。资金流量分析是对个经济部门资产、负债发生额的监测分析,可以反映社会信用规模的增量情况。

5. 金融稳定与宏观金融风险评估

金融稳定和宏观金融风险是一个问题的两个方面:金融风险小,金融稳定状况就好;反之,金融风险大,金融就会出现不稳定。金融业本身的高风险性、脆弱性的根本原因是金融业的高负债、高杠杆运营模式,金融市场的敏感性也是金融脆弱性的体现。金融统计分析通过构建相应的统计分析指标体系,对影响金融稳定的因素和金融风险状况进行量化分析评估,对金融不稳定状况和金融危机做出预警,为货币金融当局及早做出政策调整,规避、控制风险与危机提供决策依据。

1.4.2 微观金融投资选择中的基本任务

1. 金融投资中对不确定性的分析

金融投资过程中面临诸多的不确定性,应用统计方法对金融投资过程中的不确定性进行分析,可以将不确定性进行量化,找出影响金融工具价格变化的因素,发现价格运行的趋势和方向。金融不确定的统计描述是将不确定变量转化为随机变量,并收集相关的数据进行计量,估计不确定性变量的概率分布,进行统计描述分析。

2. 金融风险度量与分析

金融投资实质上是将资金在时间和风险两个维度上进行有效配置。不同的金融工具其风险是不同的,对风险的计量是金融统计分析在微观金融投资决策中的核心任务。1952年美国著名经济学家马克维茨(Markowitz)创立了均值—方差模型,将金融资产的预期收益和风险进行了量化,开创现代金融学的先河,也是首次将统计方法应用于金融投资分析当中。现代金融市场金融工具不断创新,金融投资风险多样化,应用统计分析方法对这些风险进行计量分析,是金融投资者追求的目标。

3. 金融投资定价模型与分析

金融工具的市场定价是金融统计分析关注的重要内容。新发行的股票、债券上市的价格如何确定,一般依据经验判断,但更精确的方法是采用定价模型进行计量。衍生金融工具的定价,更高层次的信用衍生品,如资产证券化产品(Asset-Backed Securities,ABS)、担保债务凭证(Collateralized Debt Obligations,CDO)、信用违约互换(Credit Default Swap,CDS)等定价更为复杂,无论对于杠杆投资者还是衍生品发行人,定价问题都是决策的关键。金融统计分析对各类计量模型的检验与分析基于市场价格和信息数据,是投资决策的重要工具。

4. 金融投资组合规划

投资组合规划是控制风险和实现预期收益最大化的基础,投资组合中各类资产比重的确定,资产或组合投资工具之间的风险相关性,不同资产和工具市场价格的波动性特征都需要通过统计分析和描述加以确定。无论是投资基金等机构投资者,还是个人投资者,其金融组合规划都需要借助统计分析方法来完成。

5. 公司财务统计分析

公司财务统计分析是对上市公司财务盈利能力、流动性、成长性指标进行的量化分析,以判断公司股票的投资价值。

1.5 金融统计分析的基本方法

1.5.1 描述性分析方法

描述性统计分析(descriptive analysis),是对调查总体所有变量的有关数据作统计性描述,主要包括数据的频数分析、数据的集中趋势分析、数据的离散程度分析、数据的分布以及绘制一些基本的统计图形。描述性统计分析的目的是发现其内在规律,再选择进一步分析的方法。

1.5.2 回归分析方法

回归分析(regression analysis),是确定两种或两种以上变量间相互依赖的定量关系的一种统计分析方法。在回归分析中,有一个因变量、一个或多个自变量,自变量和因变量常常被假设为定距的。运用最小二乘法可以拟合一个能够更好地描述数据关系的模型。

1.5.3 方差分析方法

金融统计分析的对象一般是比较复杂的系统,其中往往有许多因素相互制约又相互依存。方差分析(analysis of variance)的目的是通过数据分析找出对该事物有显著影响的因素,各因素之间的交互作用,以及显著影响因素的最佳水平等。用于两个以及两个以上样本均值差别的显著性检验,也称变异数分析或 F 检验。

1.5.4 主成分分析与因子分析方法

主成分分析(principle components analysis),是通过高精度转换将一个多变量数据系统转化为低维系统或一维系统,用于分析系统中最主要的变量,为构建模型奠定基础。

因子分析(factor analysis),是将多个实测变量转化为少数几个不相关的综合指标的多元统计方法,目的是定义数据举证的基本结构。它通过定义一套通用的基本维度(因子)来解决那些变量之间相关性的结构分析问题。

1.5.5 判别与类聚分析方法

判别分析(discriminant analysis),是在已知的分类下,遇到有新的样本时,利用已经选定的判别标准,判定如何将新样本放置于哪个族群中。它是一种预测导向型的统计方法,通常用于事后分析。

聚类分析(cluster analysis),是对金融经济统计指标分类的一种多元统计分析方法,它能够分析事物的内在特点和规律,并根据相似性原则对事物进行分组,是数据挖掘中常用的一种技术和探索性的方法。

除了上述主要的分析方法外,在金融统计分析过程中还要使用指数分析、时间序列分析及弹性分析等方法。

第 2 章　金融统计分析实验

金融统计分析实验是将金融数据处理分析、金融模型验证、金融理论应用实证等过程在实验平台系统之上操作,加以模拟的过程,以实现过滤数据信息中的噪声、揭示金融运行数据内部的规律、验证金融理论的实践价值等目的。金融统计分析实验是金融实践教学的重要形式,是学生巩固、融通金融基本理论与知识,培养创新能力的重要途径。本章将从总体上阐述金融统计分析实验的目标与要求、实验环境条件、实验类型、实验报告和实验报告效果评估等内容。

2.1　金融统计分析实验的目标与要求

2.1.1　实验目标

金融学的许多原理在课内教学过程中,多以理性的、输入型模式介绍,这些原理大部分来自西方发达国家的知识体系,一些例证同样也是国外的样本。金融学的原理如何应用到中国的金融发展实践中,检验其在解释中国金融现象与问题方面的有效性是教学的目的性问题。统计学的教学主要针对的是数据处理理论和方法的介绍,尽管可以开展部分实验教学,但无法专门应用金融实践数据验证金融理论。统计学毕竟是一门方法论的学科,是数据处理的学科,需要一定的实践支撑。金融统计分析将金融学原理和统计学方法结合在一起,用方法验证理论,将理性的原理通过感性的模式加以强化,金融统计分析实验正是将金融理论通过统计数据、模型、预测、评估等方法进行实验检验的途径。

实验教学的目标包括两个层面:一是教师教学的层面,通过实验教学,教师的主要目标是什么;二是学生学习的层面,学生通过实验分析,应达到什么目标。

1. 教师实验教学的目标

从教师教学的角度分析,实验教学的目标主要是强化学生对理论知识的理解,激发创造性和培养实践能力。具体目标包括:

(1) 验证金融理论、模型,强化学生的理论知识。教师通过精心设计实验教学内容、实验过程、实验结果评价等各个教学环节,将金融理论、模型等通过统计实验的结果加以验证,增强学生对理性知识的认识,培养学生将理论应用于解决实际问题的能力。

(2) 激发学生的创造性,提高教学效果。实验教学是培养学生的创造性、提高学习兴趣和教学效果的重要途径。在实验教学中,通过自主设计型实验、创新型实验,充分调动学生学习的主动性、创造性和学习热情,达到教学相长、创造知识的目的。

(3) 培养和训练学生的实验、实践能力。实验能力是实践能力的重要体现,金融理论问题的解决应该提出各种备选方案,通过优化后进行权衡取舍。通过实验教学,在解决实验检验问题中培养学生分析问题、解决问题的能力。

2. 学生实验学习的目标

学生通过实验学习的主要目标是掌握一定的技能,具备将金融理论知识应用于解决实际问题的能力。

(1) 掌握金融统计实验的技能。主要包括掌握实验的方法和路径,撰写实验报告的能力,数据处理和数据库管理能力,统计方法和软件工具应用能力等基本操作技能。

(2) 具有将金融理论应用于金融实践并解决实际问题的能力。包括联系国内外金融发展实际情况,将金融理论应用于分析现实金融问题,通过实验分析,能够找到问题的根源,提出解决问题的方案,并能优化这些方案,分析取舍的理由。

2.1.2 基本要求

金融统计分析实验过程中,实验者应按照以下要求完成实验。

1. 依据实验目标设计实验方案

在给定的实验题目下,按照实验教学目标设计完整的实验方案。应用实验原理确定实验内容,按照实验环境条件和具体实验的特点设计实验步骤。实验步骤需要按照实验的规范流程进行设计。

2. 严格按照实验步骤和程序进行实验

在实验方案设计的基础上开展具体的实验操作,操作过程要遵循实验步骤,一般包括原始数据获取、数据处理与分析、应用原始数据生成实验数据并得出实验结果。实验过程中的每一步都是必不可少的,实验者应严格按照实验步骤和实验操作开展实验。在实验过程中,要及时、准确、详尽和清楚地记录实验生成的各种数据。

3. 应用相关理论分析实验结果,撰写实验报告

实验操作过程完成后,实验者应对记录完整的实验数据进行归纳总结,将体现实验结果的数据提炼出来,进行分析。最后在实验结果分析的基础上撰写实验报告。

2.2 金融统计分析实验的环境条件

2.2.1 课内实验环境条件

课内实验一般在专业实验室内进行。实验是一般要配备相关的金融实验教学软件系统,数据处理与统计分析软件,如 SAS、SPSS、Splus、EViews 等,可提供仿真的金融交易环境,实验者可进行股票、期货、外汇、黄金等金融交易的模拟操作。实验室应接入互联网、计算机等硬件设备,应不落后于现期的硬件技术发展平均水平,能够适应大规模数据的处理要求,尤其是金融市场的

高频交易数据。专业实验室容纳的实验人数应在 30—50 人,这样,实验指导教师基本能够在课内直接与实验者逐个沟通,检查实验操作是否规范,评判实验初步结果,并给予具体的指导。

2.2.2 课外实验环境条件

课外实验以作业的形式进行,实验内容对实验环境的要求不高,实验者只要有一台可使用的计算机,计算机装有微软 Excel、统计软件 SPSS 或 EViews,并能够接入互联网即可。金融统计实验分析教学可以开设网上教学平台,学生通过平台与教师沟通,提交实验报告与其他作业,查询教师的要求和对实验报告的评价等信息。

2.3 金融统计分析实验的类型

科学实验的基本目标是探寻规律、验证结论,金融统计分析实验同样以这两个基本目标为出发点。依据实验方式、过程等特点,可以将实验划分为以下基本类型。

1. 验证型实验

验证型实验(verified experiment)是指实验者针对已知的理论结论而进行的验证实验,是在知晓实验结果的前提下进行的实验,目的是检验理论推演的结论,巩固和加强有关知识内容、培养实验操作能力,是一种重复性实验。

例如,2007 年以来,中国人民银行每提高 0.5 个百分点的法定存款准备金比率,将减少商业银行超额准备金 2 000 亿—3 000 亿元人民币。这是一个基本的理论判断,验证这一结论需要通过一个验证型实验。将 2007 年以来中国人民银行历次调整法定存款准备金率前后商业银行超额准备金数据的变化与法定存款准备金率调整幅度进行对比,测算两者之间的相对变化数据,完成这一结论的验证。

2. 设计型实验

设计型实验(design experiment)是指给定试验目的的要求和实验条件,由实验者自行设计实验方案并加以实现的实验,是结合课程教学或独立于课程教学而进行的一种探索性实验。它不但要求实验者综合多科知识和多种实验原理来设计实验方案,还要求实验者能运用已有的知识去发现、选定实验环境和条件,给出实验结果和分析结论等。

例如,在金融市场投资组合教学中,教师可以给出这样一个题目:设计一个有价证券为主的资产池,资产总额为 1 000 万元。要求选择中国证券市场上可流通的国债与 A 股进行组合,期望收益率达到 10%,无风险报酬率为 3%,风险资产的 β 系数不高于 1.2。学生在完成该设计型实验时,首先要采用证券价值评估模型对主要的目标证券进行收益评判,测算出目标证券的风险系数,确定不同资产的组合最优比例,并给出实现预期投资收益目标的各种可能性条件。在这个实验中,实验环境是中国证券市场,实验步骤由学生自行设定,实验结论和分析要以金融资产组合理论为指引。

3. 创新型实验

创新型实验(innovative experiment)是在不确定实验结果的前提下,实验者通过实验、探索、分析等实验方法获得对研究对象的性质、规律的认知。发现新结论是创新型实验的主要目标。

创新型实验也是新理论、新概念形成的一种认知活动,具有探究性特点。创新必须基于已有的理论或实践基础,在对前提条件进行修订、研究方法进行改进等变化的过程中,才能有所创新。创新型实验得出的结果是否具有创新性,关键是看理论和方法有没有改进。

例如,反映货币政策松紧程度的指标——货币状况指数,一般是将利率、汇率两个核心指标加权计算而成。但在中国,利率和汇率的市场化程度还比较低,尤其是在过去改革开放 30 多年时间里,利率市场化进程比较慢,名义利率难以反映货币政策的松紧;汇率的影响同样面临这样的问题。中国货币运行更多受制于信贷,信贷政策成为货币政策的主要内容,如果将信贷指标纳入货币状况指数则更能反映中国货币政策的实际情况,这就是一种创新;还可以考虑将其他指标,如广义货币供应量纳入。实验过程中,通过改变不同指标设置,测算出不同的货币状况指数,通过与经济运行变量之间的关系分析确定那一种方法测算出的指数更能有效反映货币政策情况。

4. 综合型实验

综合型实验(comprehensive experiment)是指实验内容涉及本课程的综合知识或与本课程相关的课程知识的实验。一般可以在一门课程的一个循环之后开设,也可以在几门课程之后安排一次有一定规模的、时间较长的实验。综合型实验内容必须满足以下的条件之一:设计本学科的多个知识点;设计多门学科的知识点;多项实验手段的综合。

例如,金融交易部门的资金流量实验分析属于综合型实验。需要的金融学、统计学理论知识有金融资产、金融工具、金融交易类型划分、金融机构、金融市场交易数据生成,宏观经济部门的划分、国际收支统计原理、金融资产与工具定价原理等;需要的研究方法有国名账户 SNA 核算方法、金融统计分析方法、财务与会计核算以及记账方法等。综合型实验分析是对相关金融理论及其方法的综合运用,反映实验者对本课程所学知识的实际综合应用能力。

2.4 金融统计实验报告

2.4.1 实验报告及其类型

1. 实验报告

金融统计分析课程实验的全过程应包括:明确试验目的,进行实验操作,观察和分析实验数据,得出实验结论。这个过程应以实验报告的形式表述出来。实验报告是把试验的目的、方法、过程、结果等记录下来,对整个实验过程进行全面总结,提炼出的一个客观的、概括的、能反映全过程及其结果的书面报告,完整地记录了实验的全过程,包括对实验结果的分析和总结。这是对实验的再认识过程,促进了学生从理论到实验再从实验到理论的双向理解,是实验教学的重要环节。

2. 实验报告的功能

传递实验信息是实验报告的基本功能。一份完整的实验报告记录了全部的实验信息,它可以帮助实验者不断地积累实验研究资料,总结研究成果。

承载知识创新和理论新发现,解释数据和现象背后的问题是实验报告的核心功能。实验过程中发现的新知识、新理论,从实验数据和实验现象背后发现的新问题,都完整地记录在实验报告中,尤其是创新型实验报告,是对新发现、新思路、新方法的全面总结。

实验报告写作过程是对实验者逻辑归纳能力、综合分析能力和文字表达能力的训练,也是科学论文写作的基础。撰写一篇规范的实验报告,不是简单地罗列实验步骤和内容,而是科学、合理地将所有实验报告的要素,用合理的逻辑结构、准确的专业语言表述出来。这一过程是对实验者写作能力的训练,是科学论文写作的基础。

2.4.2 实验报告的要素

随着科学技术的日益发展,实验的种类、项目等日益增多,但其格式大同小异,比较固定。金融统计分析实验报告应包含以下要素:

1. 报告题头

报告题头用于反映实验课程、实验者、指导者、时间等自然状况信息,具体内容包括实验者所在的学院或系、专业、年级,实验者的姓名、学号、所在实验小组,实验的时间和地点,以及指导教师签名和成绩栏。

2. 实验名称

实验名称是对实验内容、实验类型的高度凝练概括,能够揭示实验的核心和实验的性质。实验名称的选定要符合准确、客观、易懂和简化原则。如验证货币乘数与商业银行准备金比率关系的实验可以定名为"验证货币乘数与准备金率关系";分析经济发展过程中货币化进程的实验可以定名为"中国经济货币化进程分析"。

3. 实验目的和要求

每个试验的目的要明确,如在理论上验证某些结论或结果,使实验者获得深刻和系统的理解,或者实现理论上的创新;在实践上,掌握平台和实验软件的技巧和技能,掌握实验的规范程序、实验平台和软件的基本调试方法。依据实验目的确定对实验者的要求。如验证型实验重点要求实验原理应用和数据处理;设计型实验重点要求方案设计符合金融学原理和统计分析的方法论;创新型实验重点要求在理论或方法上的创新;综合型实验重点要求将相关课程知识、理论和方法综合、灵活地运用。

4. 实验原理

金融统计分析实验原理是对金融学、统计学中的基本理论、命题和规则的实验验证,在实验报告中要阐述清楚与实验相关的主要原理,这也是分析报告写作的基础。如在"验证货币乘数与准备金率关系"实验中,要简要论述货币乘数的基本原理,尤其是准备金率高低对乘数的影响,分析中央银行、商业银行的行为动机对准备金相对规模变化的影响。

5. 实验环境

实验环境是完成实验的软硬件环境条件。金融统计分析实验主要的硬件是计算机,计算机的处理器应不落后于时代主流处理器;软件平台包括实验室管理系统,具体的统计应用软件,如SPSS、EViews等,微软数据软件Excel也是必需的。针对某些专题实验,可能还需要专业开发的应用软件,如证券市场交易信息系统、银行绩效评估软件;数据源环境主要包括各级统计部门、金融部门、金融专业研究机构的数据系统,也包括有物理载体的各类型统计年鉴。

6. 实验方案

实验方案是对实验过程的整体设计,包括实验数据的采集渠道、实验内容、实验步骤等。要抓住重点,可以从理论和实践两个角度来设计实验方案。具体的操作步骤应简明扼要,最好能画出实验流程图,这样既可以节省许多文字说明,又能使实验报告简明扼要、清楚明白。

7. 实验数据处理

金融统计分析实验所用的数据往往需要进行加工处理,有些缺失的数据需要挖掘和分析,在实验报告中要简明扼要地说明数据的来源、存在的问题、加工处理的方法等,以提高实验的准确性。

8. 实验结果分析

按照实验步骤将实验得出的结果客观记录下来,用准确的语言对实验现象加以描述,实验结果的表述可以采用文字、图标、模型等形式。对实验结果进行理论和实践分析,用理论解释结果,联系实践分析实验结果可能出现的异常和不符合预期的情况。原始资料应附在本次实验主要操作者的实验报告上。

9. 质疑与建议

实验结论可能存在一些问题,如不符合理论预测、数据出现异常等。这要针对实验中的各个环节进行思考,提出相应的改进建议,或者进行理论创新,或者改变数据处理方法,或者使用不同来源的数据。

10. 教师评阅意见

实验报告的最后一个要素是教师的评阅意见,指导教师应对学生的实验步骤、过程的完整性,实验数据生成或来源的可靠性,实验原理与模型的科学性,实验结论的可信性,实验报告的规范性,实验的创新性,小组实验的协作性等做出全面、客观的评价,提出改进的要求和途径,并给出实验成绩。

2.4.3 实验报告写作的注意事项

实验报告是对实验过程的全面总结,是一个再提高的过程,写作中应注意以下注意事项。

1. 实验报告必须在科学实验的基础上进行写作

实验报告必须立足于科学实验过程,实验过程又必须是完整的。实验设计和实验过程应在金融统计实验原理的基础上进行,具有明确的实验目的。实验方案和实验操作的步骤应具有现实的可行性和可操作性,实验中要测量的项目、验证的数据、使用的方法必须可靠。在随实验过程、实验结果初步记录的基础上,应用有关理论和方法,对实验结果进行系统分析,并在此基础上撰写实验报告,不应有任何虚假成分。

2. 实验内容应完整

实验内容包括基本实验方案、实验步骤、使用的方法,数据来源与处理以及实验结果等,这些内容既可以分开写,也可以结合起来写,因为有时候数据的处理也包含一般性的实验结论。要保留好原始数据,报告都要有原始数据作为依据,可以用附录的形式把原始数据附在实验报告的后面。

3. 实验结论要明确

有的结论可放在数据处理中,也可单独列出,还可放在分析讨论过程中。不过,要分清楚二者的界限,结论和讨论问题是有区别的,结论是肯定的,讨论有时是探索性的;结论一般是专制的或定向的,讨论可以是多方面的、区分不同的情况。不论怎样处理结论表述的位置,给出的结论都一定要明确、醒目,让读者容易发现。

4. 数据处理要科学

金融统计分析中使用的数据,实验过程中生成的数据都会存在一些问题,如系统误差、偶然误差、粗差等。误差分析要有科学的态度,按照统计原理和数据分析标准去处理。有效数字的记录要规范,数字格式要统一,尤其是数字的单位前后要一致。宏观金融数据中普遍使用的单位是"亿元人民币",微观金融数据中最常见的数据是百分比率形式,小数点后面保留几位应统一规定。实验数据中各变量的关系可表示为列表式、图示式和函数式。列表式是将实验数据制成表格,显示个变量的对应关系,反映出变量之间的变化规律。它是标绘曲线的基础。图示式是将实验数据绘制成曲线,直观地反映出变量之间的关系,为整理成函数形式的数学模型提供更必要的前提和条件。函数式是借助于数学方法将实验数据按一定函数形式整理成方程,即数学模型。

5. 语言准确、图表清晰、结构合理

实验报告的书写按照说明文的语言规范即可,要实事求是,分析全面具体,语言尽量简洁明了,不用像记叙文一样进行生动细致的描写,更不用在说明过程中展开联想或比喻等,要避免主观感受的出现。避免使用含糊不清的词语,如"差不多""几乎""好像"等。报告中的图表应安排在合适的位置,要美观、符合规范。报告的结构要合理,避免头重脚轻、逻辑混乱等问题。报告的篇幅应适中,能清晰说明问题即可。

2.5 金融统计分析实验效果评估

2.5.1 考核评价主要内容

1. 实验方案的可行性和完整性

实验方案是实验操作的基础,包含实验内容和实验的基本步骤。评判实验方案的标准是实验内容是否准确,是否能够实现实验目标;实验操作步骤是否符合逻辑次序和实验规范程序,实验步骤是否反映了实验内容和实现实验目标的可行性过程。

2. 实验数据来源可靠性,数据处理的科学性

实验数据评判主要从数据来源和数据处理过程中使用的方法角度来进行。实验数据有的是政府部门发布的具有社会公信力的数据,有的是从他人公开发表的文献中引用的第二手数据,有的是通过调研获取的不具有公共性的数据。这些数据首先要保证来源可靠,原始数据列入实验报告中,需要标注准确的出处,网络来源的数据要标示网络地址和时间。数据处理方法使用要恰当,方法要科学。相关的方法将在后面章节介绍。

3. 实验结论的准确性和可信性

实验结论的评判主要看是否符合相关理论的方向指引和理论预期的结果。如果使用的数据

有差异,实验得出的结论就可能存在明显的不同,评价结论是否准确,有时需要与数据评判结合起来。实验过程中操作方法、模型参数选择等都会影响实验结果。在实验报告中,是否有对实验过程中影响实验结果关键因素的说明,也是评判实验结果准确性与可信性的重要条件。

4. 实验分析的合理性

对实验结果进行分析是实验的价值所在,实验报告中要用一定的篇幅分析实验结果。评判实验分析的合理性主要从三个方面进行:一是分析是否基于金融学基本原理和基础知识,尤其是一些经典的金融原理,如货币需求理论与货币供给模型,经济发展与金融发展理论,资产定价理论等;二是分析是否联系实验研究对象的现实状况,包括环境、条件、周期因素、政治经济因素等,实验分析总是要基于研究对象的发展时期和发展环境,才能找出决定研究对象出现一些异常特征的原因;三是分析是否辩证地对实验方法和工具进行说明,是否指出了方法存在的缺陷和需要改进的地方。

5. 质疑与建议的创新性

金融统计分析实验所得出的结果都不是绝对的,没有绝对正确的结论,有的只是分析结果是否提出新的思想和新的研究。实验报告中的质疑与建议部分的创新性是实验应用理论和勤于思考的体现,只要质疑符合金融统计分析原理与方法,建议具有现实意义和理论意义,或者对改进金融统计分析方法有意义,就应给予肯定。

2.5.2　考核评价标准

考核评价实验报告的重点在于对实验原理应用、实验方案设计、实验结果和分析的准确性、质疑与建议等内容的评价,应遵循一定的标准。

1. 实验原理

实验原理是实验实施或结果实现的基础,主要是金融学原理和统计学原理。原理的应用必须与实验内容相符合,应在实验方案中体现出来。实验设计有的是证明某些金融原理,有的是在某种理论的指导下进行实验设计。统计方法方面的原理应在实验步骤和实验数据处理中体现,需要明确指出所采用的统计分析方法。

2. 实验方案

实验方案是对实验内容和实验具体步骤的详细规划,评价实验方案的重点是看实验内容是否体现了实验的目标,实验步骤是否科学和符合实验操作程序。实验步骤要简明扼要,能够反映实验的全过程,每一步都有明确的目的。

3. 实验数据

评判实验数据的质量主要看原始数据来源,实验生成数据的记录是否及时、准确、详尽和清楚。实验数据表述是否采用图表等简洁、清晰的格式,图表是否规范、美观,图表信息是否齐全,包括图表的名称、序号、图列等。

4. 实验结果与分析

实验结果是实验报告的重点内容,包括实验数据的结果和结论。实验结果应具有可证明性,评判者使用实验报告中的数据,遵循报告中所列的实验步骤进行重复实验能够得出一致的实验结果。对实验结果的分析应包括对实验结果特征的描述,实验结果的原因解释,实验数据和处理方法等对实验结果的影响分析等。

5. 质疑与建议

经过对实验结果的分析,实验者应能够提出一些问题,或者对实验原理、实验数据、实验结果等提出质疑与改进实验的建议。建议可以是依据实验结果提出的,具有实践意义的建议。质疑是否具有科学依据、是否体现了创新思维,建议是否合理、是否可行是评价的基本标准。

实验项目 1

实验报告样例—货币流通速度的测算与分析

一、实验类型

验证型实验。运用中国 1990—2009 年经济总量 GDP 与广义货币 M_2 数据,测算中国货币流通速度,并分析货币流通速度波动原因。

二、实验目的与要求

1. 目的

(1) 掌握货币流通速度的测算方法。

(2) 分析中国货币流通速度变化的特征。

2. 要求

(1) 能够熟练运用统计分析软件。

(2) 搜集实验所需要的基础数据。

(3) 分析货币流通速度变化的原因。

三、实验背景

自 2001 年以来,中国货币供应量增长很快,大大超过了名义 GDP 的增长速度,物价水平时高时低,与货币增长速度并不完全一致,这说明货币流通在变化,并不稳定。本实验旨在分析货币流通速度变化的规律和原因,为货币政策的制定和操作提供参照性建议。

四、实验环境

在专业实验室环境下进行实验教学,主要使用微软的 Excel 软件。数据基础:通过中国人民银行网站下载货币供应量数据,从历年《中国统计年鉴》查找 GDP 数据。

五、实验原理

剑桥方程式 $MV=PY$,其中:M 表示货币供应量,V 表示货币流通速度,P 表示物价水平,Y 表示实际总产出。货币流通速度 $V=PY/M$。

六、实验步骤

第一步,采集实验基础数据。登陆国家统计局和中国人民银行网站,在统计数据栏中找到 GDP 总量和货币供应量数据,并下载到 Excel 表格中,建立货币流通速度测算文件。数据样本区间为 1990—2009 年。广义货币供应量由中国人民银行统计发布,尽管 2001 年前后数据统计口径有变化,2001 年以后增加了证券公司客户保证金,但在这以前的客户证券交易保证金数据变化不大,对货币流通速度影响较小,这里不做进一步调整。分析过程中应考虑到这一因素。

第二步,在 Excel 表格中直接计算货币流通速度。2009 年的 GDP 数据作为初始核算数据。货币流通速度的单位是"次数/年",小数点后保留两位。

第三步,画出货币流通速度变化图。

第四步,分析测算结果,着重考查货币流通速度在不同时间段的变化规律。

七、实验结果分析

(一) 实验结果

经过整理和测算的结果如图 2-1 所示。

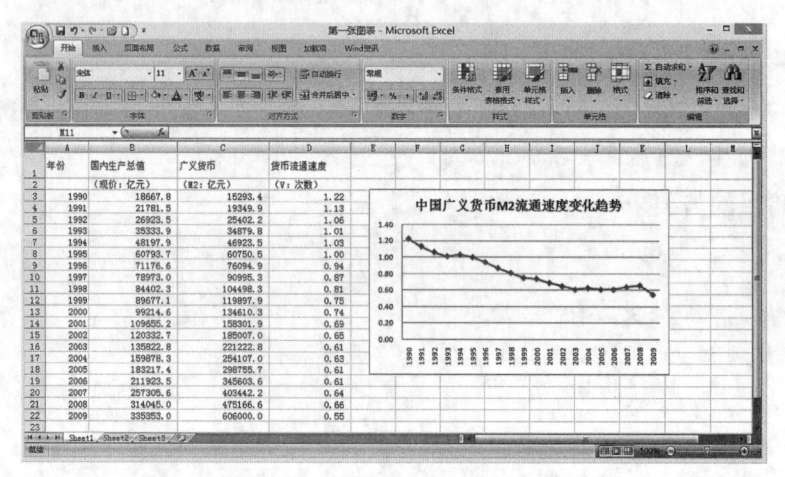

图 2-1 中国货币流通速度测算结果

(二) 结果分析

通过对货币流通速度的测算发现,我国的货币流通速度在逐年下降,1995 年以前的货币流通速度在 1 次/年以上,从 1996 年开始降至 1 次/年以下。1998—2000 年为应对亚洲金融危机的冲击,我国实行了积极的财政政策与适度宽松的货币政策,货币供给增长速度比较快,而经济增长速度不快。2001—2008 年,货币流通速度比较稳定,介于 0.61—0.69 之间,与稳健的货币政策有关系。2009 年又迅速降低到 0.55,这与应对全球金融危机冲击而实施的宽松货币政策有关,宽松货币政策导致货币供应量增长速度过快,而经济增长速度相对比较慢。货币流通速度下降也表明,有一部分货币没有流入实体经济当中。

(三) 质疑与建议

与其他国家相比,中国货币的流通速度过低,根本原因是什么?这难以用西方货币理论解释,需要增加中国特殊因素的分析,如利率、储蓄率等因素。

练习

1. 分析 1978—2009 年中国 1 年期实际储蓄存款利率的变化特点。
2. 实际利率的计算采用两种方法,第一种是名义利率减去通货膨胀率,第二种是 1 加名义利率,与物价指数的商减去 1,比较两种方法测算的实际利率有何差异,并分析哪种方法更为科学。

第 3 章　金融数据挖掘与统计分析

本章精粹

本章主要介绍金融数据的生产、类型、公布系统与获取渠道，金融数据挖掘的基本技术，金融数据处理与金融统计分析技术以及相关实验。具体内容包括：

(1) 金融数据的生产、分类与公布系统。
(2) 金融数据挖掘原理与技术方法。
(3) 金融数据处理与统计分析基础。
(4) 金融数据挖掘与统计分析实验。

章前导读

每天我们都会通过各种传媒获得各种金融信息。互联网各大门户网站会在主页上发布最新的股票价格指数、外汇与黄金行情、中央银行的货币统计、国家统计局发布的物价指数等数据；公共交通工具上的移动传媒报道的财经资讯也在以数据方式传达信息；晚上收看电视频道，不时会浏览到中央、地方电视台的财经频道，数据趋势及图表不停地出现在画面上。我们每天都在接触数据，金融经济活动每时每刻都在产生数据，不管是数值型数据还是非数值型数据，都在客观记录金融经济活动的状态和结果，传递着金融经济信息，孕育着金融经济运行的趋势。数据生产、表现采用不同的格式，有显性的也有隐性的，有完整的也有零散的，既有主流信息也有杂音鼓噪。我们统计、记载数据，目的是从中找出规律或趋势，更好地作出各个层面的决策。不同的决策者关注的是不同的信息，中央银行、企业、投资者、作为消费者和储蓄者的居民个人，做出行为选择所依赖的数据信息是不同的。为此，从不同行为选择主体视角进行数据挖掘、整理、分析是必要的。

核心概念

宏观金融数据(macroscopic financial data)　　微观金融数据(microcosmic financial data)
数据挖掘(data mining)　　金融数据挖掘(financial data mining)
关联分析(relational analysis)　　描述统计分析(descriptive statistics analysis)
相关分析(correlation analysis)　　差异分析(variance analysis)
回归分析(regression analysis)　　聚类分析(cluster analysis)
判别分析(discriminatory analysis)　　时间序列分析(time series analysis)
统计表(statistical table)　　算术平均数(arithmetic mean)
调和平均数(harmonic mean)　　几何平均数(geometric mean)

众数(mode)　　　　　　　　　　　　　虚拟变量(dummy variable)
中位数(median)　　　　　　　　　　　截尾均值(trimmed mean)
异众比率(variation ratio)　　　　　　　正态分布(normal distribution)
偏度系数(coefficient of skewness)　　　峰度系数(coefficient of kurtosis)
因子分析(factor analysis)　　　　　　　主成分分析(principle component analysis)
数据公布特殊标准(special data dissemination standard,SDDS)
数据公布通用系统(general data dissemination system,GDDS)

3.1　金融数据的生产、分类与公布系统

数据生产是一个客观过程,时间在一分一秒地流逝,岁月日复一日年复一年,本身就是一个数据生产过程。经济活动中的生产、消费、投资、进出口等经济活动在生产数据,金融市场交易、信贷配给活动也在生产着金融数据。这些类型各异、承载不同信息的数据在产生之初可能是杂乱、零散的,需要通过统计分类处理,并以规范的形式发布出来,成为可识别的数据,为金融经济研究、经济生产、金融投资、经济政策的制定等提供分析的基础。

3.1.1　金融数据的生产

经济数据是经济活动信息和结果的表现形式,凡是有经济活动的地方就有数据生产。但是作为社会可识别的和规范的数据系统,是由专门的机构进行管理的,包括数据记录、生成和发布。数据生产系统可以从宏观和微观两个层面进行考察。

1. 宏观金融经济数据的生产

一国的统计系统是生产宏观经济数据的部门,国民经济核算体系(System of National Account,SNA)是国家宏观经济数据的生产体系。国民经济核算最早可追溯到1665年英国经济学家威廉佩蒂(William Petty)对本国当时国民收入的估算。他采用了从收入和支出方面进行复式核算的方法粗略估算了英国的国民收入;1759年,法国经济学家弗朗斯瓦魁奈(Francois Quesnay)编著了著名的《经济表》,提出了相应的理论,反映了"从再生产过程"和"部门投入产出"角度描述经济运行过程的学术思想;1791年,法国安托万洛朗拉瓦锡(A. L. Lavoisier)在估算当时法国国民收入时,为了避免重复计算,首次提出了时间产品和最终产品的概念;1886年澳大利亚统计学家蒂莫西柯格兰(Timothy Coghlan)在对国民收入进行统计研究时,提出了从国民收入的生产、分配和使用三个方面进行反映。直到20世纪初,国民收入统计的重心主要集中在国民收入统计总量的理论基础、口径范围和估算或统计方法等方面。20世纪40年代初,国民经济核算体系初步形成,在英国、荷兰率先使用。

二战以后,英国经济学家理查德斯通(Richard Stone)领导了联合国国民经济核算的研究和统计制度的制定工作;美国全国经济研究所(NBER)著名经济学家西蒙库兹涅茨(Simon Kuznets)创立和发展了美国国民经济核算理论方法和实际统计工作,他们在国民经济核算发展史上做出了重要贡献。1947年,联合国公布了《国民收入的计量和社会核算表的编制》。1953年

又公布了《国民核算表及其补充内容》(称为 SNA),成为国民经济核算体系正式形成的重要标志。1968 年联合国公布了《国民经济核算体系》,简称新 SNA,并于 1970 年在世界各国推行实施。到 20 世纪 90 年代,全世界已有 170 多个国家采用了 SNA 体系。1993 年联合国第 27 届统计委员会会议又通过了关于 SNA 的修改方案,在总结各国 SNA 实践的基础上,进一步改进和完善了 SNA 体系。在国民经济核算体系发展过程中,曾出现过与之平行存在的国民经济平衡表体系或称物质产品平衡表体系(MPS)。物质产品平衡表体系是以高度集中计划经济管理体制下的计划经济过程和统一计划管理要求设计产品和发展的,也曾有十几个国家实行过。MPS 与 SNA 相比较,主要区别是生产理论不同、指标体系不同,统计反映方式也不同。

在货币金融数据统计方面,1993 年联合国修订 SNA 以后,由国际货币基金组织负责,对国际收支统计、政府财政统计和货币金融统计体系进行了修订,消除了不同统计体系之间的概念差异,使各个统计体系之间尽可能地协调一致。1993 年国际货币基金组织公布了《国际收支与国际投资头寸手册(第五版)》(Balance of Payments and International Investment Position Manual,BPM5);2009 年发布了修订后的第六版手册(BPM6);2000 年公布了《货币与金融统计手册》;2001 年公布了修订后的《政府财政统计手册》。同时,一些更为具体的核算标准,如外债统计、物价监测等手册也在陆续发布和编制中。这些统计账户手册互相补充、协调一致,逐步形成一个完整的体系。

我国原来实行的基本上是计划经济条件下的国民经济平衡表体系(MPS)。从 1984 年底开始,在国务院领导下国家统计局逐步构建我国的国民经济核算体系,专门开展国民经济核算体系理论研究、方案设计和试点试算等工作。经过数年的努力,我国于 1992 年提出了国民经济核算体系的试行方案,并确定在 1992—1995 年期间分两步实施。1998 年我国新的国民经济核算体系初步形成,并从 1998 年出版的《中国统计年鉴》开始,正式公布我国的国民经济核算数据。自 2002 年以来,国家统计局在实践中不断完善国民经济核算体系。目前,国家统计局、中国人民银行、财政部等部门是我国宏观金融数据的生产编制机构。

2. 微观金融经济数据的生产

作为微观经济活动主体的机构单位、工商企业、金融企业、居民个人等的金融经济活动数据生产过程是分散的,也基本没有统一的标准,没有专门的机构进行统计。比如,居民的金融资产种类、价值、分布结构等数据,无法通过公开的数据公布系统获得,有些专业的民间调研机构、研究机构等建立了部分数据库,收集了一些调研获得或者研究取得的数据。企业的金融经济数据主要通过其财务报告等资料获取,但是,非公众公司没有义务向全社会发布其财务报告数据,居民个人更没有义务公布其金融与经济资产状况。这些类型的数据需要通过专业调查研究形成,而零散的研究难以形成数据体系。微观金融经济数据对于宏观政策决策具有基础性参考价值,这些数据的规范依然是金融经济数据生产、公布体系需要努力的方向。

3.1.2 金融数据的分类

广义的数据包括数值型数据和非数值型数据,金融统计分析主要处理、分析数值型数据。对金融数据,可以从不同角度进行分类。

1. 从宏观金融与微观金融角度进行数据分类

宏观金融数据反映的是整体金融的运行状况,从宏观金融经济管理者的视角进行分析的数据;微观金融数据则是从经济活动个体角度观察金融活动状况的数据。

(1) 宏观金融数据。它是从中央银行、金融监管机构视角进行统计监测生成的数据,主要包括货币类数据、金融投资类数据、保险经营类数据等。货币类数据有货币供应量、金融机构信贷、外汇、黄金储备等;金融投资类数据有股票、债券的存量、交易额等数据,以及外汇交易数据、基金发行交易数据、期货交易数据等;保险经营类数据主要有保险收入、赔付状况、保费结构等数据。

(2) 微观金融数据。它是金融市场上单个经济主体的数据,如上市公司的资产负债表、保险公司的资产负债表;部分项目的金融数据,如三峡工程、青藏铁路等项目的融资数据;居民个人的金融数据等。微观金融数据一般需要通过社会调查才能获得。

2. 从金融机构类别进行数据分类

金融机构的类型主要有银行类金融机构、证券类机构、基金类机构、保险类机构和期货类机构。金融数据可以从不同的金融机构角度进行统计和分析。

(1) 银行类机构金融数据。它是指对银行性质的金融机构业务状况进行统计的数据。银行类金融机构包括存款性银行和非存款性金融机构的数据。存款性银行包括商业银行、部分政策性银行、信用社、财务公司等;非存款性金融机构包括信托投资公司、金融租赁公司、专业性金融公司、典当行等。

(2) 证券类机构金融数据。它主要是指证券公司、投资银行的经营数据,包括经纪业务、自营业务、投资银行业务等数据。

(3) 基金类机构金融数据。它主要是指各类基金公司的业务运作数据,包括风险投资基金、产业基金、资本市场基金、社会保障类基金等业务运作数据。

(4) 保险类机构金融数据。它包括财产性保险公司、人寿类保险公司、再保险公司等商业性保险业务运作数据,如保费收入、赔付、基金投资组合、资产管理状况等数据。

(5) 期货类机构金融数据。它主要是指期货交易所、期货经纪公司、非经纪类期货交易机构的有关期货交易业务的统计数据。

3. 从金融市场角度进行数据分类

从金融市场角度划分,金融数据主要是交易性数据,既有交易额等流量数据,也有存量数据;既有一级市场发行数据,也有二级市场交易数据;既有原生金融产品交易数据,也有衍生产品交易数据。

(1) 货币市场数据。货币市场交易工具的存续期限一般不超过1年,包括同业拆借、票据承兑与贴现、国库券、大额可转让定期存单(CD)/债券回购协议等交易工具。货币市场数据包括这些交易工具的发行、二级市场交易规模、利率、交易投资者状况等。

(2) 资本市场数据。资本市场交易工具的存续期一般在1年以上,包括政府中长期债券、企业债券、股票等。广义的资本市场还包括中长期信贷市场,属于银行信贷市场范畴。这些市场交易工具的发行规模、交易规模、交易价格水平等是资本市场数据的主要内容。

(3) 外汇市场数据。外汇市场分为两个层次,即金融机构之间形成的银行间交易市场,以及外汇银行与个人、企业、单位等经济主体交易形成的银行店头市场。外汇市场数据主要包括不同货币间的兑换比价、外汇交易规模等数据。

(4) 黄金市场数据。黄金交易是以黄金实体或者黄金存托凭证为交易对象,也有的金融机构采用虚拟的"黄金"合约作为交易对象。黄金市场数据的主要内容是黄金交易数据、价格等数据。

（5）保险市场数据。保险市场数据主要包括保险产品类型及交易数额、保险费收入、保费赔付，保险机构业务运作情况等。

（6）衍生产品市场数据。衍生产品市场数据包括期货、期权、互换、远期利率协议，以及复杂衍生工具的交易、持仓、价格等数据。衍生品市场交易合约标的物有外币、债券、黄金、大宗商品等。

4. 从经济部门角度进行数据分类

从经济活动主体的同质性角度可以将国民经济划分为住户部门、非金融企业部门、政府部门、金融机构部门和国外部门。金融数据可以从部门角度进行分类。

（1）住户部门金融数据。住户部门的经济活动主体主要是城乡居民，其金融数据包括储蓄存款、贷款、股票、基金与债券投资、购买保险、外汇与黄金交易等。

（2）非金融企业部门金融数据。非金融机构部门的经济活动主体是除了金融机构以外的所有工商性质的企业，其金融数据包括存款、贷款、发行股票与债券、购买商业保险等。

（3）政府部门金融数据。政府部门是广义的政府部门，包括中央政府、地方政府机构、行政事业单位等。政府部门的金融数据包括为财政赤字进行融资发行的国债、借款，地方政府投资项目的融资，社会保障基金运作等。

（4）金融机构部门金融数据。金融机构部门的经济主体包括银行类机构、证券类机构、基金类机构、保险类机构和期货类机构等，其金融数据主要有资产类、负债类、发行和交易类、价格类数据。

（5）国外部门金融数据。国外部门金融数据主要包括外商直接投资、国内企业对外直接投资、外国证券投资、国内对外证券投资，与贸易投资有关的贷款、货币、存款基金的跨境转移等数据。

5. 从融资方式角度进行数据分类

融资方式可以分为直接融资和间接融资。

（1）直接融资类金融数据。直接融资是借款人通过发行有价证券等工具融通资金。直接融资统计数据主要包括发行股票、债券、基金等直接融资工具的规模，以及金融工具市场交易数量、价格等数据。

（2）间接融资类金融数据。间接融资是指借款人通过银行等金融中介机构，以贷款形式融通资金的方式。间接融资统计数据主要包括信贷规模数据、信贷形成和信贷结构数据。

3.1.3 金融数据的公布系统

数据公布要遵循一定的标准，否则，同类数据之间就缺乏可比性。未来隐含在现在之中，要把握未来趋势，必须对已生产的数据进行及时、规范的发布，提高透明度。1994年墨西哥金融危机、1997年东南亚金融危机的爆发与蔓延，各国政府和国际金融组织应对危机政策滞后的一个重要原因就是发生危机的国家没有及时公布其宏观经济和金融运行数据，无法预测预报危机爆发的风险。在反思中，国际货币基金组织（IMF）认为规范数据公布系统是非常必要的，并组织力量，开发出两套数据公布的标准。1996年3月和1997年12月，国际货币基金组织先后制定完成了《数据公布特殊标准（SDDS）》和《数据公布通用系统（GDDS）》。

1. 数据公布标准：SDDS 与 GDDS

SDDS 是数据公布特殊标准（special data dissemination standard）的英文缩写，该标准主要适

用于已经参与国际金融市场的大多数工业化国家和一些新兴市场经济国家。GDDS是数据公布通用系统(general data dissemination standard)的英文缩写,适用于尚未达到SDDS要求的国家,大部分为发展中国家。

SDDS和GDDS的相同标准包括宏观经济部门,如实际部门、财政部门、金融部门、国外部门和社会人口部门的数据,在每个部门都设定了若干个能反映成员国经济运行效率和政策效率的指标,对这些指标的公布频率和及时性提出了相应的要求;为确保数据质量,要求成员国公布指标数据的编制测算方法,并提供一套支持统计数据交叉核对的统计框架;为确保数据的完整性,要求成员国统一官方统计法律制度,政府部门根据在数据公布时的评论和数据调整情况,要求成员国事先公布统计方法制度的修改和调整;为确保公众对数据的可得性,要求成员国事先公布数据发布的时间表,并按照时间表公布数据。公布的数据分为必须公布、鼓励公布和"视相关程度而决定发布"三类。

SDDS将国民经济活动划分为实际部门、财政部门、金融部门和国外部门,人口数据只作为鼓励公布数据,以附表的形式发布。SDDS要求必须公布的数据有:综合统计框架,如金融部门中银行体系的分析账户以及国外部门中的国际收支账户;跟踪性数据类型,如金融部门中的中央银行分析账户;与部门有关的其他数据类型,如金融部门中的利率和国外部门中的汇率。鼓励公布的指标有国民储蓄、国民总收入等。"视相关程度"而定的指标有股票价格指数等。在数据公布的及时性和频率要求方面,不同指标的要求不一样,如银行部门的分析账户按照月度编制,两周后发布;利率和汇率的频率是"天",发布及时性没有硬性要求;国际收支平衡表按季度编制,滞后1季度发布。

GDDS将国民经济活动划分为实际部门、财政部门、金融部门、国外部门和社会人口部门。规定发布的数据类别有:综合框架中的核心部分,如实际部门的国民经济核算总量,财政部门的中央银行预算总量,金融部门的广义货币总量和信贷总量,对外部门的国际收支总量;跟踪性数据种类,如实际部门的各种生产指数,财政部门的中央银行财政收支和负债统计,金融部门的中央银行分析账户,国外部门的国际储备和商品贸易统计;与部门相关的统计指标,如实际部门的价格指数等;社会人口数据包括人口、保健、教育和卫生等统计。鼓励公布的统计指标包括实际部门的储蓄和国民总收入指标,财政部门的债务利息和偿债预计,国外部门的国际投资头寸表和总体外债数据等。在公布频率要求方面,GDDS鼓励改进数据的公布频率,并对公布频率进行了统一规定,如国民经济核算数据、国际收支平衡表按照年度公布,广义货币概览按照月度公布,汇率则按照日公布。在数据公布的及时性方面,GDDS规定了最长的间隔时限,如GDP数据必须在下一季度内公布,按照月度统计的各种指标数据,在6周至3个月内公布,按年度核算的实际经济指标,在10—14个月内公布,年度国际收支平衡表在6—9个月内公布。

2. 中国的数据公布系统

中国政府于2002年4月15日正式加入了GDDS,按照国际货币基金组织的要求,发布宏观经济五大部门的有关数据。我国的数据公布系统是按照国际货币基金组织的要求和标准,结合中国特殊情况,由以下政府部门分别负责发布。

国民经济实际部门的指标和数据,包括国内生产总值、国民总收入、可支配收入、消费、储蓄、资本形成、物价指数等数据,由国家统计局负责统计核算和公布,公布频率和及时性基本达到GDDS的要求。

财政部门的指标和数据,包括中央预算收支、税收与非税收收入、经常性和资本性支出等,由财政部负责统计并公布。

金融部门的指标和数据,包括中央银行资产负债表、存款性公司概览、金融机构信贷收支表、利率等,由中国人民银行负责统计并公布。

国外部门的指标和数据,包括国际收支平衡表、国际储备、汇率、商品贸易等,由国家外汇管理局、海关总署负责统计并公布。

社会人口数据,包括人口总量、教育、卫生等数据,由国家统计局、教育部、卫生部等部门负责统计并发布。

经过近10年的系统建设,中国的数据公布系统效率、数据质量、频率和及时性不断提高,经济金融运行和政府宏观调控部门决策的透明度也大大改进。

3.2 金融数据挖掘原理与技术方法

3.2.1 金融数据挖掘的基本原理

1. 金融数据挖掘的概念

数据挖掘(data mining,DM)是20世纪90年代以来兴起的新型交叉学科,它融合了数学、信息学、统计学、人工智能等学科理论和方法,广泛应用于航空学、生物学、医学、经济学、金融学等学科领域,在科学研究、决策管理、商业运作等方面发挥着重要的作用。关于数据挖掘内涵的界定,有多种表述,如数据挖掘是知识发现过程,以辨识存在于数据中的未知关系和模式的方法;数据挖掘是发现数据中有益模式的过程;数据挖掘是一个确定数据中有效的、新的、可能有用的并且最终能被理解的模式的重要过程等。尽管表述不同,但基本内涵是一致的,就是通过对数据加工处理,发现隐含在数据中的信息、知识,并用可以理解的模式表现出来的过程。数据挖掘有相应的行为主体、目标、方法等要素。据此,可以界定金融数据挖掘的概念。

金融数据挖掘(financial data mining)是金融行为的选择者从大量的、不完全的、存在噪声的、模糊的、随机生成的金融数据中,搜索、发现、提取隐含在数据内部的、尚未被他人发现的、对决策具有潜在价值的信息或知识的过程。数据挖掘过程是一个信息和知识发现的过程,也是信息和知识发现的核心环节。

2. 金融数据挖掘的基本环节

金融数据挖掘是从大型金融统计数据集中发现对金融行为选择有用信息的过程。数据挖掘主要使用数学分析来发现存在于数据中的模式和趋势,由于它们涉及的关系过于复杂或数据过多,因此,使用传统的数据浏览方式是无法实现的,需要借助计算机和相应的数据处理软件来完成信息甄别和数据模式化处理过程。这是一个多步骤、人机反复交互的过程。其基本程序如下。

(1) 掌握金融领域的基本知识和金融行为决策的目标。比如,分析判断货币流通速度的变化,需要掌握货币流通速度测算的基本原理和方法。

(2) 依据金融行为选择目标,选定要解决的问题和适合的金融数据集。分析货币流通速度变化,为货币供应目标设定参照基准,数据集包括不同层次的货币指标、序列数据的时间范围,比如 1990—2010 年的狭义货币 M_1、广义货币 M_2、国内生产总值 GDP。

(3) 对原始数据进行预处理。由于各种原因,集中的原始数据可能存在某些问题。比如,个别时间点数据缺失,数据异常,存在一些无关数据,数据噪音比较大等,需要采用相应的办法,对原始数据进行填补、去除、替换、去噪等处理。

(4) 将数据集中的数据转换成适合挖掘的形式。由于数据集中的数据变量比较多,比如,货币统计数据库中有现金、存款、贷款等数据,需要采用缩维方法进行处理,将现金、存款转化为货币供应量指标。

(5) 确定合适的数据挖掘方法。依据金融数据挖掘的目的,选用合适的数据挖掘方法和工具,如聚类、分类等。

(6) 数据挖掘过程。目标数据处理为可被理解的模式或知识过程,比如运用处理后的数据测算货币流通速度,给出测算结果。

(7) 分析解释。将获得的数据模式进行加工转换,去除不切实际和不符合金融理论的模式,转化为有用的模式,使数据使用者容易理解和运用。

(8) 数据运用。将数据结果形成的信息或知识运用于金融行为选择过程之中,解决相关实际或理论问题。比如运用货币流通速度分析货币政策效果,提出改进政策操作的对策建议等。

数据挖掘的基本原理可以用图 3-1 来描述。

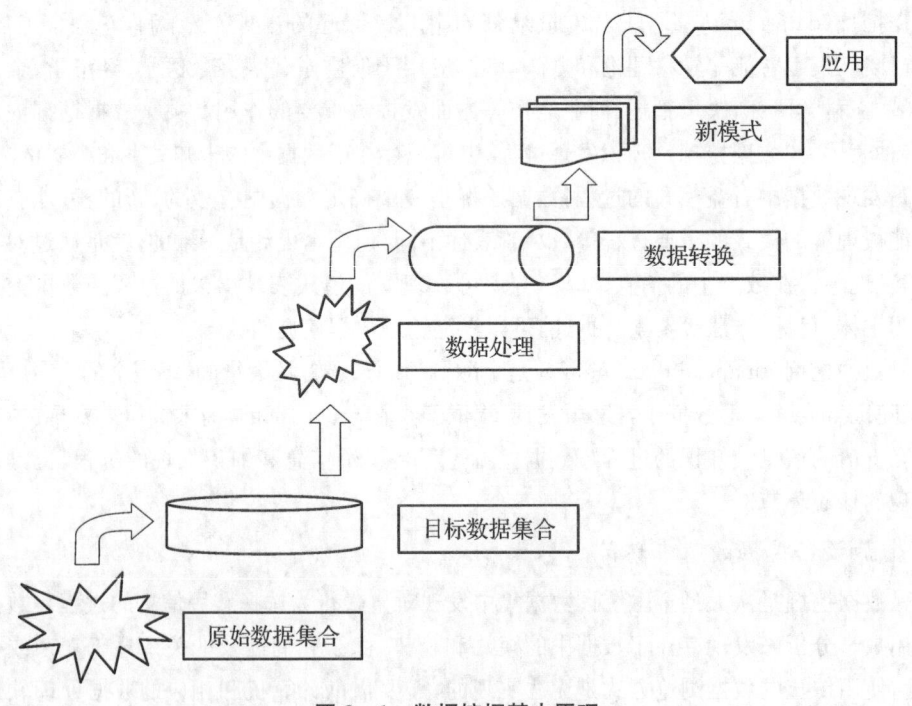

图 3-1 数据挖掘基本原理

3.2.2 金融数据挖掘的主要任务

金融数据挖掘的主要任务是对目标数据进行关联分析、聚类、分类、估计、预测、异常检验、时序模式的发现等。

1. 关联分析

金融数据库中的两个或多个变量之间的数值存在某种规律性,这种规律性就是数据之间的关联,也可以称为相关性。比如,商业银行贷款的增长速度与股票价格指数之间就存在某种关联,这是因为两个数据项的取值同向变化重复发生的概率很高。关联分为简单关联、时序关联和因果关联等。

关联分析就是在数据库中寻找变量数值之间的关联规则,目的是发现变量数据之间的关联性,以便能够用关联数值预测某一变量的变化趋势和规律。

2. 聚类

聚类是将数据库中的数据按照一定的规则分为一系列有意义的子集的过程,这些子集称为类。在同一类别中,个体之间的差距比较小。通过对数据进行聚类,可以增强人们对金融现象的客观认识,建立起宏观概念。统计分析方法中的聚类分析是依据距离进行的聚类,是基于全局比较的聚类,需要考虑所有个体才能决定的划分。

3. 分类

分类是找出一个类别的内涵或特征,能够代表该类数据的整体信息。描述一个类的内涵可以是特征描述,即对类中对象共同特征进行描述;也可以是辨别性描述,即对两个或多个类之间进行区别描述。

4. 估计

描述是数据挖掘中确定一个变量未知数据的值。估计针对的值通常是数值型,而不是类别型。如估计2010年上证综合指数可能达到的点位、银行贷款发生坏账的可能性等。

5. 预测

预测是利用历史数据发现将于未来发生的数值的过程。未来隐含在现实当中,尤其是预测不远将来的变化,时序数据分析可以做出比较客观的、相对准确的预测。

6. 异常检验

异常检测是对数据中存在的异常情况进行发现、甄别的过程,找出观察数据与参照标准之间的差异,更好地为模型预测分析服务。数据中的异常情况有:某些数据由于统计口径发生变化而出现差异,分类的调整或改变导致的数据异常,噪音过大导致的异常等。

7. 发现时序模式

时序模式是在时间序列中找到重复发生概率比较高的模式,强调时间的影响。比如,申请固定资产投资贷款的企业,有70%在6个月后申请流动资金贷款;购买汽车类股票的投资者,有50%在数个交易日后购买橡胶轮胎类上市公司的股票。在时序模式分析中,需要找出某个最短时间内发生比率一直高于某一百分比的规律。

3.2.3 金融数据挖掘的统计技术方法

数据挖掘方法涉及多个学科,如信息论、模糊数学、统计学等,主要的技术方法有支持向量机方法(support vector machine,SVM)、可视化技术、神经网络、遗传算法、模糊数学技术、信息论方法、粗糙集方法、统计分析方法等。下面主要介绍统计分析方法。统计分析方法是数据挖掘中使用最广、最为成熟的方法,尤其是在经济分析、社会调查中使用甚广。统计分析方法也是宏观经济政策决策、微观投资选择的重要分析工具。主要的统计分析方法有以下几类:

1. 描述统计分析

描述统计分析是描绘或总结观察量的基本情况的统计分析方法,是将数据用图形、表格形式表现出来,对观察量进行总体描述的方法。它又可分为集中趋势分析、离中趋势分析和统计图形分析。

(1) 集中趋势分析

集中趋势分析主要靠平均数、中位数、众数等统计指标来表示数据的集中趋势。平均数可分为简单平均数、几何平均数和调和平均数。一组数据的简单算术平均数或加权算术平均数,适合于正态分布或对称分布数据;几何平均数和调和平均数都是算术平均数的变形,专门用来处理特殊数据的平均数,如经济发展速度等;众数是出现频率最高的数;中位数是将数据排序后位于正中间的数值。

(2) 离中趋势分析

离中趋势是指数列中各变量值之间的差距和离散程度。离中趋势小,平均数的代表性高;反之,则平均数的代表性低。离中趋势分析通过计算极差、标准差、方差、最大值、最小值、偏度、峰度、偏度系数、峰度系数等加以描述。极差是数据最大值减去最小值,也是最简单的离散程度测度值;标准差和方差是最常用的离散程度测量值,一般适合于正态分布数据资料。当分布对称时,偏度系数(skewness)为0;当偏度系数为正值时,可以判断为右偏(正偏);反之,判断为左偏(负偏)。峰度系数(kurtosis)是对数据分布平峰或尖峰程度的测度。峰度是针对标准正态分布而言的。峰度系数为0,表明数据为标准正态分布。若峰度系数大于0,则数据为尖峰分布;反之,为平峰分布。

(3) 统计图形分析

一般采用直方图、PP图、茎叶图、箱线图等对观数据进行直观描述,可以清晰地看出数据的分布特征和结构状况,是用于观察数据分布形态的辅助工具。图3-2是2008年中国短期贷款构成的直方图。

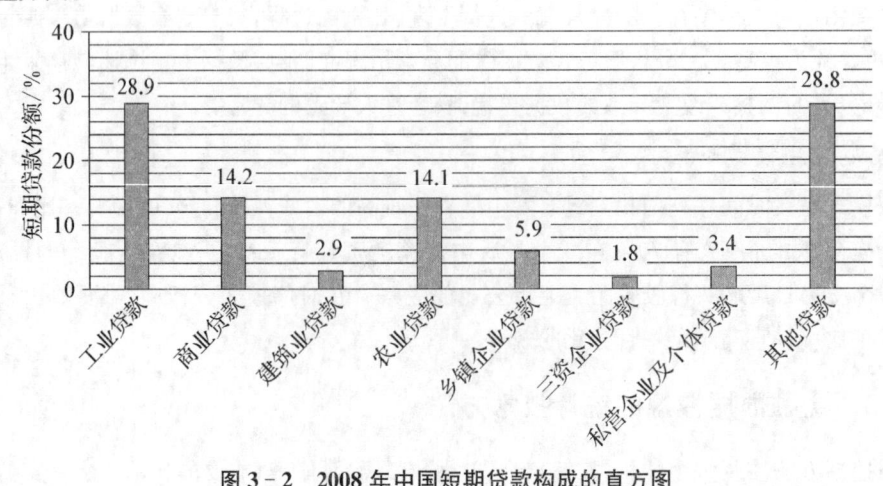

图3-2 2008年中国短期贷款构成的直方图

2. 相关分析

相关分析（correlation analysis）是通过计算变量的序列数据之间的相关数据来分析变量之间的线性相关程度。相关分析工具一般包括相关表、相关图和相关系数。

（1）相关表

如果两个变量之间存在相关性，可以通过将变量数据资料配对形式，制成一个表格，这个表格就是相关表。

> **案例点击**

城镇居民储蓄存款与经济增长之间的相关性

1978—2008年，我国经济保持年均9%以上的增长速度，城乡居民获得了实实在在的福利，生活质量不断提升，家庭储蓄存款持续增长。表3-1是我国城镇居民储蓄存款余额与经济总量序列数据，从同一时点看，这两个变量之间存在明显的相关性。居民储蓄增长与经济的持续稳定增长是分不开的。

表3-1　中国城乡居民储蓄存款余额与经济总量　　　　　　　　　亿元人民币

年份	国内生产总值GDP	城乡居民储蓄存款余额	年份	国内生产总值GDP	城乡居民储蓄存款余额
1978	3 624.1	210.6	1994	48 198.0	21 518.8
1979	4 038.2	281.0	1995	60 794.0	29 662.3
1980	4 517.8	399.5	1996	71 176.6	38 520.8
1981	4 862.4	523.7	1997	78 973.6	46 279.8
1982	5 294.7	675.4	1998	84 402.3	53 407.5
1983	5 934.5	892.5	1999	89 677.1	59 621.8
1984	7 171.0	1 214.7	2000	99 214.6	64 332.4
1985	8 964.4	1 622.6	2001	109 655.2	73 762.4
1986	10 202.2	2 237.6	2002	120 332.7	86 910.7
1987	11 962.5	3 037.3	2003	135 822.7	103 617.7
1988	14 928.3	3 801.5	2004	159 878.3	119 555.4
1989	16 909.2	5 146.9	2005	183 217.4	141 051.0
1990	18 547.9	7 119.6	2006	211 923.5	161 587.3
1991	21 617.8	9 244.9	2007	257 305.6	172 534.2
1992	16 638.1	11 757.3	2008	314 045.0	217 885.4
1993	35 334.0	15 203.5			

数据来源：《中国统计年鉴2009》，《中国金融年鉴1990》。

(2) 相关图

相关图也称为散点图,可以直接地反映两个变量之间的相关程度,即将一个变量作为横坐标 x,另一个变量作为纵坐标 y,在平面直角坐标系中划出点 (x_i, y_i),图 3-3 是城乡居民储蓄存款与国内生产总值的相关图。

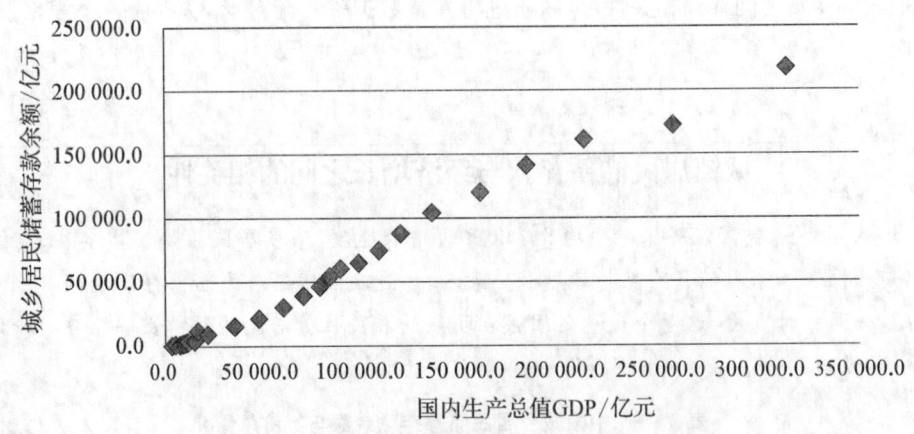

图 3-3 城乡居民储蓄存款与国内生产总值相关图

(3) 相关系数

两个变量之间是否存在线性相关关系,可以通过计算相关系数(correlation coefficient)确定。样本相关系数用 r 来表示,总体相关系数用 ρ 来表示,相关系数的取值一般介于 -1 到 1 之间。相关系数的计算公式为

$$r = \frac{n\sum xy - \sum x - \sum y}{\sqrt{n\sum x^2 - (\sum x)^2}\sqrt{n\sum y^2 - (\sum y)^2}} \tag{3.1}$$

相关系数的性质如下:

当 $r > 0$ 时,表示两变量正相关;$r < 0$ 时,两变量负相关。

当 $|r| = 1$ 时,表示两变量为完全线性相关,即为函数关系。

当 $r = 0$ 时,表示两变量不存在线性相关关系。

当 $0 < |r| < 1$ 时,表示两变量存在一定程度的线性相关。且 $|r|$ 越接近 1,两变量间线性关系越密切;$|r|$ 越接近 0,表示两变量的线性相关越弱。

一般将相关系数值划分为三个相关性区间:$|r| < 0.4$ 为低度线性相关;$0.4 \leqslant |r| < 0.7$ 为显著线性相关;$0.7 \leqslant |r| < 1$ 为高度线性相关。

例如,通过计算获得的城乡居民储蓄存款余额与国内生产总值之间的相关系数为 0.995 5,两个变量之间高度相关。

相关系数表示两个变量之间的共变性,但不表明变量之间的因果关系。相关系数的平方被称为可决系数,它表示如果 x 和 y 之间的相关系数的平方 $R^2 = 50\%$,那么 y 的变化中有 50% 是由 x 的变化引起的。

如果是多个变量之间的相关性分析,就需要计算偏相关系数。偏相关是指两个变量同时受其他变量的影响,通过控制其他变量不变时,这两个变量之间的相关性,其相关系数称为偏相关

系数。偏相关系数的计算以回归分析为基础,假设有三个变量(χ_1, χ_2, χ_3),当 χ_3 保持不变时,χ_1 与 χ_2 之间的相关系数的计算公式为

$$r_{12,3} = \frac{r_{12} - r_{13}r_{23}}{\sqrt{(1-r_{13}^2)(1-r_{23}^2)}} \tag{3.2}$$

同理,当 χ_2 保持不变时,χ_1 与 χ_3 之间的相关系数的计算公式为

$$r_{13,2} = \frac{r_{13} - r_{12}r_{23}}{\sqrt{(1-r_{12}^2)(1-r_{23}^2)}} \tag{3.3}$$

χ_1 保持不变时,χ_2 与 χ_3 之间的相关系数的计算公式为

$$r_{23,1} = \frac{r_{23} - r_{12}r_{13}}{\sqrt{(1-r_{13}^2)(1-r_{12}^2)}} \tag{3.4}$$

3. 差异分析

差异分析(variance analysis)就是通过比较样本统计量的值,来确定总体参数之间是否存在差异。它是将一组资料的总变动量,按照可能造成变动的因素分解成不同的部分,并且以假设检验的方法来判断这些因素是否确实能解释资料的变动。例如,要确定不同的金融生态环境是否对商业银行的经营绩效产生影响,我们可以观察在不同省份或地区商业银行经营业绩指标的差异,如不良贷款比率的高低差异等(这种差异是否由金融生态环境的不同而产生,需要进一步分析)。我们采用地区经济发展水平,企业资信级别等作为评价金融生态环境的指标,之后测度不同地区商业银行的平均不良贷款比率与金融生态环境指标之间的关系,分析环境影响的差异程度。

4. 回归分析

回归分析(regression analysis)是用于检验变量之间关系的最广泛、最有用的方法。在回归分析中,有一个因变量、一个或多个自变量,自变量和因变量常被假设为定距的(即间距或比率尺度一定)。

(1) 简单线性回归

两点确定一条直线,直线在坐标图中与纵坐标相交的点为直线的截距,直线有一定的斜率。那么,这条直线的方程可以描述为

$$Y = \beta_0 + \beta_1 x_i + \varepsilon_i \tag{3.5}$$

其中:Y 是因变量或者想要预测的变量;x_i 是第 i 个对象的分值或预测变量;β_1 是根据数据拟合的直线的斜率;β_0 是直线的截距;ε_i 是对象根据直线而得到的预测值与对象之间的误差,称为残差。回归分析一般基于以下假设:误差的期望值为零,即 $E(\varepsilon_i) = 0$;每个 x_i 的误差是不变的,称为同误差;观测值的误差是不相关的;残差应呈正态分布;误差与观测值不相关,即 $\mathrm{Corr}(x_i, \varepsilon_i) = 0$;回归模型是线性的。回归分析实验中,判断残差或扰动是否存在自相关的方法是 DW 检验,DW 检验统计量接近 2,就不存在自相关风险;接近 0,就可能存在正的自相关;接近 4,则存在负的自相关。

(2) 多元回归

运用两个或更多变量来解释预测因变量,目的是使模型更加接近于现实情况。一般多元线

性回归模型可以表示为

$$Y = \beta_0 + \beta_1 x_{i1} + \beta_2 x_{i2} + \cdots + \beta_n x_{in} + \varepsilon_i \tag{3.6}$$

建立多元线性回归模型时,为了保证回归模型具有优良的解释能力和预测效果,应首先注意自变量的选择。自变量选择的基本原则是:自变量对因变量必须有显著的影响,并呈密切的线性关系;自变量与因变量之间的线性相关必须是真实的,而不是形式上的;自变量之间应具有一定的互斥性,即自变量之间的相关程度不应高于自变量与因变量之间的相关程度;自变量应具有完整的统计数据,其预测值比较容易确定。

与一元线性回归中可决系数 R^2 一样,多元线性回归中也有多重可决系数 R^2,它是在因变量的总变化中,由回归方程解释的变动(回归平方和)所占的比重。R^2 越大,回归方程对样本数据点拟合的程度越强,所有自变量与因变量的关系越密切。

多元回归中的估计标准误差是因变量的实际值与回归方程求出的估计值之间的标准误差。估计标准误差越小,回归方程的拟合程度越高。

回归方程的显著性检验一般采用 F 检验,用以评价所有自变量与因变量的线性关系是否密切。根据给定的显著性水平 a、自由度 $(k, n-k-1)$ 查 F 分布表,得到相应的临界值 F_a,若 $F > F_a$,则回归方程具有显著意义,回归效果显著;若 $F < F_a$,则回归方程无显著意义,回归效果不显著。

在一元线性回归中,回归系数的显著性检验(t 检验)与回归方程的显著性检验(F 检验)是等价的,但在多元线性回归中,这两种检验并不等价。多元回归中的 t 检验分别检验回归模型中各个回归系数是否具有显著性,修正模型中只保留那些对因变量有显著影响的因素。检验时,先计算统计量 t_i;然后根据给定的显著性水平 a、自由度 $n-k-1$ 查 t 分布表,得临界值 t_a 或 $t_{\frac{a}{2}}$,以判断变量系数的显著性。若某个回归系数的 t 检验通不过,可能是这个系数相对应的自变量对因变量的影响不显著所致的,此时,应从回归模型中剔除这个自变量,重新建立更为简单的回归模型或更换自变量。

变量不显著也可能是自变量之间存在多重共线性所致,此时应设法降低共线性的影响。多重共线性是指在多元线性回归方程中,自变量之间有较强的线性关系,这种关系若超过了因变量与自变量的线性关系,则回归方程的稳定性会受到破坏,回归系数估计不准确。判决多元线性回归方程是否存在严重的多重共线性问题,可分别计算每两个自变量之间的可决系数 r^2,若 $r^2 > R^2$ 或接近于 R^2,则应设法降低多重共线性的影响。

多重共线性也可以通过计算自变量间的相关系数矩阵的特征值的条件加以判断。条件 $k = \frac{\lambda_1}{\lambda_p}$,($\lambda_1$ 为最大特征值,λ_p 为最小特征值)。若 $k < 100$,则不存在多重共线性;若 $100 \leq k \leq 1\,000$,则自变量间存在较强的多重共线性;若 $k > 1\,000$,则自变量间存在严重的多重共线性。降低多重共线性的方法主要是转换自变量的取值,如变绝对数为相对数或平均数,或者更换其他的自变量。

若回归模型是根据动态数据建立的,则误差项 ε_i 也是一个时间序列,若误差序列之间相互独立,则误差序列各项之间没有相关关系;若误差序列之间存在密切的相关关系,则建立的回归模型就不能表述自变量与因变量之间的真实变动关系。D.W 检验就是误差序列的自相关检验,检验判别的方法与一元线性回归相同。

(3) 虚拟变量

虚拟变量(dummy variable)又称虚设变量、名义变量或哑变量,是用以反映质的属性的一个人工变量,是量化了的质变量,通常取值为 0 或 1。引入哑变量可使线性回归模型变得更复杂,但对问题的描述更加简单明了,一个方程能起到两个方程的作用,而且更接近现实。

虚拟变量在模型中的作用是分离异常因素的影响;检验不同属性类型对因变量的作用,提高模型的精度,相当于将不同属性的样本合并,扩大了样本容量,增加了误差自由度,从而降低了误差方差。在模型中引入多个虚拟变量时,虚拟变量的个数应按下列原则确定:如果有 m 种互斥的属性类型,在模型中引入 $m-1$ 个虚拟变量。

5. 聚类分析

聚类就是"物以类聚"的意思,金融学中的聚类分析(cluster analysis)是对金融经济指标进行分类的一种多元统计分析方法,它能够分析事物的内在特点和规律,并根据相似性原则对事物进行分组,是数据挖掘中常用的一种技术和探索性方法。聚类分析适用于没有先验知识的分类,如没有理论指引,没有国际标准、国内标准或行业标准,对指标的分类便会显得随意和主观。但是,聚类分析可以通过设定比较完善的分类变量得到较为科学合理的类别。聚类分析的另一功能是,它可以处理多个变量决定的分类,如要根据股票投资者的交易规模进行分类比较容易,但在进行数据挖掘时,要求根据股票投资者的交易规模、收入状况、学历状况、年龄、性别等多个指标进行分类通常是比较复杂,聚类分析法能够解决这一问题。聚类分析中的计算方法主要有分裂法、层次法、基于网络的方法和基于模型的方法。

6. 判别分析

判别分析(discriminant analysis)是在已知的分类下,遇到有新的样本时,利用已经选定的判别标准,判定如何将新样本放置于哪个族群中。它是一种预测导向型的统计方法,用于事后分析。它与分群分析不同,分群分析则是希望将一群具有相关性的数据加以有意义的分类。假设有数个群体,取数个变量组作为适当的判别标准,即可辨别该群体的归属。例如,新成立的村镇银行尽管地处农村,也应该将其划入商业银行,而不是归入农村信用社一类当中,这是判别分析。假如你收集到的金融机构样本很多,有商业银行、信用社、信托公司、保险公司、证券公司等,将这些机构分别归类,则属于分群分析。判别分析建立区别函数,其目标是找出预测变量的线性组合,且各线性组合之间不相关;检定各群(组)重心是否有差异;找出哪些变量具有区别能力;根据新受试者的预测变量数值,将该受试者指派到某一群体。

7. 时间序列分析

随机数据依时间先后排成序列,称为时间序列。时间序列分析(time series analysis)包括一般统计分析(如自相关分析、谱分析等),也包括统计模型的建立与推断,以及关于随机序列的最优预测、控制和滤波等内容。时间序列分析注重研究数据序列的相互依赖关系,实际上是对离散指标的随机过程的统计分析,所以又可以看作随机过程统计的一个组成部分。平稳随机序列的统计分析在理论上发展比较成熟,是时间序列分析的基础。谱分析也称频域分析,因为一个时间序列可看作各种周期扰动的叠加。频域分析就是确定各周期的振动能量的分配,这种分配称为"谱",或者"功率谱"。在模型分析方面,2000 年以来,应用最广泛的时间序列模型是平稳自回归—滑动平均模型,简称 ARMA 模型。此外,其他的模型分析方法中,线性模型的研究比较成熟,它与 ARMA 模型分析有密切关系。

3.3 金融数据处理与统计分析基础

金融统计分析研究问题基于金融学的基本原理,直接的处理对象是金融数据。小规模分析研究所使用的金融数据是局部的,数据可能来自国家的数据公布系统,如政府的统计部门或有关的金融部门的内部统计机构。这些数据的类型、存在格式可能不符合研究所用数据的基本要求,需要研究者进行加工和处理,在数据处理过程中,最主要的工具是金融统计分析方法和相关软件。本节介绍金融统计基础性分析方法,数据处理和显示使用的工具是微软 Excel 软件。

3.3.1 金融基础数据的处理与显示

金融分析研究中的基础数据处理过程从数据文件建立开始,之后对数据进行初步分析,绘制基本统计图表、生成统计报表等数据显示的基本内容。

1. 统计整理

研究分析的数据收集、调查阶段所取得的原始资料是零散的、非规范化的、不完整的,需要依照研究目标进行科学的分类、汇总,使数据达到系统化、规范化,进而可以从数据中得出研究对象的必要信息,如基础特征、规律和趋势等,这一过程就是统计整理的过程,是对基础数据处理的初级阶段。统计整理的结果一般是数据库表格,或者是统计表,在此基础上绘制统计图形。

统计表(statistical table)是由纵横交叉的线条形成的表格,用以显示统计数据资料。统计表的基本内容包括总标题、横栏标题、纵栏标题、主词和宾语等。总标题用于概括统计表中全部资料的内容,是表的名称;数字资料是各组、各汇总项目的数值;主词是说明总体的,它可以是各个总体单位的名称、总体各个分组名称,形式上表现为横栏标题;宾语是说明总体的指标名称和数值的,形式上表现为纵栏标题和指标数值。图 3-4 显示了统计表基本要素的构成状况。

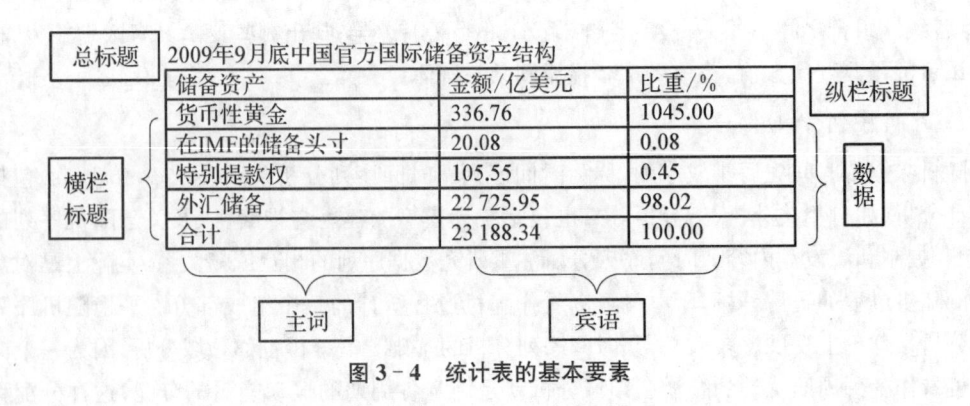

总标题	2009年9月底中国官方国际储备资产结构		
	储备资产	金额/亿美元	比重/%
	货币性黄金	336.76	1045.00
横栏标题	在IMF的储备头寸	20.08	0.08
	特别提款权	105.55	0.45
	外汇储备	22 725.95	98.02
	合计	23 188.34	100.00

（纵栏标题；数据；主词；宾语）

图 3-4 统计表的基本要素

按照主词的加工方法不同,统计表可以分为简单表、分组表和复杂表。简单表的主词多以时间顺序排列,也可以按照总体单位名称排列。分组表的主词是按照某一标志进行分组的,它可以提示不同类型线性现象的特征,说明现象内部结构,分析现象之间的关系。复合表中的主词按照两个或两个以上的标志进行复合组合,能够更为深刻、更为详细地反映客观现象。

2. 建立数据文件

建立基础数据文件,并不断积累数据,可以为后续分析研究奠定数据分析的基础。比如,我们要分析 2007 年 6 月到 2009 年 12 月的金融机构贷款余额变动数据,首先要建立一个数据文件。用微软 Excel 软件新建一个文件,定名为 loan.xls。基础数据获取渠道是中国人民银行网站。登录 www.pbc.gov.cn,在主页上找到"统计数据"一栏,点击"2007 年统计数据",在列表中点击"金融机构人民币信贷收支表",在表格中找到"各项贷款"一行,对应找到 6 月份到 2 月份的数据。以此类推,找出 2008 年 1—12 月份、2009 年 1—12 月份的各项贷款数据。中国人民银行统计的原始数据采用"横排"格式,在 Excel 文件中,可以转化为"竖排"格式。

取得金融机构的贷款数据后,需要进行初步的分析,比如,贷款增长速度变化哪个月份比较快。增长速度又分为"环比增长"和"同比增长"。环比增长速度是观察期与上一观察期比较的增长速度;同比增长是观察期与上一年度同一观察期比较的增长速度。在所收集的金融机构贷款数据中,环比增长是本月与上月比较,从 2007 年 7 月份开始可以测算,同比增长速度是本月与上年同月比较,从 2008 年 6 月份开始可以测算。如果要计算从 2006 年 6 月份开始的金融机构贷款增长速度,表中的基础数据还需要增加 2006 年 6 月到 2007 年 5 月的数据。

数据存储的格式要统一,比如数据的小数点位置、经济单位名称。金融机构贷款余额的单位为"亿元人民币",小数点后保留两位数。表 3-2 是本例中建立的一个基本数据文件。

表 3-2　2007 年 6 月至 2009 年 12 月中国金融机构贷款余额变化

月份	贷款余额/亿元人民币	环比增长率/%	同比增长率/%
2007 年 6 月	250 792.59	1.83	16.48
2007 年 7 月	253 106.67	0.92	16.67
2007 年 8 月	256 135.41	1.20	17.04
2007 年 9 月	258 970.33	1.11	17.16
2007 年 10 月	260 331.44	0.53	17.69
2007 年 11 月	261 250.40	0.34	17.06
2007 年 12 月	261 690.88	0.19	16.16
2008 年 1 月	269 695.58	3.06	16.74
2008 年 2 月	272 165.99	0.92	15.73
2008 年 3 月	275 000.21	1.04	14.78
2008 年 4 月	279 690.16	1.71	14.72
2008 年 5 月	282 875.17	1.14	14.86
2008 年 6 月	286 199.38	1.18	14.12
2008 年 7 月	290 016.98	1.33	14.58
2008 年 8 月	292 732.36	0.94	14.29

(续表)

月份	贷款余额/亿元人民币	环比增长率/%	同比增长率/%
2008年9月	296 477.09	1.28	14.48
2008年10月	298 295.65	0.61	14.58
2008年11月	295 749.55	−0.85	13.22
2008年12月	303 394.64	2.58	15.94
2009年1月	319 921.84	5.45	18.62
2009年2月	330 637.71	3.35	21.48
2009年3月	349 554.82	5.72	27.11
2009年4月	355 472.82	1.69	27.10
2009年5月	362 141.69	1.88	28.02
2009年6月	377 446.12	4.23	31.88
2009年7月	381 137.61	0.98	31.42
2009年8月	385 241.19	1.08	31.60
2009年9月	390 407.85	1.34	31.68
2009年10月	392 937.64	0.65	31.73
2009年11月	395 885.31	0.75	33.86
2009年12月	399 683.61	0.96	31.74

3. 绘制基本统计图形

将统计数据用图形方式表示出来,可以直观显示数据的变化趋势。一般统计图形包括条形图、线型图、面积图、饼图、高低点图、帕雷托图、控制图、盒形图、误差条图、散点图、直方图、PP图、QQ图等。下面采用条形图、线型图表示2007年6月至2009年12月中国金融机构贷款规模、增长速度的变化趋势,如图3-5所示。

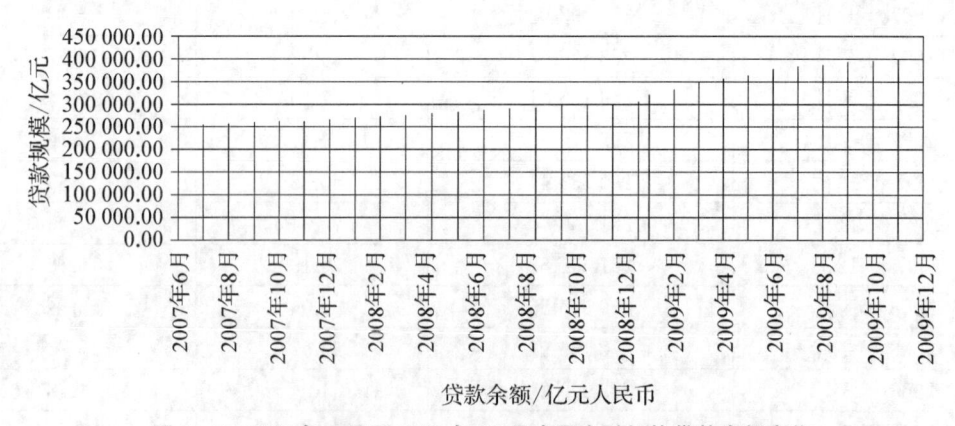

图3-5 2007年6月至2009年12月中国金融机构贷款余额变化

从图3-5中可以看出金融机构贷款余额总量的绝对值变化情况。贷款规模从2007年6月的25万亿元,增加到2009年12月的40万亿元。但是,月度增长情况无法从图中直观体现,而线形图在反映相对指标变化方面具有优势,如图3-6所示。

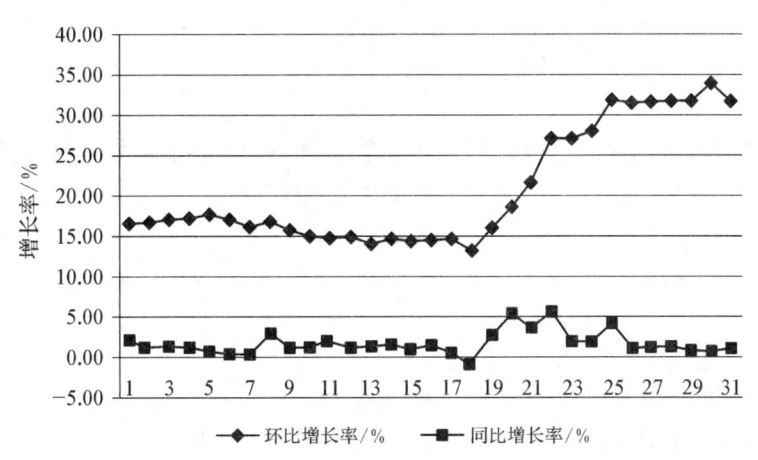

图 3-6　2007 年 6 月至 2009 年 12 月中国金融机构贷款增长速度

从金融机构贷款余额的增长速度变化分析，2007 年 6 月到 2008 年 11 月之间，贷款同比增长速度在 15% 左右徘徊，2008 年 2—11 月增长速度低于 15%。这段时间受紧缩型货币政策的影响，金融机构放贷能力受到抑制。2008 年 10 月开始，为应对国际金融危机的冲击，货币政策取向开始转向适度宽松型，尤其进入 2009 年 6 月以后，贷款增长速度超过了 30%。环比增长速度起伏比较大的时间段是 2008 年 11 月到 2009 年 7 月，充分反映出货币政策的影响和一年当中贷款增长前高后低的特点。

3.3.2　金融数据的描述性统计分析

金融数据的基础统计分析最主要的是描述性统计分析，包括集中趋势、离中趋势和频率分布及特征测量。

1. 集中趋势的测量

(1) 算术平均数

算术平均数(arithmetic average)是总体各单位某一数量标志的平均数。一定观察期内预测目标的时间数列的算术平均数可以作为下期的预测值，这是一种最简单的时序预测法。算术平均数的计算公式为

$$\overline{X} = \frac{1}{n} \sum_{i=1}^{n} x_i \tag{3.7}$$

其中，$\overline{X}$ 为算术平均数；x_i 为各单位标志值（变量值）；n 为总体单位数（项数）。从算术平均数的计算过程可以得出：变量值与算术平均数离差之和等于零，变量值与算术平均数离差平方和为最小值，常数的算术平均数就是其本身，对于两个变量，它们代数和的算术平均数就等于两个变量算术平均数的代数和。

(2) 调和平均数

调和平均数(harmonic average)是标志值的倒数的算术平均数的倒数。其计算公式为

$$H = \frac{n}{\sum_{i=1}^{n} \frac{1}{x_i}} \tag{3.8}$$

其中，H 为调和平均数，在使用的时候要注意：变量的取值不能为 0，否则无法计算；调和平均数易受极端值得影响，它只适用于特殊的数据情况，要区分它的使用条件。

（3）几何平均数

几何平均数(geometric mean)是 n 个观测值乘积的 n 次方根。几何平均数的计算公式为

$$G = \sqrt[n]{x_1 \cdot x_2 \cdot x_3 \cdots x_n} = \sqrt[n]{\prod x} \tag{3.9}$$

其中，G 为几何平均数；$\prod$ 为连乘符号；x 为标志值；n 为标志值的个数。

（4）众数

众数(mode)是指一组数据中出现次数最多的变量数值。一组数据可以有多个众数，也可以没有众数。从分布角度看，众数是具有明显集中趋势的数值。众数主要用于定类（品质标志）数据的集中趋势，也适用于作为定序（品质标志）数据以及定距和定比（数量标志）数据集中趋势的预测值。众数是以它在所有标志值中所处的位置确定的全体单位标志值的代表值，它不受分布数列的极大值或极小值的影响，从而加强了众数对分布数列的代表性。当分组数列没有任何一组的次数占多数时，即分布数列没有明显的集中趋势，而是近似于均匀分布时，则该次数分配数列无众数。若将无众数的分布数列重新分组或各组频数依序合并，又会使分配数列再出现明显的集中趋势。如果与众数组相比邻的上下两组的次数相等，则众数组的组中值就是众数值；如果与众数组比邻的上一组次数较多，而下一组的次数较少，则众数在众数组内会偏向该组下限；如果与众数组相比邻的上一组次数较少，而下一组的次数较多，则众数在众数组会偏向该组上限。由于众数的计算只利用了众数组的数据信息，不像数值平均数那样利用了全部数据信息，因此，众数缺乏敏感性。

（5）中位数

中位数(median)是指将数据按大小顺序排列起来，形成一个数据，居于数列中间位置的那个数据。所研究的数据中有一半小于中位数，一半大于中位数。中位数的作用与算术平均数相近，也是作为所研究数据的代表值。在一个等差数列或一个正太分布数列中，中位数就等于算术平均数。在数列中出现了极端变量值的情况下，用中位数作为代表值要比用算术平均数更好，因为中位数不受极端值的影响；如果研究目的就是反映中间水平，当然也应该用中位数。在统计数据的处理与分析时，可结合使用中位数。在计算中位数时，首先要对数据按照从小到大的次序排列，形成次序统计量 $x_{(1)} \leqslant x_{(2)} \leqslant x_{(3)} \leqslant \cdots \leqslant x_{(n)}$，$x_{(1)}$ 最小，$x_{(n)}$ 最大。若 n 为奇数，则第 $\frac{n+1}{2}$ 项的标志值为中位数；若 n 为偶数，则中位数等于第 $\frac{n}{2}$ 项的标志值与第 $\frac{n}{2}+1$ 项标志值的算术平均数。

（6）截尾均值

截尾均值(trimmed average)也称切尾均值，是指在一个次序统计量数列中，去掉两段的极值后所计算的算术平均数。截尾均值是综合了均值和中位数两种计量优点的一种新的对集中趋势

侧度的计量方法。

2. 离中趋势的测量

均值指标可以反映数据的一般水平,即将指标数据的数量差异抽象化,它的缺点是能反映数据之间的差异性,要描述数据特征,还需要从变异指标角度进行预测。数据分布的离中趋势可以从以下指标加以计量反映。

(1) 全距

全距(range)也称极差,是最大值与最小值之间的差距。其计算公式为

$$R = X_{\max} - X_{\min} \tag{3.10}$$

极差适用于小样本分析,样本容量大时,极差的使用价值不大,因为它可能会丢弃较多的信息。

(2) 四分位差

四分位差(quartile deviation)是总体数量标志值数列中各四分位数离差的平均数。将数列分成四等分,中间形成三个分割点,居于第一分割点的标志值 Q_1 称为第一四分位数;居于第二分割点的标志值 Q_2 即中位数,称为第二四分位数;居于第三分割点的标志值 Q_3 称为第三四分位数。人们习惯取四分位间距的一半,称为四分位差(QD),其计算公式为

$$\mathrm{QD} = \frac{(Q_3 - Q_2) + (Q_2 - Q_1)}{2} = \frac{Q_3 - Q_1}{2} \tag{3.11}$$

四分位差能够避免次数分配数列中两端极端数值的影响,中间部分数列分配越集中,标志值的差异越小,四分位差也越小。

(3) 异众比率

异众比率(variation ratio)也称为离异比率或变差比,是指非众数组织的频数占总频数的比率。异众比率反映众数的代表性程度。异众比率越大,说明非众数组的频数占总频数的比率越大,众数的代表性比较差;反之,异众比率越小,众数的代表性越好。异众比率的计算公式为

$$V_r = 1 - \frac{\sum F_m}{\sum F_i} \tag{3.12}$$

其中,V_r 为异众比率;$\sum F_i$ 为变量值的总频数;$\sum F_m$ 为众数组的频数。

(4) 方差和标准差

方差(variance)和标准差(standard deviation)是测度数据离异程度的最重要、最常用的指标。方差是各个数据与其算术平方数的离差平方和的平均数,通常以 σ^2 来表示。方差的计算公式为

$$\sigma^2 = \mathrm{Var}(X) = \frac{\sum_{i=1}^{N}(X_i - \overline{X})^2}{N} \tag{3.13}$$

由于方差的计量单位和量纲不便从经济意义上进行解释,所以实际统计工作中多用方差

的算术平方根,即标准差来测度统计数据的差异程度。标准差是总体各单位标志值与平均数离差平方的平均数的平方根。它反映标志值与平均数离差的平均水平,是测定标志变动度量最常用的指标。求标准差之所以将离差加以平方,是因为可以消除离差的正负号,并将离差程度强化,最后把结果开方是为了恢复原来的计量单位。以表示标准差,其计算公式为

$$SD = \sigma = \sqrt{\frac{\sum_{i=1}^{N}(X_i - \overline{X})^2}{N}} \quad (3.14)$$

由于方差和标准差都是具有单位的绝对数值,其大小必然受到总体单位标志值本身水平的影响,不同数据序列方差和标准差不具有可比性。为此,采用一个相对数值来反映变异的相对数是必要的,标准差系数就是这样一个变异系数。其计算公式为

$$V_\sigma = \frac{\sigma}{\overline{X}} \quad (3.15)$$

变异系数 V_σ 反映的是标准差相对于均值的离散程度。

3. 频率分布及其特征的测量

集中趋势和离中趋势是数据分布的两个主要特征,测度这两个特征的指标无法反映数据分布的形状是否具有对称性、分布的扁平程度或偏斜的程度。正态分布是一种对称的分布,其众数、中位数和算术平均数都位于分布的中间部分。在评价目标区的观测值时,需要将原始分值转化为标准正态分布的值才能使用正态分布表。

(1) 正态分布标准分值

正态分布的标准分布值 Z_i 表示用标准差的单位来衡量某一特定观测值 X_i 与均值 $\overline{X}$ 之间的距离。如 Z_i 的值是 2,表示 X_i 与分布的均值之间的距离是 2 倍标准差。Z_i 的计算公式为

$$Z_i = \frac{X_i - \overline{X}}{\sigma} \quad (3.16)$$

正态分布曲线是对称的,均值与距其 Z 个单位标准差的值之间的曲线下面积如下图 3-7 所示,图中的标准差用 SD 表示。其中横坐标的间距为 1 个 SD,0 点处表示 $\overline{X}$ 所处的位置。

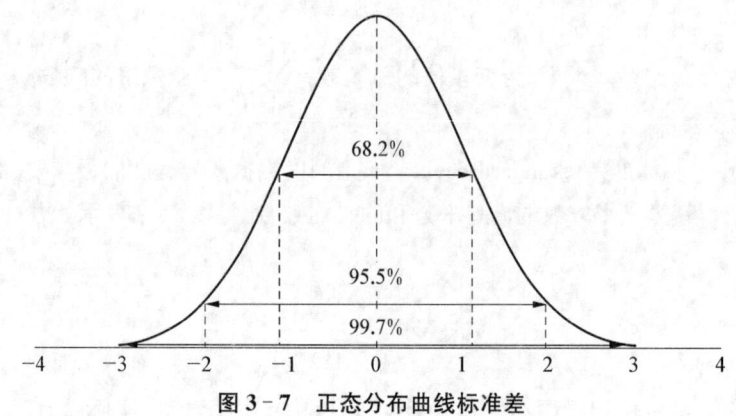

图 3-7 正态分布曲线标准差

(2) 偏度系数

偏度系数是反映变量频数分布曲线高峰是偏左、居中还是偏右的指标。其计算公式为

$$sk = \frac{n}{(n-1)(n-2)} \sum_{i=1}^{n} \left(\frac{X_i - \overline{X}}{\sigma} \right)^3 \tag{3.17}$$

偏度系数 sk 如果小于零,表示负偏(左偏);如果大于零,表示正偏(右偏);如果等于零,表示分布对称。

(3) 峰度系数

峰度系数反映变量的频数分布的高峰是平阔峰、正态峰或者尖峭峰的指标。峰度系数的计算公式为

$$ku = \frac{n(n+1)}{(n-1)(n-2)(n-3)} \sum_{i=1}^{n} \left(\frac{X_i - \overline{X}}{\sigma} \right)^3 - \frac{3(n-1)^2}{(n-2)(n-3)} \tag{3.18}$$

峰度系数 ku 如果小于零,表示频数分布曲线为平阔峰;如果大于零,表示频数分布曲线为尖峭峰;如果等于零,表示曲线为正态峰。

3.3.3 金融数据的均值分析、因子分析与主成分分析

1. 均值比较分析

调查研究中如果样本来自总体,那么,总体的特征可以采用集中趋势或离中趋势加以描述和统计,其结果可以准确地描述总体。一般的,数据总体的均值应为 0,方差应为 1,即服从正态分布。现实中,样本均值与方差都不能满足上述条件,但加大样本规模使之分布接近总体的正态分布。均值过程的优势在于各组的描述指标被放在了一起,便于相互比较,并且如果需要,可以直接输出比较结果,无须再次调用其他过程。

(1) 假设检验

假设检验(hypothesis testing)是用来判断样本与样本、样本与总体的差异是由抽样误差引起,还是本质差别造成的统计推断方法。其基本原理是先对总体的特征做出某种假设,然后通过抽样研究的统计推理,对此假设应该被拒绝还是接受做出判断。

假设检验的基本思想是小概率反正法思想。小概率思想是指小概率事件($P<0.01$ 或 $P<0.05$)在一次试验中基本上不会发生。反正法思想是先给出原假设(H_0),再用适当的统计方法确定假设成立的可能性大小,若可能性小,则认为假设不成立;若可能性大,则还不能认为假设不成立。检验过程是比较样本观察结果与总体假设的差异。差异显著,超过了临界点,拒绝 H_0;反之,差异不显著,接受 H_0。

假设检验中接受或拒绝 H_0,都可能犯两种类型的错误:第一类错误,拒绝正确的原假设,发生的概率为 α;第二类错误,接受错误的原假设,发生的概率为 β。拒绝正确的原假设的概率 α 通常被称为显著性水平,取值为 0.1、0.05 或 0.001,如果取值 0.05 则表示我们在 5% 的情况下拒绝了它。概率 $1-\beta$ 被称为检验功效,它反映了当原假设错误时,检验拒绝它的能力。表 3-3 列出了假设检验中可能发生的错误类型。

表 3-3　假设检验的错误类型

检验决策	H_0 是正确的	H_0 是错误的
拒绝 H_0	犯第一类错误(α)	正确,概率 $=1-\alpha$
接受 H_0	正确,概率 $=1-\beta$	犯第二类错误(β)

假设检验的一般步骤是:首先根据研究的问题确定原假设,依据研究设计和抽样分布选择适当的统计检验,确定显著性水平,收集数据并计算出合适的检验统计量值,在原假设的条件下确定检验统计量的概率,将得到的概率与选定的显著性水平作比较,决定是否拒绝原假设。

假设意味着设想或信念,如投资股票的收益是否大于投资债券的收益?原则上假设是可以被检验的。为此,我们引入了备择假设。通过假设检验,我们加深了对事物的认识。

(2) 卡方(χ^2)检验

χ^2 检验(chi-square test)适用于拟合优度检验,检验实际观测值数目与期望观测值数目之间是否存在显著差异,在统计上是否显著。当检验问题为实际分布是否与理论分布相符合时,大样本可以用分类数据的卡方检验来完成。其公式为

$$\chi^2 = \sum_{i=1}^{k} \frac{(O_i - E_i)^2}{E_i} \tag{3.19}$$

其中,O_i 为观测值的实际频数;E_i 为期望频数;k 为样本分类数。从计算公式可知,实际频数与期望频数越接近,χ^2 就越小。如果两者相等,则 χ^2 为零,完全拟合。在原假设 H_0 成立的条件下,样本容量足够大时,χ^2 统计量近似服从自由度 $df=k-1$ 的 χ^2 分布,这时,可以依据给定的显著性水平 α 在卡方临界值表中查到相应的临界值 $\chi^2_\alpha(k-1)$,如果 χ^2 大于等于 $\chi^2_\alpha(k-1)$,则拒绝原假设 H_0;否则不能拒绝 H_0。也可以根据统计分析软件输出的统计量值的显著性概率值 p 和显著性水平 α 作比较,如果 p 小于等于 α,则拒绝 H_0;否则不能拒绝 H_0。

(3) 单均值假设

如果总体方差未知,那么均值的标准误差也未知,就需要样本数据来估计均值的标准误差。估计方法为

$$SD_x = \frac{SD'}{\sqrt{N}} \tag{3.20}$$

其中,SD_x 为均值的标准误差;SD' 为估计标准误差;N 为样本规模。估计标准差的计算公式为

$$SD' = \sqrt{\frac{\sum_{i=1}^{N}(X_i - \overline{X})^2}{N-1}} \tag{3.21}$$

该检验统计量服从自由度为 $N-1$ 的 t 分布,当观测值增加时,它接近于正态分布。

2. 因子分析

因子分析(factor analysis)是将多个实测变量转换为少数几个不相关的综合指标的多元统计方法,目的是定义数据矩阵的基本结构。它通过定义一套通用的基本维度(因子)来解决那些多变量之间相关性的结构分析问题。因子分析同时考虑一个变量和其他所有变量之间关系的相互

依赖关系,在分析过程中不区分自变量和因变量。因子分析可以分为探索性因子分析和证实性因子分析。探索性因子分析的目的在于发现隐含而未知的结构;证实性因子分析的目的是检验被假设的结构。

(1) 因子分析的步骤

因子分析的基本过程可分为两个步骤:第一步是主因子分析。通过对原始变量的相关系数矩阵内部结构的研究,导出能控制所有变量的少数几个综合变量,通过这几个综合变量来描述原始的多个变量之间的相关关系。一般来说,这几个综合变量是不可观测的,故称其为因子,这种通过原始变量相关系数矩阵出发的因子分析被称为 R 型因子分析。因子分析所获得的反映变量间本质联系、变量与公共因子关系的全部信息通过导出的因子负荷矩阵体现。第二步是对因子解释和命名。从因子分析导出负荷矩阵的结构出发,把变量按与公共因子相关性大小的程度分组,使同组内变量间的相关性较高,不同组的变量的相关性较低,按公因子包含变量的特点(即公因子内涵)对因子作解释命名。

(2) 因子分析模型

一般的,设 $X=(x_1,x_1,\cdots,x_p)'$ 为可观测的随机变量,且有

$$X_i = \mu_i + a_{i1}f_1 + a_{i2}f_2 + \cdots + a_{im}f_m + e_i \tag{3.22}$$

其中 $f=(f_1,f_2,\cdots,f_m)'$ 为公共(共性)因子(common factor),简称因子(factor)。$e=(e_1,e_2,\cdots,e_p)'$ 为特殊因子(specific factor),f 与 e 均为不可直接观测的随机变量。$\mu=(\mu_1,\mu_2,\cdots,\mu_p)'$ 为随机变量 x 的总体均值,$A=(a_{i,j})_{p\times m}$ 为因子负荷(载荷)(factor loading)矩阵。

通常先对 x 做标准化处理,使标准化得到的新变量均值为零,方差为1。这样就有

$$a_{i1}f_1 + a_{i2}f_2 + \cdots + a_{im}f_m + e_i \tag{3.23}$$

假定:① f_i 的均数为0,方差为1;② e_i 的均数为0,方差为 δ_i;③ f_i 与 e_i 相互独立,则称 x 为具有 m 个公共因子的因子模型。

如果再满足④ f_i 与 f_j 相互独立($i \neq j$),则称该因子模型为正交因子模型,x 的方差可表示为

$$Var(x_i) = 1 = a_{i1}^2 + a_{i2}^2 + \cdots + a_{im}^2 + \delta_i \tag{3.24}$$

设 $h_i^2 = a_{i1}^2 + a_{i2}^2 + \cdots + a_{im}^2$,则

(1) h_i^2 是 m 个公共因子对第 i 个变量的贡献,称为第 i 个共同度(communality)或共性方差、公因子方差(common variance)。

(2) δ_i 称为特殊方差(specific variance),是不能由公共因子解释的部分。

因子载荷(负荷) a_{ij} 是随机变量 x_i 与公共因子 f_i 的相关系数。

因子分析中提取因子的方法有主因子法、迭代主因子法、极大似然法、主成分法。

3. 主成分分析

主成分分析(principle components analysis,PCA)也称主分量分析,是一种降维的统计方法。它借助于一个正交变换,将其分量相关的原随机向量转化成其分量不相关的新随机向量,在代数上表现为将原随机向量的协方差矩阵变换成对角形阵,在几何上表现为将原坐标系变换成新的正交坐标系,使之能以一个较高的精度转换成低维变量系统,再通过构造适当的价值函数,进一

步把低维系统转化成一维系统。主成分分析经常用于减少数据集的维数,同时保持数据集对方差贡献最大的特征,这是通过保留低阶主成分、忽略高阶主成分做到的。

用主成分分析法可以构造回归模型,把各主成分作为新自变量代替原来自变量 x 做回归分析。用主成分分析筛选回归变量,回归变量的选择有重要的实际意义,为了使模型本身易于做结构分析、控制和预报,好从原始变量所构成的子集合中选择最佳变量,构成最佳变量集合。

实验项目 2

广义货币供应量数据挖掘处理实验

一、实验类型

设计型实验。本实验主要是设计 1978—1989 年中国广义货币供应量 M_2 数据挖掘、处理与分析的基本路径与程序。

二、实验目的与要求

通过实验教学,使学生掌握金融统计系统不完善导致的时间序列数据中缺失数据的挖掘、修补方法;掌握数据的收集渠道。

三、实验背景

分析与检验经济货币化程度,需要广义货币 M_2 的时间序列数据。现有的公开统计中,中国人民银行公布的货币广义供应量数据是从 1990 年开始的,1985—1989 年的有关数据可以在《中国金融年鉴 1990》中找到,但口径比较小;1978—1984 年 M_2 的数据需要挖掘修补。

四、实验环境

数据处理软件工具:微软 Excel 工作表。

数据基础:《中国金融年鉴 1986—1991》电子版或纸质版;具有代表性的有:易纲著《中国的货币银行于金融市场 1984—1993》(第 59 页)、武剑著《货币政策与经济增长》(第 206 页)。

五、实验原理

广义货币 M_2 的统计构成原理。按照国际货币基金组织(IMF)的货币统计标准与我国的货币统计实践,广义货币 M_2 的计算公式为

$$M_2 = M_1 + 定期存款 + 储蓄存款 + 其他存款 + 证券公司的客户保证金$$

其中,狭义货币 M_1 的计算公式为

$$M_1 = 流通中的现金(M_0) + 活期存款$$

按照 M_2 的计量原理及相应的基础数据进行测算。

六、实验步骤

第一步,从《中国金融年鉴 1990》中找到 1985—1989 年货币概况数据,如图 3-8 所示。

图 3-8 1985—1989 年货币数据截图

第二步,从《中国金融年鉴 1988》中找到 1978—1984 年国家银行与农村信用社存款与流通中货币数据,如图 3-9 所示。

图 3-9 1978—1984 年国家银行与农村信用社存款与流通中货币数据截图

第三步,建立 1978—1989 年中国广义货币 M_2 数据挖掘 Excel 文件。将 1978—1989 年流通中的现金与各项存款数据及 1985—1989 年货币数据导入该文件,如图 3-10 所示。

图 3-10 1978—1989 年流通中的现金与各项存款数据及 1985—1989 年货币数据截图

第四步，将挖掘出的中国1978—1989年广义货币M_2，直接使用现金加存款得出的数据与其他学者测算的数据进行比较。主要与易纲(2003)、武剑(2000)的文献中同期M_2数据进行对比，如图3-11所示。

	A	B	C	D	E	F	G	H	I	J
1										
2			挖掘数据与其他学者数据比较							
3	年份	挖掘数据	易纲（1995）	武剑（2000）	现金加存款					
4	1978	1367	1159.1	1159.1	1369.5					
5	1979	1629.3	1458.1	1458.1	1652.8					
6	1980	2054.4	1842.9	1842.9	2066.9					
7	1981	2489.2	2234.5	2234.5	2497.2					
8	1982	2896.2	2589.9	2589.9	2892.3					
9	1983	3437	3075	3075	3410.1					
10	1984	4672.6	4146.3	4146.3	4474.8					
11	1985	5198.9	4884.3	5460.8	5575.4					
12	1986	6720.9	6261.6	7071.3	7137.6					
13	1987	8330.9	7664.5	8831.6	8978.1					
14	1988	10099.8	9289.9	10751.3	11027.9					
15	1989	11949.6	10920	12701.3	13130.2					
16	数据来源：易纲著《中国的货币、银行与金融市场：1984-1993》，上海三联书店、上海人民出版社，2003年，第60页									
17	武剑著《货币政策与经济增长》，上海三联书店、上海人民出版社，2000年，第206页									
18										
19										
20										

图3-11　货币数据比较截图

第五步，分析数据差异，提出调整建议。通过对比挖掘数据结果与其他学者使用的数据发现，数据之间存在明显的差异。挖掘得出的各年M_2数据明显大于这两位学者使用的数据，挖掘数据与直接按照现金加存款方法测算的数据也略有差异，应该是在银行存款相应的轧差方面处理不够细致。1978—1984年两位学者的M_2数据是一致的，但1985—1989年武剑使用的数据大于易纲使用的数据。问题主要是口径不一致。从1985年以后，中国的银行数量开始增加，先后恢复交通银行，新设中信银行和招商银行等，邮政储蓄、城市信用社等机构也基本同时建立，非银行金融机构的数量也开始增加。国家银行包括中国工商银行、中国农业银行、中国建设银行、中国银行、交通银行(1986年开始)、中信银行(1987年开始)。中国人民银行在《中国金融年鉴1990》中给出的M_2仅统计了国家银行和农村信用社的存款，口径小一些。可见两位学者的数据口径也仅仅是指国家银行和农村信用社。

七、实验结果分析

数据存在差异的原因主要是统计口径问题。如果直接采用现金加存款的计算公式测算M_2，主要的问题是无法消除金融机构之间相互存款的重复统计，需要轧差。通过比较1992年以后的现金加存款数据和M_2统计数据的差异发现，M_2占现金加存款之和的比例大约为99%。因此，如果不考虑金融机构相互存款的轧差问题，M_2的数据可以用现金加存款数据替代。本实验得出的现金加存款数据和挖掘出的1978—1989年M_2数据比较全面地反映了M_2的真实水平。

练习

1. 对1978—2009年中国货币供应量数据进行描述性统计分析。

2. 1978—2009年货币供应量数据需要进行挖掘整理，之后将货币供应量数据转化为增长率指标进行描述性统计分析。

第 4 章 EViews 概述

4.1 EViews 简介

EViews 是 Econometrics Views 的缩写,直译为计量经济学观察,通常称为计量经济学软件包。它的本意是对社会经济关系与经济活动的数量规律,采用计量经济学方法与技术进行"观察"。计量经济学研究的核心是设计模型、收集资料、估计模型、检验模型、应用模型(结构分析、经济预测、政策评价)。EViews 能为我们提供基于 Windows 平台的复杂的数据分析、回归及预测工具,通过 EViews 能够快速从数据中得到统计关系,并根据这些统计关系进行预测。因此,EViews 在系统数据分析和评价、金融分析、宏观经济预测、模拟、销售预测及成本分析等领域中有着广泛的应用,是完成上述计量经济学任务比较得力的必不可少的工具。正是由于 EViews 等计量经济学软件包的出现,使计量经济学取得了长足的进步,发展成为一门较为实用与严谨的经济学科。

4.1.1 什么是 EViews

EViews 是美国 QMS 公司研制的在 Windows 下专门从事数据分析、回归分析和预测的工具。使用 EViews 可以迅速从数据中寻找出统计关系,并用得到的关系去预测数据的未来值。EViews 的应用范围包括科学实验数据分析与评估、金融分析、宏观经济预测、仿真、销售预测和成本分析等。

EViews 是专门为大型机开发的、用于处理时间序列数据的时间序列软件包的新版本。EViews 的前身是 1981 年第 1 版的 Micro TSP,1994 年 QMS(Quantitative Micro Software)公司在 Micro TSP 基础上直接开发成功 EViews 并投入使用。虽然 EViews 是经济学家开发的,而且主要用于经济学领域,但是从软件包的设计来看,EViews 的运用领域并不局限于处理经济时间序列。即使是跨部门的大型项目,也可以采用 EViews 进行处理。

EViews 处理的基本数据对象是时间序列,每个序列有一个名称,只要提及序列的名称就可以对序列中所有的观察值进行操作。EViews 允许用户以简便的可视化的方式从键盘或磁盘文件中输入数据,根据已有的序列生成新的序列,在屏幕上显示序列或打印机上打印输出序列,对序列之间存在的关系进行统计分析。EViews 具有操作简便且可视化的操作风格,体现在从键盘或从键盘输入数据序列、依据已有序列生成新序列、显示和打印序列以及对序列之间存在的关系进行统计分析等方面。

EViews 具有现代 Windows 软件可视化操作的优良性,可以使用鼠标对标准的 Windows 菜单和对话框进行操作。操作结果出现在窗口中并能采用标准的 Windows 技术对操作结果进行处理。此外,EViews还拥有强大的命令功能和批处理语言功能。在EViews的命令行中输入、编辑和执行命令。在程序文件中建立和存储命令,以便在后续的研究项目中使用这些程序。

4.1.2 启动 EViews

1. 插入光盘安装 EViews

下载安装包安装 Eviews,在网上找到官方版下载至电脑磁盘,选择下载好的安装包,鼠标右键解压,打开解压后的文件夹,点击"Install"安装。

2. 在 Windows 操作系统下启动 EViews

(1) 单击任务栏中的"开始"按钮,然后选择"程序"中的 EViews 进入 EViews 程序组,单击选择 EViews。

(2) 如果用户在安装 EViews 过程中在桌面创建了 EViews 的快捷方式,则直接双击桌面上的 EViews 图标即可。

(3) 对于已经建立的 EViews 工作文件,双击这些 workfile 文件(即后缀名为 *.wfl)或者 database 文件(后缀名为 *.db)也可打开 EViews 程序。

4.1.3 EViews 窗口介绍

运行 EViews,屏幕会出现 EViews 运行窗口,它可以分为以下几个部分:标题栏、主菜单栏、命令窗口、状态行和工作区(如图 4-1 所示)。

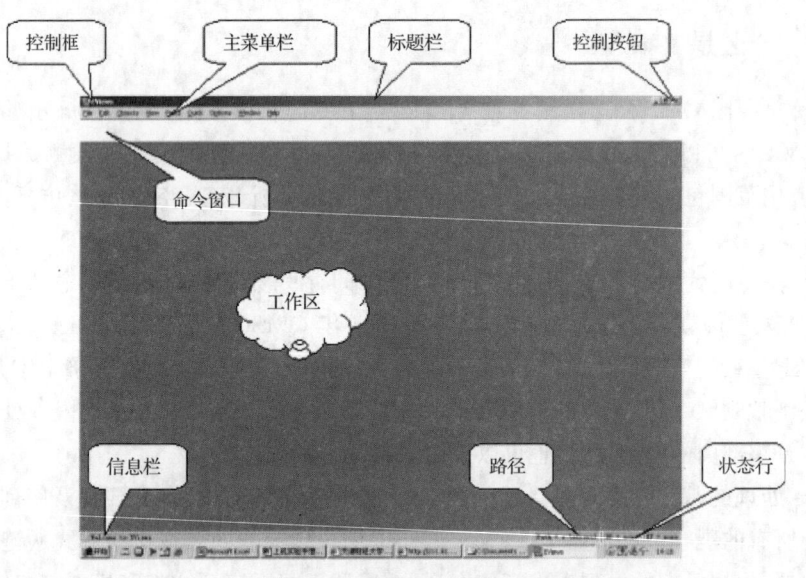

图 4-1 EViews 运行窗口

1. 标题栏

标题栏位于主窗口的顶部,标记有 EViews 字样。当 EViews 窗口处于激活时,标题栏颜色加深,否则变暗。单击 EViews 窗口的任意区域将使其处于激活状态。标题栏的右端有三个按钮:最小化、最大化(或复原)和关闭。标题栏左边是控制框,控制框也有上述三个按钮的功能且双击关闭该窗口。

2. 主菜单

主菜单位于标题栏之下，将指针移至主菜单上的某个项目并用鼠标左键单击，打开一个下拉式菜单，通过单击下拉菜单中的项目，就可以对它们进行访问。菜单中黑色的是可执行的，灰色的是不可执行的无效项目。主菜单栏上共有 9 个选项："File""Edit""Objects""View""Procs""Quick""Options""Windows""Help"。

3. 命令窗口

主菜单下的区域称作命令窗口。在命令窗口输入命令，按"Enter"后命令立即执行。命令窗口中的竖条称为插入点（或提示符），指示键盘输入字符的位置，允许用户在提示符后通过键盘输入 EViews(TSP 风格)命令。如果熟悉 Micro TSP(DOS)版的命令，可以直接在此输入，如同 DOS 版一样使用 EViews。按 F1 键（或移动箭头），输入的历史命令将重新显示出来，供用户选用。

将插入点移至从前已经执行过的命令行，编辑已经存在的命令，按 Enter，立即执行原命令的编辑版本。

命令窗口支持 cut-and-paste 功能，命令窗口、其他 EViews 文本窗口和其他 Windows 程序窗口间可方便地进行文本的移动。命令窗口的内容可以直接保存到文本文件中备用，为此必须保持命令窗口处于激活状态，并从主菜单上选择"File"→"Save as"。

若输入的命令超过了命令窗口显示的大小，窗口中就自动出现滚动条，通过上下或左右调节，可浏览已执行命令的各个部分。将指针移至命令窗口下部，按着鼠标左键向下向上拖动，来调整默认命令窗口的大小。

4. 状态栏

窗口最底部是状态行。状态行分为 4 栏。左栏有时给出 EViews 送出的状态信息，单击状态行左端的边框可以清楚这些信息。第二栏是 EViews 默认的读取数据和程序的路径。最后两栏分别显示默认的数据库和默认的工作文件。

5. 工作区

命令窗口下是 EViews 的工作区或主显示窗口，以后操作产生的窗口（称为子窗口）均在此范围之内，不能移出主窗口之外。EViews 在此显示它建立的各种对象的窗口。工作区中的这些窗口类似于用户在办公桌上使用的各种纸张。出现在最上面的窗口正处于焦点，即处于激活状态。状态栏颜色加深的窗口是激活窗口。单击部分处于下面窗口的标题栏或任何可见部分，都可以使该窗口移至顶部。也可以按压 F6 或 Ctrl-Tab，循环地激活各个窗口。

此外，单击窗口中菜单项目，选择关注的文件名，可直接选择某个窗口，还可以移动窗口、改变窗口的大小等。

4.1.4 EViews 的主要功能

(1) 输入、扩大和修改时间序列数据。
(2) 依据已有序列按照任意复杂的公式生成新的序列。
(3) 在屏幕上和用打字机输出序列的趋势图、散点图、柱形图和饼图。

(4) 执行普通最小二乘法(多元回归),带有自回归校正的最小二乘法,两阶段最小二乘法和三阶段最小二乘法。

(5) 执行非线性最小二乘法。

(6) 对二择一决策模型进行 Probit 和 Logit 估计。

(7) 对联立方程进行线性和非线性的估计。

(8) 估计和分析向量自回归系统。

(9) 计算描述统计量:相关系数、斜方差、自相关系数、互相关函数和直方图。

(10) 残差自回归和移动平均过程。

(11) 多项式分布滞后。

(12) 基于回归方程的预测。

(13) 求解(模拟)模型。

(14) 管理时间序列数据库。

(15) 与外部软件(如 Excel 和 Lotus 软件)进行数据交换。

4.1.5 关闭 EViews

关闭 EViews 的方法主要有以下几种:

(1) 可在主菜单上选择 File/Close 或按 Alt-F4 键来关闭 EViews。

(2) 如果正在运行,可单击 EViews 窗口右上角的关闭方块,或双击 EViews 窗口左上角的 EViews 符号来关闭窗口。

(3) 单击 EViews 窗口左上角的控制菜单方块,选择 Close 关闭窗口。

EViews 关闭总是警告和给予机会将那些还没有保存的工作保存到磁盘文件中。

4.2 工作文件基础

4.2.1 什么是工作文件?

用户使用 EViews 软件进行数据分析处理时,必须在建立的工作文件(Workfile)中进行。

因此,在键入数据和对数据进行分析处理之前,用户必须先建立一个工作文件。这些 EViews 工作文件包含一系列的对象,常用的对象包括序列(series)、序列组(group)、方程(equation)等。一个工作文件包含一个或者多个工作文件页,这些工作文件页由对象构成。

工作文件页可以被认为是子工作文件或子目录,这些子工作文件或子目录允许我们在工作文件内组织数据。工作文件页的主要目的是容纳数据集合的内容,每页必须包括观测值标识符的信息。一旦给出标识符的信息,工作文件页将在与此相联系的数据集合中提供与观测值相关的内容,允许我们应用数据、处理延迟或者运用纵向的数据结构。

工作文件的特点:一是打开后即被调入内存中,以便快速地获得其中的对象;二是工作文件都有频率和范围。

4.2.2 建立新的工作文件

在初次使用 EViews 时,需要建立一个新的工作文件,只有在建立了工作文件后,才能进行数据处理、存取对象等。EViews4.0 版本和 EViews5.0 版本建立新的工作文件的界面和功能不同,下面分别介绍。

1. 建立新的工作文件(EViews4.0 版本)

运用 EViews4.0 版本建立新的工作文件时,单击 EViews 主菜单中的 File/New/Workfile(如图 4-2),将弹出一个如图 4-3 的对话框,在出现的对话框中输入必要的信息。

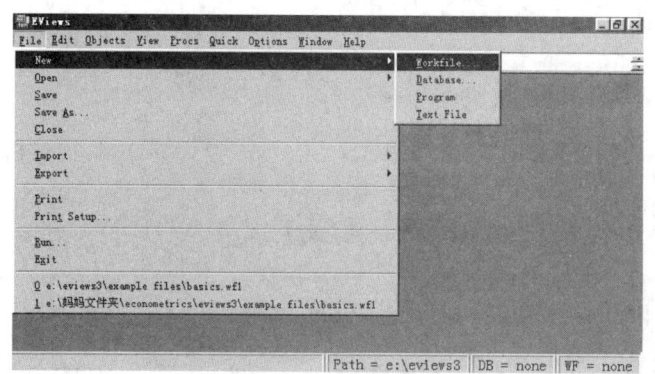

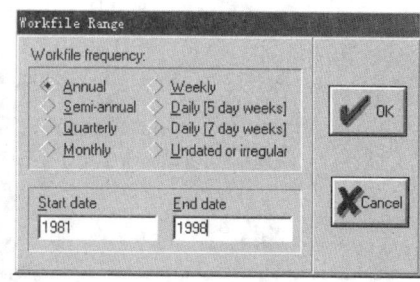

图 4-2 主菜单

图 4-3 对话框

首先,要选择合适的数据性质(Workfile frequency),其中共含 8 种选择,分别是年度(Annual)、半年度(Semi-annual)、季度(Quarterly)、月度(Monthly)、周度(Weekly)、5 天制[Daily (5 day weeks)]、7 天制[Daily(5 day weeks)]和非时序(或截面)(Undated or irregular)。

另外,起始日期(Start date)和终止日期(End date)分别表示所处理数据的第一期和最后一期。年度与后面的数字用":/,/."(三种符号均可)分隔。根据所研究问题的变化,可以改变起始日期和终止日期的数值。

输入有关工作文件的信息后,单击 OK 键,便可以看到如图 4-4 的工作文件窗口,这时已经创建了一个工作文件。工作文件最初只包含两个对象,一个截距项对象 c 和一个残差序列对象 resid。

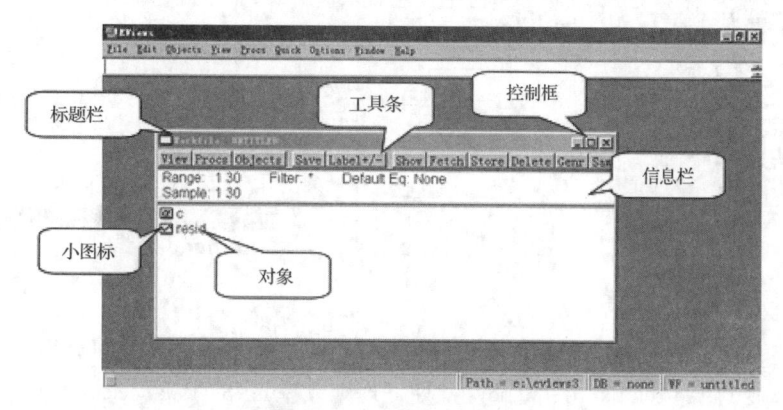

图 4-4 工作文件窗口

工作文件创立后,需将工作文件保存到磁盘,单击工具条中 Save→输入文件名、路径→保存,或单击菜单栏中 File→Save 或 Save as→输入文件名、路径→保存。

2. 建立新的工作文件(EViews5.0 版本)

图 4-4 是 EViews4.0 版本的建立新文件的对话框。与 EViews5.0 版本的建立新工作文件的对话框有了较大的变动。EViews5.0 版本建立新的工作文件的说明如下:打开 EViews5.0,在主菜单中选 File/New/Workfile(或者在命令窗口中输入:create),如图 4-5 所示:

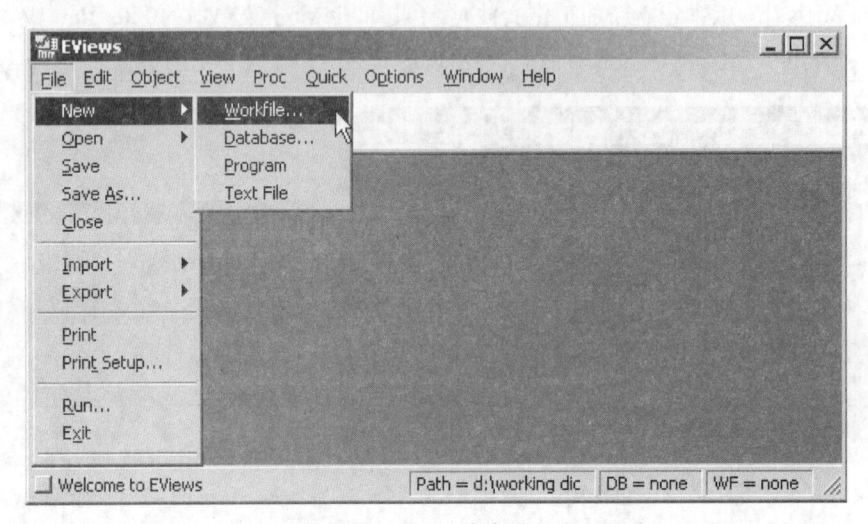

图 4-5 工作窗口

此时屏幕出现一个工作文件定义对话框(如图 4-6),要求用户指定序列观测数据的频率和样本范围,弹出的对话框中共有 3 个选项区:

(1) Workfile structure type(工作文件结构类型)。

(2) Date specification(日期设定)。

(3) Names(名)。

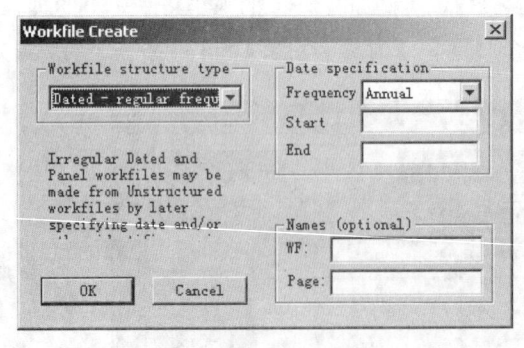

图 4-6

图 4-7

Workfile structure type 选项区中共有 3 种类型(如图 4-7):(1) Unstructrue/Undated(非结构/非日期);(2) Dated-regular frequency(日期—规则频率);(3) Balanced Panel(平衡面板);其中默认状态是 Date-regular frequency 类型。在默认状态 Date-regular frequency 类型下,另一选

项区域(位于窗口右上部)Date specification(日期设定)中共有 8 种选择,分别是 Annual(年度的)、Semi-annual(半年度的)、Quarterly(季度的)、Monthly(月度的)、Weekly(周度的)、Daily-5 day week(5 天一周的)、Daily-7 day week(7 天一周的)和 Integer date(整序数的)。

注意:输入季度、月度、周度数据时,在年度后要相应加 Q、M、W 和数字。比如数据范围是从 1950 年 1 月至 2005 年 12 月,相应输入 1950M1 和 2005M12。

如果在 Workfile structure type 选项区选择 Unstructrue/Undated,则图 4-6 对话框变成图 4-8,在 Date range 选择区填入观测值(Observation)个数,即样本容量,然后点击 OK。

如果在 Workfile structure type 选项区选择 Balanced Panel(平衡面板),则对话框变成图 4-9。在 Panel specification(面板设定)选择框(位于窗口的右上部)出现 4 个选择区,frequency(频率)选择区包含 8 种选择与默认状态下相同。Start(开始期)和 End(终止期)选择区分别用于填入样本的开始时点和结束时点。Number of cross(个体个数)选择区要求输入面板数据中所包含的个体个数,相应设定完成后点击 OK 键,就可以创建一个新的工作文件,工作文件窗口(如图 4-10 所示)同时打开。这时工作文件的文件名为 Untitled,表示该工作文件未保存和命名。

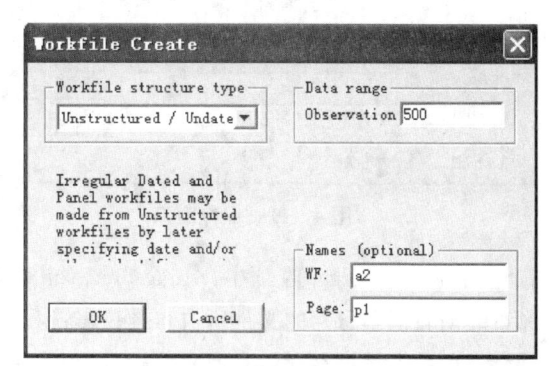

图 4-8 对话框窗口

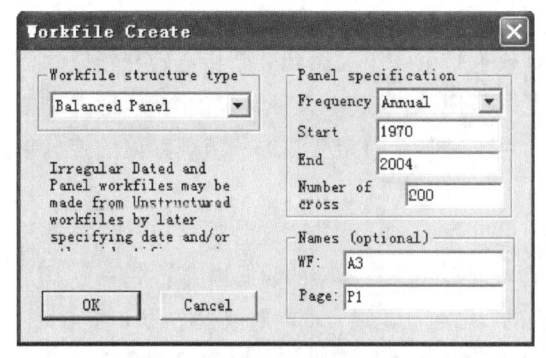

图 4-9 对话框窗口

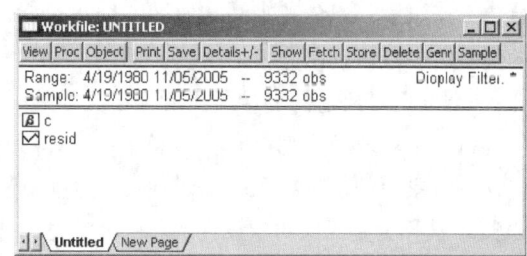

图 4-10 对话框窗口

4.2.2 工作文件的存储

工作文件的存储主要有两种方式:一种是在主窗口中选择 File/Save 或 Save As;另一种是在工作文件窗口工具栏中单击 Save 按钮(此外还可以在命令窗口中输入命令:save name)如图 4-11 所示:

保存文件时,用户需要定义保存路径以及文件名。在保存类型中,可以选择性地将工作文件存储为更低版本的格式或其他格式。当用户在对话框中输入文件名后点击【保存】后,系统会弹出一个对话框,如图 4-12 所示:

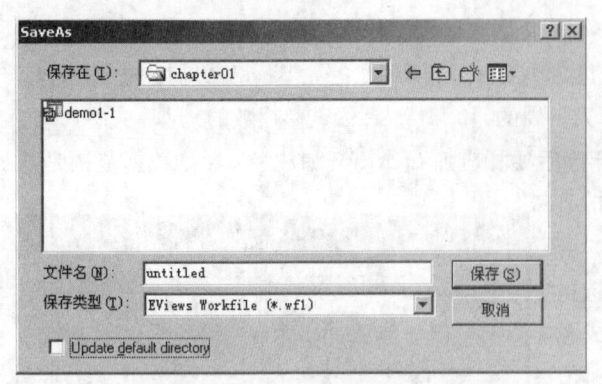

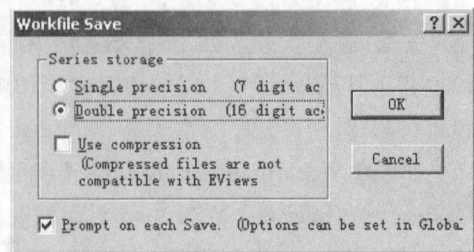

图 4-11 保存窗口

图 4-12 保存窗口

在 Series storage 选项中：Single precision 表示以 7 位精确度保存数据，用该方式保存的数据精度相对较低但保存的文件所占容量较小；Double precision 表示以 16 位精确度保存数据，该方式保存的数据精度相对较高但文件相对较大。Use compression 提供了 EViews 保存数据文件的压缩，但是一旦选择该选项，则保存的 EViews 文件将不可被 EViews5.0 以下的版本识别。Prompt on each Save 为每次保存提示，可以在主窗口的菜单栏中选择 Options/Workfile Storage Options 当中禁用该功能，一旦该功能被禁用，则每次保存将直接进行而不会弹出该对话框。最后确定需要保存的属性以后，点击 OK 按钮，EViews 将保存该文件为扩展名为 *.wfl 的工作文件。

4.3 对象基础

EViews 中的信息是存储在对象中的。每个对象都是由一组关系到某个特定研究领域的信息集合所组成。对象总是与特定的概念相关联，也就是说，对象具有某种给定的类型，通过对象的类型名可以识别出分析的主题。例如，一个序列对象是某个特定变量的一组观察值的信息集合；一个方程对象是一变量组间所存在关系的关系信息的集合。

每一种对象类型都具有一组观察（views）和一组过程（procedures），这些观察和过程都是与包含在对象中的信息相关联的。观察与过程与包含在对象中某种类型的数据构成了关联，这就是 EViews 被称为是面向对象设计的原因。这里，对象的"观察"就是通常面向对象程序设计语言中对象的"属性"；对象的"过程"就是通常面向对象程序设计语言中作用于对象的"方法和过程"。

面向对象设计的 EViews 通过信息的组织化，使得用户工作起来更简便。由于一个方程对象包含了与被估计关系相关联的全部信息，用户只需简单地通过选择不同的方程对象，就可采用各种各样的方程设定进行估计，检查估计结果，进行假设检验与规范检验，或者对在给定的时间范围内进行预测。由于对象是全部数据和结果的集合，工作只需运用单个对象就行了，从而使数据管理工作也变得更简便。以上是使用对象本质的简要介绍，下面对 EViews 对象进行概括性介绍。

4.3.1 对象数据

每一种对象都包含了各种各样类型的信息。例如，序列（series）、矩阵（matrix）、向量（vector）和数值（scalar）对象主要包含数值信息。而方程（equations）和系统（systems）则包含了设计方程或系统的信息、估计结果的信息以及被用以构成统计量的数据等信息的全部。图形(Graphs)和表格(tables)则包含了数值、文本和格式化信息。

尽管对象包含了各种类型的数据,用户又希望采用各种方法来处理各种各样的数据。例如,用户希望对一个序列对象的观察值计算综合统计量,又要求运用基于估计得到的方程进行预测。EViews能够区分这些不同的要求,并提供了大量的称为观察和过程的工具来处理对象中的数据。

4.3.2 对象视图

查看和检视对象中数据的方法很多。视图(Views)是用于窥探对象内数据的各种各样的表格窗口和图形窗口。视图(Views)形式上表现为窗口,但视图(Views)的实质是为窥探对象数据所提供的多种多样的"方式、管道、角度和工具"。

一个序列(Series)对象具有电子数据表视图(spreadsheet view)(直接窥探未加工的原始数据)、线性图(line graph view)、柱型图(bar graph view)、直方图与基本统计量视图(histogram-and-statistics view)和相关图(correlogram view),序列的其他视图还包括分布图(distributional plots)、QQ图(QQ-plots)、经验分布图(kernel density plots)等(如图4-13所示)。序列的视图还允许用户按样本划分的子组进行简单的假设检验和统计。

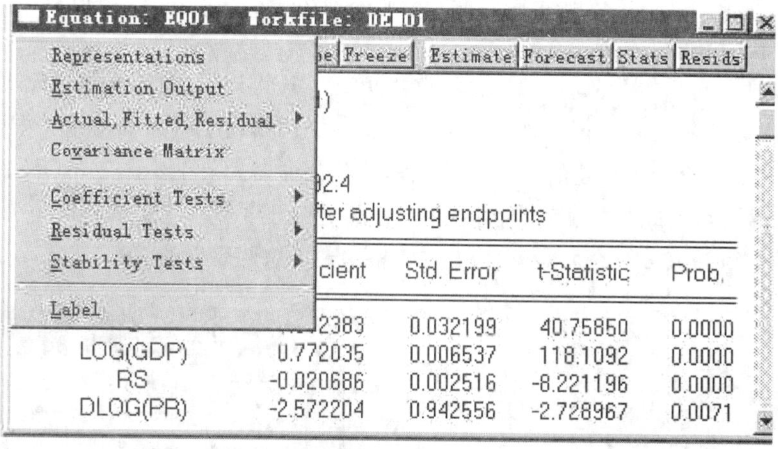

图4-13

方程对象(Equation)有一个表示视图用来显示方程的说明,一个输出视图显示估计结果(如图4-14),一个实际拟合残差视图显示拟合值与残差值的分布图,一个方差视图包含估计参数的协方差矩阵以及各种参数检验的说明。

对象观察是显示对象的窗口。一个对象一次只能打开一个窗口,一个窗口也仅是对象的一个观察。通过对象窗口工具条或者通过主菜单上观察(Views)菜单从一个观察变化到另一个观察。

注意:从对象的一个观察转变到它的另一个观察,观察变了,但对象中的数据没变。也就是说,只是从一个窗口变换到另一个窗口去观察数据。对象中的数据并没有改变,改变的只是表现这些数据的形式或观察这些数据的角度。

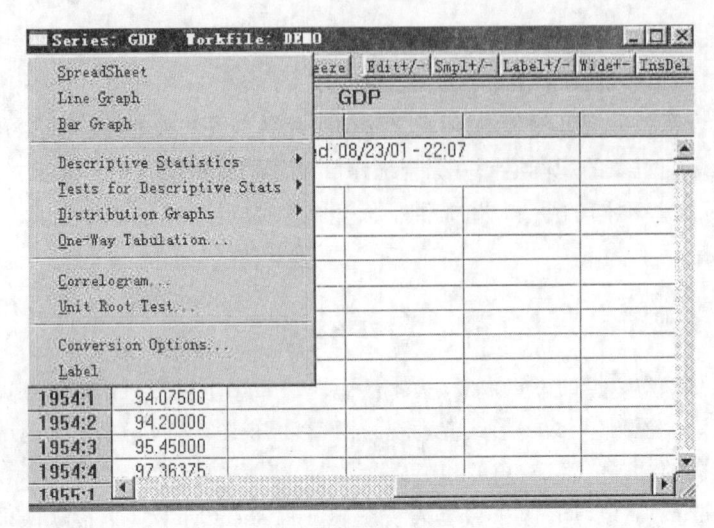

图 4-14

4.3.3 建立对象

建立新对象的一种方法是选择主菜单中的 Object/New Object,如果没有建立工作文件,则不能使用这一功能,此时,该功能在菜单条上将显示为灰色。如果工作文件已经存在,则将看到图 4-15 所示的对话框。

可以选择所需对象的类型,并对其命名,然后单击 OK 键即可;对于有些对象,则会打开另外的对话框,并要求对新对象进行更加详细的视图窗口。例如,在 Type of object 中选择 group 类型,然后在右边文本框中为新建的 group 对象命名,比如命名为 g1,然后点击 OK,弹出一个表格形式的 Group 对话框(如图 4-16),同时在 Workfile 中出现了这个新建的 group 对象 g1。在 g1 对话框的 obs 栏可输入多个序列对象名,并在表格中录入这些序列的数据。

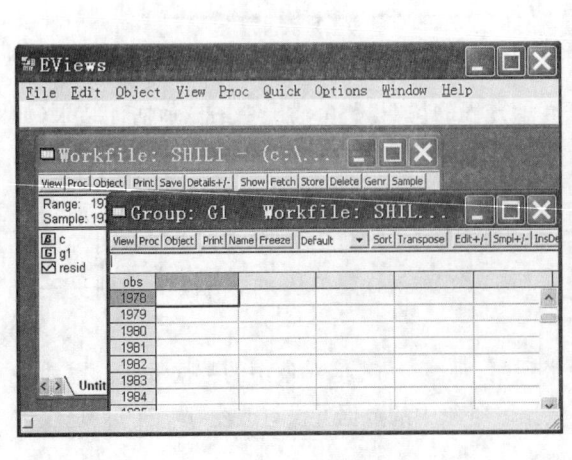

图 4-15 Group 对话框   图 4-16

4.3.4 对象窗口

图4-17是一个序列(Series)数据表的视图,它可以表明对象窗口的一般特征。所有对象窗口的上端都是以View开始的工具栏,并且工具栏许多功能键和其他对象窗口工具栏中的功能键是相同的。View键能够根据对象的类型切换视图,而Procs键则可以调用适合该对象的处理功能。对于一个序列来说,可调用图4-17的处理功能有通过公式生成序列、季节调整、指数平滑等。Objects键可用于对象的存盘、命名、删除、复制以及打印等。Print键能够打印当前窗口的图像。Name键可以对对象进行命名或改名。Freeze(冻结)键可将当前显示的内容冻结为一个新的图形(Graph)或表格(Table)对象,这样原序列发生变化时,新的图形或表格对象将不再发生变化,即使是关闭或删除原数据,被冻结的对象仍保留在工作文件中。例如,如果冻结一个序列数据表的视图,则会看到一个叫做"Table"的新的对象窗口,即使是关闭原有数据表并删除原序列,该表格仍可保存下来。

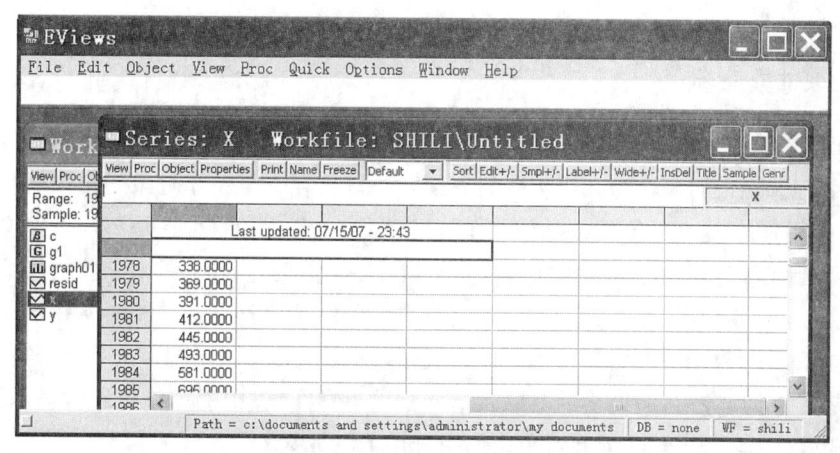

图4-17

4.3.5 选择对象

除了创建对象,经常需要用已经存在的对象工作。从工作文件目录中选择一个或多个对象,是EViews最基本的操作之一。与标准Windows选择对象的操作一样,EViews通过点击选择对象。如果要选择大量对象,不妨在选择之前使用过滤器,会给选择对象带来方便。此外,在工作文件工具条的View按钮还提供了一些方便的选择操作(如图4-18):Deselect清除所有已经存在的选择。Select All选择工作文件中所有对象,但C系数向量和RESID序列除外。Select By Filter利用过滤器进行选择。过滤器是按照各种名称与类型的组合进行对象选择的。

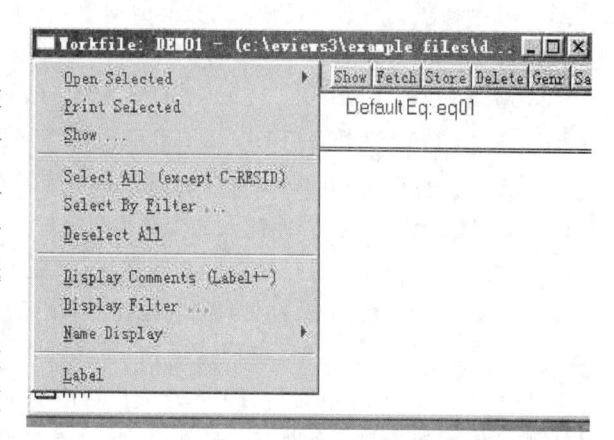

图4-18 选择对象窗口

4.3.6 打开对象

一旦选择了对象,打开这些选择,或者创建一个包含所有选择的新对象,只需在选择后变为高亮区域的任何部位双击左键。双击单个对象就打开该对象的对象窗口。如果选择了多个图形或多个序列,并双击左键,则会弹出一个选择菜单。供用户选择打开方式:以组的方式打开新对象,以方程方式打开新对象,以向量自回归 VAR 方式打开新对象,以图形方式打开新对象,或者以多重序列方式打开对象(各个被选对象在各自窗口中打开并显示)。

注意:若选择了多个图形对象并双击左键,或者选择 View/Open as One Window,那么所有的图形就合并成一个图形,在窗口中显示。其他的多个项目选择是无效的,要么给出出错信息或者根本不予反应。打开对象后,EViews 显示它们缺省的观察。一般说来,一个对象的缺省观察是这个对象最近一次被打开时显示的观察(如果这个对象从未打开过,就显示 EViews 给定的基本观察)。当缺省观察需用相当长的计算时间时,上述一般规则将发生意外,此时缺省观察返回到新对象的缺省观察。

4.3.7 对象命名

对象可以是已命名或未命名的。已命名的对象的名称出现在工作文件窗口目录中,当保存工作文件时,已命名的对象作为工作文件的一部分予以保存。要保存对象的结果就应当给对象命名;未给对象命名,这个对象就被标记为 UNTITLED。未命名的对象是不与工作文件一起保存的。所以,当关闭工作文件或工作文件内容从内存中清除时,未命名的对象将被删除。

给对象命名或重命名,首先,双击对象图标打开对象,或者通过点击 Show 并给出对象名将对象打开。第二步,点击对象窗口中的 Name 按钮,键入对象名(不多于 16 个字符)。在可选项中还可以提供显示对象名,所谓显示对象名指的是以后在图、表中引用该对象时显示的名称,如果不提供显示对象名,EViews 就在对象引用中直接采用对象名。

从工作文件窗口选择 Objects/Rename Selected,并设定新的对象名,来实现给对象重命名。这个方法节省了更改对象名必须首先打开对象这一步。

以下是 EViews 的保留字,它们不能用作对象名:ABS, ACOS, AR, ASIN, C, CON, CNORM, COEF, COS, D, DLOG, DNORM, ELSE, ENDIF, EXP, LOG, LOGIT, LPT1, LPT2, MA, NA, NRND, PDL, RESID, RND, SAR, SIN, SMA, SQR 和 THEN。

给一个序列或是别的对象命名时,EViews 既可以接受小写字母也可以接受大写字母,但内部一律处理为大写字母,即使键入的全是小写字母。例如,ALES、ales 或 Ales 在 EViews 中是同一个对象。这种一致性的好处在于小写输入后,随时可以自由地变为大写,尽管命名内部大写化。但是,在一个对象中输入文本信息、给图例作标记或者输入对象标签时,则仍然保留了首字母大写的规则。

按照 EViews 的缺省设置,EViews 人机对话期间(即采用鼠标图形界面工作方式时)仅只允许同一类型可以保留一个没有命名的对象(一个未名序列、一个未名方程……)在 RAM 中。如果当前工作文件中已有一个未命名的对象,又要再创建一个同类型的、新未命名对象时,系统会提示用户对原未名对象进行命名,此时不对原未命名对象命名,新建未命名对象将取代原未命名对象,原对象不被保存。如果用户愿意在人机对话工作期间保留所有未命名对象,可以通过对

EViews 进行设置来完成(参见 Global Options)。但是,在保存工作文件时,仍然需对未命名对象进行命名。

4.3.8 对象的复制与冻结

EViews 中存在两种截然不同的复制对象中信息的方法:复制和冻结。点击对象工具条上的 Copy 按钮或者从菜单中选择 Object/Copy,EViews 将精确地创建一个未命名的新对象。所谓精确,指的是新对象复制了原对象的所有特征。新对象包含了原对象的观察和过程,可以像原对象一样用于进一步的分析。

用户也可以从工作文件窗口复制对象,简单地点击 Object/Copy 并为新对象设置目标对象名。必须强调,Copy 是常用和有效的操作之一,它有很多特点和用途。例如,用户可以从工作文件和数据库文件中进行复制。标准的 EViews 复制命令是在同一个工作文件内生成一个对象的复制品。当内存中同时有两个工作文件,用户可采用 Copy-and-Paste 方法在两个工作文件间进行对象复制。

在原工作文件中加亮欲复制的对象,然后从主菜单选择 Edit/Copy。点击目标工作文件的标题栏选择目标工作文件,然后从主菜单中选择 Edit/Paste,EViews 将在目标工作文件中放置所有加亮了的已命名对象,如果存在相同名称时,提示是否覆盖。如果原工作文件和目标工作文件具有不同的时间频率,在将序列置于目标工作文件前需进行频率转换。

从对象中复制信息的第二个方法是冻结一个对象的观察。点击 Object/Freeze Output 或者按压工具条上的 Freeze 按钮,就新建了一个表格对象或者图形对象,它们则是原对象当前观察的一个复制品。

在按压 Freeze 按钮之前,对象窗口中是窥探这个对象的一个观察。冻结这个观察,就生成了该观察的一个复制品。这个复制品是一个独立的对象,即使将原对象删除,它仍将被保留。一个冻结的观察没有必要与原对象的当前保持一样,而宁肯把它看成按压 Freeze 按钮时对象的一个快照。例如,冻结一个序列的电子数据表观察,得到的一个新表对象的观察;冻结序列图形观察,就得到一个新图形对象的观察。

冻结的主要作用在于通过冻结创建表格和图形,在撰写报告时还可以对这些表格和图形进行编辑。冻结了的观察是不随工作文件样本的变化而变化的,也不受数据变化的影响。

4.3.9 存储、读取与更新对象

1. 存储对象

EViews 提供了三种存储数据到磁盘的方式。第一种,工作文件中的所有对象作为一个整体保存(Save 或 Save as)到一个具有扩展名为.WF1 的磁盘文件中,这类文件以后可以通过 Open 或 Load 重新读入内存。第二种,存储(Store)单个对象为它们自己格式的数据库文件,扩展名为·DBx(其中 x 视对象类型而定)。这些文件以后可以通过命令(Fetch)读入其他工作文件中。第三种,保存对象为 EViews 格式的数据库文件(EViews database files)。

注意:当用户使用对象进行工作时,通过点击对象工具条上 Objects/Store to DB 或者点击 EViews 工具条上的 Store 按钮,将对象保存到数据文件中。按下 Store 按钮后还要提示输入更

多的信息。以上方法也可一次保存多个对象。

2. 读取对象

用户可以从数据库文件和数据库中读取(fetch)以前保存的项目。处理数据最常见的工作方法,是创建工作文件和根据需要将以前保存(store)到磁盘的数据读取(fetch)到工作文件中。读取数据到工作文件,从工作文件菜单和工具条上选择 Objects/Fetch from DB,在打开的对话框中,按照应用的需要,提供读取对象的信息:读取对象名、目录和数据库的位置。

3. 更新对象

更新(Updating)工作的方式与读取对象相类似,不同的是,更新要求这些对象已经存在于工作文件中。更新工作文件中的对象,从工作文件窗口中选择更新对象后,再点击工作文件或工具条上的 Objects/Update from DB。在打开的读取数据对话框中,读取对象已经存填好,只需简单设定目录和数据库的位置,最后点击 OK。被选择的对象将取代它们在数据文件和数据库中的副本。

练习

1. 建立一个描述 1959 年 1 月至 1960 年 12 月的月度数据对象,并将此序列命名为 ser01。

打开 ser01,将 EXCEL 表格中的数据导入,并以曲线图的方式表现出来,命名为 graph01,保存在工作文件中。

打开 graph01 的对象标签,修改其名称与显示名称。

在桌面上保存,命名为习题 01。

2. 建立一个描述 2012 年全年的周数据对象,并将此序列命名为 ser01。

打开 ser01,将其以曲线图的方式表现出来,并命名为 graph01,保存在工作文件中。

打开 graph01 的对象标签,修改其名称为 graph11,显示名称为周销售额。

在桌面上保存,命名为习题 02。

第5章 金融数据处理

5.1 工作文件与数据录入

5.1.1 工作文件和对象基础

1. 建立工作文件

在初次使用 EViews 时,需要建立一个新的工作文件。只有在建立了新的工作文件后,才能进行数据处理、存取对象等。建立新的工作文件时,单击 EViews 主菜单中的 File/New/Workfile,将弹出如图 5-1 所示的对话框,在出现的对话框中输入必要的信息。

上图中,对话框中共有3个选项区:

(1) Workfile structure type(工作文件结构类型)。

(2) Date specification(日期设定)。

(3) Names(名)。

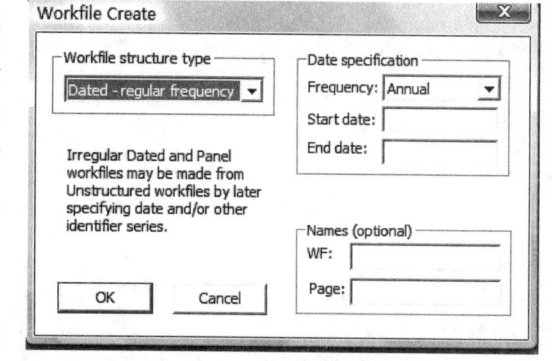

图 5-1 创建文件窗口视图

Workfile structure type 选项区中共有3种类型,如图 5-2。(1) Unstructured/Undated(非结构/非日期),例如,工业普查数据、人口普查数据、家庭收入调查数据;(2) Data-regular frequency(日期—规则频率),例如,如我国国内生产总值从 1949 年到 2014 年的变化就是时间序列数据;(3) Balanced Panel(平衡面板);2010、2011、2012、2013、2014 年各年中国所有直辖市的 GDP 数据就是面板数据。其中默认的状态是 Data-regular frequency 类型(如图 5-2)。

在默认状态 Dated-regular frequency 类型下,另一选项区(位于窗口右上部)Date specification(日期设定)中有 8 种选择,分别是 Annual(年度的)、Semi-annual(半年度的)、Quarterly(季度的)、Monthly(月度的)、Weekly(周度的)、Daily-5 day week(5 天一周的)、Daily-7 day week(7 天一周的)和 Integer date(整序数的),如图 5-3。

注意:输入季度、月度、周度数据时,在年度后要相应加 Q、M、W 和数字,也可以在年度后面加","或者"/"和数字。比如数据范围是 2005 年 1 月至 2014 年 12 月,相应输入的是 2005M1 和 2014M12,或者是 2005,1 和 2014,12,也可以是 2005/1 和 2014/12。如果是日度数据,时间范围

2005年1月1日至2014年12月31日,相应输入的是1/1/2005和12/31/2014。

一个新建的季度数据的EViews6.0工作文件窗口如图5-4所示。

如果在Workfile structure type选项区选择Unstructured/Undated,则对话框变成图5-5。在Date range选择区输入观测值(Observation)个数,即样本容量。

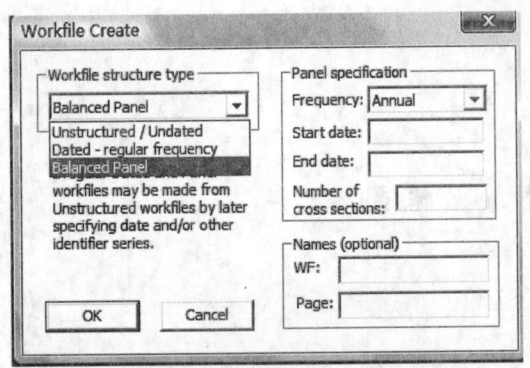

图5-2 文件结构类型

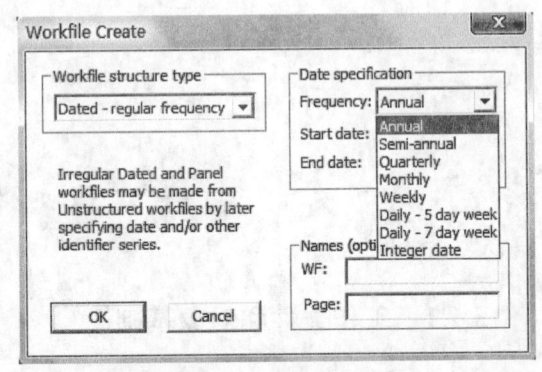

图5-3 文件结构类型

图5-4 工作文件窗口

图5-5 对话框

图5-6 对话框

如果在Workfile structure type选项中选择Balanced Panel(平衡面板),则对话框变成图5-6。在Panel specification(面板设定)选择框(位于窗口的右上部)出现4个选择区。Frequency(频率)选择区包含8种选择,与上面介绍的一样。Start(开始期)和End(终止期)选择区分别用于填入样本的开始时点和结束时点。Number of cross sections(个体个数)选择区要求输入面板数据中所包括的个体个数。

除了通过EViews主菜单的New/File/Workfile建立工作文件外,也可以通过命令方式创建工作文件。在命令窗口中输入:Create 时间频率类型 起始期、终止期。

例如,创建一个1990年到2004年的时间数据工作文件,在如图5-7所示的空白处命名窗口输入命令:Create a 1990 2004,后敲击回车键即可。

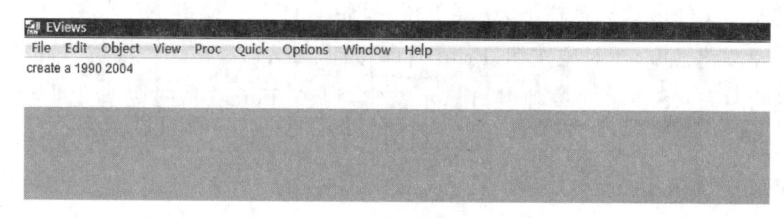

图 5-7 文件窗口

再如,创建一个 1990 年 1 月到 2004 年 12 月的时间数据工作文件,则输入命令:Create a 1990m1 2004m12。

2. 工作文件

工作文件是用户使用 EViews 软件处理数据时存贮在内存中的信息,包括操作过程中建立的所有命名对象,如序列、数组、方程、图像等。工作文件可保存到指定位置,在以后使用时调入内存。如果不保存工作文件,那么关机时内存中保留的信息将被全部清除。

由于对象必须置于工作文件之中,所以除非内存中存在工作文件,否则不能对对象进行任何操作,这就是为什么初次启动 EViews 时,主菜单上部分功能呈现灰色的原因。除非工作文件被激活,否则不能建立序列,也不能读取、输入或输出数据。

(1) 数据性质

在建立工作文件时,需要设定数据性质、起始期和结束期。工作文件仅包括一种性质的时间序列,但可以输入不同性质的数据,EViews 会把这些数据的性质转换为工作文件数据的性质。如前所述,也可以改变起始期和结束期。

通常,EViews 使用的数据具有相同的时间跨度。数据的性质可以是年度、季度、月度、周或日。如果数据不是按时间排列的(如截面数据),或者使用的数据性质没有包括在 EViews 所提供的数据性质的列表中,又或者采样的时间不规则,则可以把序列定义为"非时间序列"(Undated or irregular)。例如,可以使用非时间选项来处理在非交易日频繁中断的金融数据。对于周度和月度的数据,EViews 根据日历来决定每一年观测数据的个数。除了一些季节性调整功能外,EViews 中所有的时间序列程序都能应用于非时间序列。

(2) 工作文件窗口

建立工作文件和对象后就会出现工作文件窗口,如图 5-8 所示。

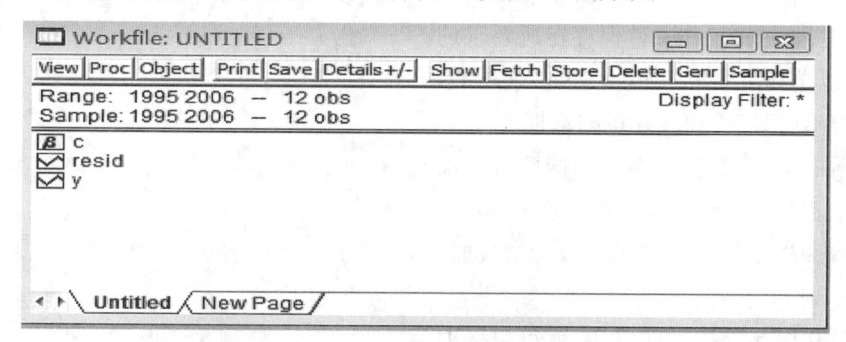

图 5-8 工作文件窗口

在标题栏上,会显示"Workfile"和工作文件名称。如果工作文件已经保存,还可以看到其保存的位置。在工作文件窗口标题栏下方(菜单栏)是带有许多功能键的工具栏,包括 Views 视图按钮、Procs 处理按钮、Object 对象按钮、Print 打印按钮、Save(保存工作文件)、Details+/-(显示工作文件创建的时间)、Show(在单独窗口显示特定对象)、Fetch(从磁盘上读取数据)、Store(将数据存储到磁盘)、Delete(删除对象)、Gener(利用已有的序列生成新的序列)、Sample(设置观察值的样本区间)。

接下来两行是有关工作文件当前状态的信息,包括 Range,工作文件的数据范围(起始期和终止期);Sample,当前样本范围(统计运算过程中所使用的观测值的范围);Display Filter,显示目录过滤(工作文件目录窗口中仅显示符合设定名称的对象)。如果需要修改某项信息,双击相应的项,在弹出的对话框中输入新值即可。例如,双击 Display Filter 则会弹出如图 5-9 所示的 Object Filter 对话框。

在 Name Filter 下的方框中输入要显示在工作文件目录中的对象名称,可以使用通配符(*)和(?)。例如,输入 s * 表示仅显示以 s 开头的所有对象。EViews 初始默认" * "(星号)表示显示工作文件中的所有对象。在 Include 下的勾选框中可以选择要显示在工作文件目录中的对象类型。点击 OK 键后显示在目录中的对象是名称和类型两条件的交集。如果对象类型没有全部勾选,则 Filter 后将显示减号(-)。

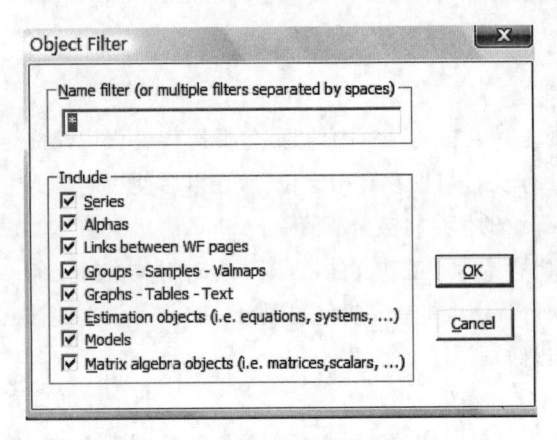

图 5-9 Object Filter 对话框

工作文件窗口下部显示的是工作文件目录,所有命名的对象按照名称或图标列在目录中。这些不同的对象和图标的含义将在对象那一部分介绍。

3. 工作文件和对象的保存操作

EViews 提供两种方法来保存数据:一种是保存整个工作文件,在这种情况下,所有对象将保存在一个扩展名为".WF1"的工作文件中;另外一种是直接将对象以文件形式保存在磁盘中,其他工作文件可以调用此类文件。

(1) 保存和调用工作文件

当需要保存工作文件时,可以点击工具栏中的 Save 键,就可将工作文件保存在所要求的位置,也可以选择主菜单中 File/Save As 功能,这时将会弹出如图 5-10 所示的对话框。

在对话框上部,选择文件存储的路径。在选择正确的路径并命名后,点击保存键即可。这样,文件就被保存在所要求的位置,并自动带有扩展名".WF1"。

在命名并保存工作文件以后,就可以随时

图 5-10 对话框

对数据进行更新。选择主菜单中 File/Save,更新后的数据会自动保存在原有的文件中。Save 功能和 Save As 功能的区别是:后者可以重新选择路径和名称对工作文件进行保存。

通常,使用 File/Open 可以打开已保存在可调用位置的文件。此时打开的 Open 对话框与 Save As 对话框类似。找到工作文件所在的路径,双击该工作文件,该文件即被打开。

Open 和 Save As 对话框将自动给出默认路径下的内容。默认路径一般是 EViews 软件所在的路径。如果需要改变默认路径,可以勾选对话框左下方的 Update Default Directory,所设定的路径将改变为默认路径。

(2) 在磁盘中保存对象

可以在任何 Windows 目录下以文件形式保存 EViews 对象。文件的扩展名由对象的类型确定,扩展名由 2 个或 3 个字母组成。文件的扩展名和相应表示的对象类型如表 5-1 所示。

表 5-1 扩展名及其含义

扩展名	对象类型	扩展名	对象类型
.DB	序列	.DBT	表格
.DBE	方程、合并数据库或对数似然函数	.DBV	向量自回归
.DBM	矩阵、向量或系数	.DBL	模型
.DBG	图形	.DBP	状态空间模型
.DBR	序列组	.DBS	系统

例如,\CASE\SALE.DB 表示以文件形式保存在 CASE 目录下的序列 SALE。如果想把一个对象以文件形式保存,可以点击工作文件工具栏中的 Store 键,或者选择对象窗口工具栏中的 Objects/Store to DB 功能,这时会弹出一个对话框,在对话框中输入名称,或者使用该对象的名称,然后设定保存路径,点击 YES 即可。如果在工作文件中选择一组对象并点击工具栏中的 Store 功能键,所有的对象会分别保存为相应类型的文件。

(3) 调用对象

点击 EViews 主菜单中的 Objects 键,选择 Fetch from DB 功能,或者点击工作文件工具栏中的 Fetch 键,就可以从调用位置调用对象,如图 5-11 所示。

4. 主菜单窗口

主菜单包括了多种运行工作文件和对象的功能键以及一些控制 EViews 自身活动的功能键。从主菜单上可以建立和管理工作文件、输入和输出数据、生成序列和图形、打印结果,以及管理工作中的各种细节。

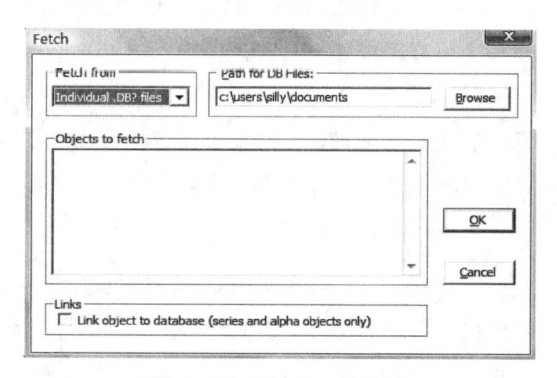

图 5-11 Fetch 工作窗口

软件安装后,在相应的目录下用鼠标双击图标启动 EViews6.0 程序,进入主窗口,见图 5-12。

主窗口上方排列着按照功能划分的 9 个主菜单选项,用鼠标左键单击任意选项会出现不同

```
EViews
File  Edit  Object  View  Proc  Quick  Options  Window  Help
```

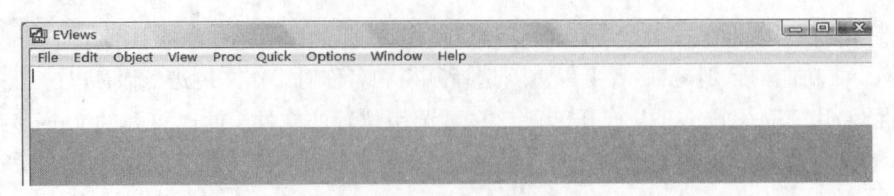

图 5-12 主窗口

的下拉菜单，显示该部分的具体功能。9 个主菜单选项提供的主要功能如下：

【File】有关文件（工作文件、数据库、EViews 程序等）的常规操作，如文件的建立（New）、打开（Open）、保存（Save/Save As）、关闭（Close）、导入（Import）、导出（Export）、打印（Print）、运行程序（Run）等；选择下拉菜单中的 Exit 将退出 EViews 软件。

【Edit】通常情况下只提供复制功能（下拉菜单中只有 Cut、Copy 项被激活），应与粘贴（Paste）配合使用；对某些特定窗口，如查看模型估计结果的表达式时，可对窗口中的内容进行剪切（Cut）、删除（Delete）、查找（Find）、替换（Replace）等操作，选择 Undo 表示撤销上一步操作。

【Object】提供关于对象的基本操作。包括建立新对象（New Object）、从数据库获取/更新对象（Fetch/Update from DB）、重命名（Rename）、删除（Delete）。

【View】和【Procs】二者的下拉菜单项目随当前窗口不同而改变，功能随之变化，主要涉及变量的多种查看方式和运算过程。我们将在以后的实验中针对具体问题进行具体介绍。

【Quick】下拉菜单主要提供一些简单常规用法的快速进入方式。如改变样本范围（Sample）、生成新序列（Generate Series）、显示对象（Show）、作图（Graph）、生成新组（Empty Group）以及序列和组的描述统计量、新建方程和 VAR。

【Options】系统参数设定选项。与一般应用软件相同，EViews 运行过程中的各种状态，如窗口的显示模式、字体、图像、电子表格等都有默认的格式，用户可以根据需要选择 Options 下拉菜单中的项目对一些默认格式进行修改。

【Window】提供多种在打开窗口中进行切换的方式，以及关闭所有对象（Close All Objects）或关闭所有窗口（Close All）。

【Help】EViews 的帮助选项。选择 EViews Help Topics 按照索引或目录方式在所有帮助信息中查找所需项目。下拉菜单还提供分类查询方式，包括对象（Object）、命令（Command）、函数（Function）、矩阵与字符串（Matrix&String）、程序（Programming）等五个方面。

5. 对象

在 EViews 里，相关数据都保存在对象中。例如，一个序列对象（Series object）包含了各期观测值的数据、数据的性质及对数据的描述。一个方程对象（Equation object）包括方程设定、系数估计、协方差矩阵、各种累计统计量以及描述性说明等。EViews 中不同对象和图标的含义如表 5-2 所示。

表 5-2 不同对象和图标的含义

图标	含义	图标	含义
abc	Alpha（Alpha 序列）	#	Scalar（标量）
β	Coefficient Vector（系数向量）	∨	Series（序列）

(续表)

图标	含义	图标	含义
=	Equation(方程)	SS	Sspace(State Space)(状态空间模型)
ⅢI	Graph(图形)	ⅢJ	Symmetric Matrix(对称矩阵)
G	Group(序列组)	S	System(系统)
£	LogL(Log Likelihood)(对数似然函数)	▦	Table(表格)
⸬⸬	Matrix(矩阵)	TxT	Text(文本)
M	Model(模型)	map	Valmap(数值映射)
P	Pool(Time-Series/Cross-Section)(面板数据)	var	VAR(Vector Autoregression)(向量自回归)
[:]	Rowvector(行向量)	[:]	Vector/Row Vector(向量或行向量)
↔	Sample(样本)		

(1) 建立对象

建立新对象的一种方法是选择主菜单中 Object/New Object。如果没有建立工作文件，则不能使用这一功能，此时该功能在菜单条上将显示为灰色。如果工作文件已经存在，将看到如图 5-13 所示的对话框。

可以选择所需对象的类型，并对其命名，然后点击 OK 键即可。对于有些对象，则会打开另外的对话框，并要求对新对象进行更加详细的设定，而对于大多数对象则会立刻打开新对象的视图窗口。

Type of object 一栏里包括如下对象类型：Equation(方程)、Factor(因素)、Graph(图形)、Group(序列组)、LogL(Log Likelihood)(对数似然函数)、Matrix-Vector-Coef(矩阵向量系数)、Model(模型)、Pool(面板数据)、Sample(样本)、Series(序列)、Series Link(序列链接)、Series Alpha(序列阿尔法)、Spool(状态

图 5-13 新建文件窗口

面板数据)、SSpace(状态空间模型)、System(系统)、Table(表格)、Text(文本)、ValMap(数值映射)、VAR(向量自回归)。

例如，选择 Series(序列)对象后点击 OK 键，将会看到如图 5-14 所示的未命名的序列对象的视图。

(2) 视图和处理

对于数据的操作有视图(View)和处理(Procs)两种方式。视图是一些图表，它改变了数据的显示方式。大多数对象都不止有一个视图，例如，序列对象包含一个数据表，它能够显示原始数据、折线图、条形图、直方图和相关图；方程对象则包含显示设定的图表、估计结果的输出表、残差

图 5-14 工作窗口

图、协方差矩阵表及各种设定和参数检验表。

对象的视图出现在对象窗口中。每个对象只能开一个窗口,并且每个窗口每次只能呈现对象的一个视图。只要在对象窗口的工具栏中选择 View 功能键或从 EViews 主菜单中直接选取 View 下的相应功能,就可以在对象窗口的各种视图之间进行切换。对象视图的改变并不会改变对象本身,且也不会改变对象所包含的数据,只是所显示的数据形式改变了。

大多数 EViews 对象都包含有处理(Procs)功能。像视图一样,大多数处理的结果在对象窗口中都显示为图表。与视图不同的是,处理功能会改变对象本身的数据或其他对象的数据。

许多处理功能会建立一个新的对象。例如,一个序列对象包含的处理功能有:对序列本身进行平滑调整或季节调整,建立包含调整或平滑后的数据的新序列等。一个方程对象的过程可以生产包含残差、拟合值、预测值在内的新序列。

选取处理功能时,可以在 EViews 主菜单中或对象窗口的工具栏中点击 Pros(处理),然后选择相应功能。

(3) 对象的命名

要给对象命名,可以点击该对象窗口工具栏中的 Name 键,或选择工具栏中的 Objects/Name,也可直接选择 EViews 主菜单中的 Objects/Name 功能,然后在如图 5-15 所示的对话框中输入名称,点击 OK 键即可。

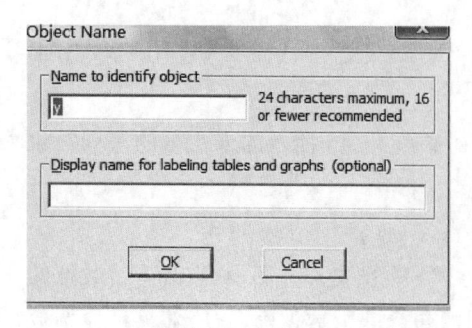

图 5-15 对话框

给对象命名后,该名称会出现在工作文件的目录中,并且对象将作为工作文件的一部分保存下来,未命名的对象在退出 EViews 时将不予保存。

对时间序列或其他对象命名应不超过 16 个字符。下列名称具有特殊意义,EViews 已经占用,所以不能作为序列名称使用:ABS、ACOS、AR、ASIN、C、CON、

CNORM、COEF、COS、D、DLOG、DNORM、ELSE、ENDIF、EXP、LOG、LOGIT、LPT1、LPT2、MA、NA、NRND、PDL、RESID、RND、SAR、SIN、SMA、SQR 和 THEN。

给序列和其他对象命名时,EViews 不区分大小写字母,但为了避免混淆,即使输入小写字母,EViews 也会把名称中的每一字符都视为大写字母来对待。例如,对于 EViews 来说,SALES、sales 和 sAles 是相同的。在 EViews 显示工作文件的对象目录时,可以在工作文件的工具栏中选择 View/Name Display 功能下的选项来指定究竟使用大写字母(Uppercase)还是小写字母(Lowercase)。

(4) 复制与冻结对象

在编辑数据之前需要保存一份数据表,或是在重新估计方程之前需要保存回归的结果,这时,可以采用以下两种方式:

一种是点击 Objects/Copy 键,这时原来的对象会被完全复制下来。除名称之外,该拷贝与原来的对象完全相同。

另一种是点击对象工具栏上的 Objects/Freeze Output 键或者 Freeze 键,这时可将该对象的当前视图保存为一个新的 Table(表格)或 Graph(图形)对象。

Copy(复制)键的功能是复制对象,而 Freeze(冻结)键的功能是复制对象的视图。在使用这两个功能键时,原窗口的上方将打开一个新对象窗口。如果改变原对象,复制或冻结的对象都不会改变。Copy 键的优点是新对象能够将原对象的所有特点都复制下来。新对象包括了原对象所有的视图和过程,并且可以像原对象一样被用于以后的分析。Freeze 键的优点是可以对由 Freeze 建立的表格和图形进行多种形式的编辑以供演示和报告之用,而且如果工作文件的样本或数据发生变化,冻结的视图不会有任何改变。

(5) 序列对象窗口

如果直接双击工作文件中的一个序列名,序列窗口将会打开。第一次打开时,序列窗口是以数据表格的形式显示的。

通过序列窗口中的工具栏可以对序列进行多种变换。工具栏中的功能键会根据显示的内容不同而改变。在这里,简要介绍数据表格形式下工具栏的功能键(见图 5-16)。

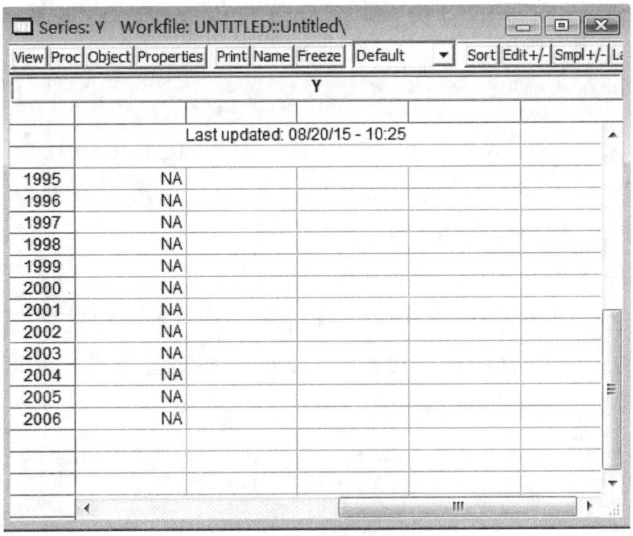

图 5-16 视图窗口

【View】功能键可用来显示数据的各种图形和描述性统计量的值等。

【Procs】功能键可用来生成新序列、做季节性调整和指数平滑。

【Objects】功能键可对序列进行存储、命名、删除、另存等操作。

【Print】功能键用于将序列表格在打印机上打印。

【Name】功能键用于给序列命名或改名。

【Freeze】功能键把数据表格变成冻结的表格对象(Table Object),以后数据的变化将不再影响冻结表格中的数据。

【Edit+/−】功能键可以打开或关闭修改、编辑功能。

【Smpl+/−】功能键用来选择数据表格显示的数据是否受当前设定的样本范围的限制。

【Label+/−】功能键是数据表格状态下记录序列批注信息的显示开关(序列批注信息位于数据上方的区域,用于显示序列的最近更新以及一些其他信息)。

【Wide+/−】功能键可以使序列在单列显示和多列(5列)显示方式之间切换,此键的默认选择是单列显示方式。

【InsDel】功能键可以在指定位置插入或删除一个观测值。单击该功能键会看到一个对话框,询问是要插入观测值还是要删除观测值。当插入一个观测值时,其后的所有观测值全部相应下移一格;当删除一个观测值时,其后的所有观测值全部相应上移一格。注意,插入一个观测值并不会扩展工作文件的范围,而是将该序列的最后一个观测值挤出该序列。如果想保留最后一个观测值,需要在插入观测值之前扩展工作文件的样本容量。

【Title】功能键可以改变数据表格的标题,通常情况下标题和序列名称是一样的,并不需要改动。

【Sample】功能键用于改变工作文件的样本范围。在下次改变样本范围之前,所有操作都在现行样本范围内进行。

【Genr】功能键是通过公式利用已有的序列生成新序列。

5.1.2 数据输入与输出

EViews6.0软件为用户提供了多种导入数据的方法。

1. 手动输入数据

建立工作文件后,无论新生成还是打开一个序列,都会出现如图5-17所示的序列对象窗口。

在工具栏上选择 Edit+/− 按钮进入编辑状态,用户可输入或修改序列观测值。点击 Edit+/− 后序列对象窗口如图5-18所示。

依次输入各年份的值后序列对象窗口如图5-19所示。

点击 Smpl+/− 按钮可在显示工作文件时间范围内全部数据和只显示样本值(样本期可为工作文件时间范围的一个子区间)之间切换;Wide+/− 按钮在单列显示和多列显示序列值之间进行切换。对于季度和月度数据,采用多列模式会更清楚(图5-20和图5-21分别是同一批数据的单列和多列显示模式)。录入或修改数据完毕后再次点击 Edit+/− 按钮恢复只读状态。

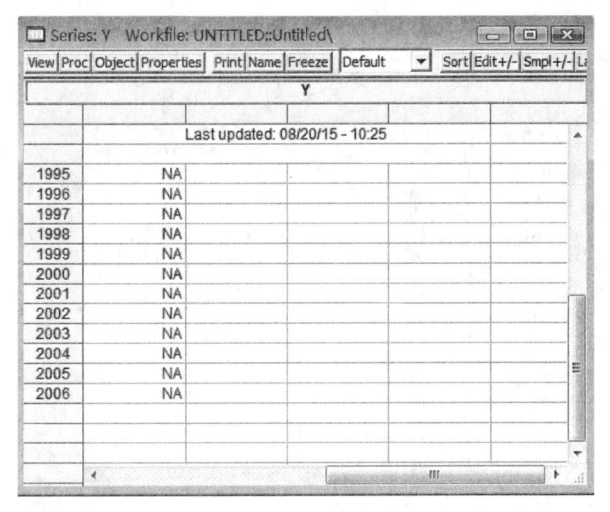

图 5‑17 视图窗口

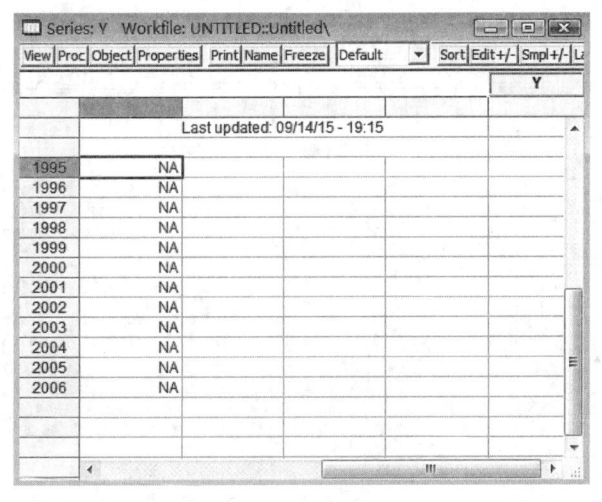

图 5‑18 视图窗口

图 5‑19 视图窗口

图 5-20 单列显示视图

图 5-21 多列显示视图

2. 剪切、复制和粘贴

在 EViews 内部和 EViews 与其他软件之间,用剪贴板移动数据是一种简便的方式。

从 Excel 工作文件剪切或复制数据到 EViews 中,首先,打开 Excel 工作文件,选定所要剪切或复制的数据,单击右键,选择"剪切"或"复制"。其次,打开 EViews 工作文件,单击对象,选择"Edit/Paste"。最后,可以通过点击第一个"obs"修改序列名称。

在 EViews 内部复制数据,当需要复制的序列没有在工作文件中打开或者该对象窗口没被激活时,可以在主菜单中选择 Objects/Copy selected,屏幕会出现如图 5-22 所示的对话框。

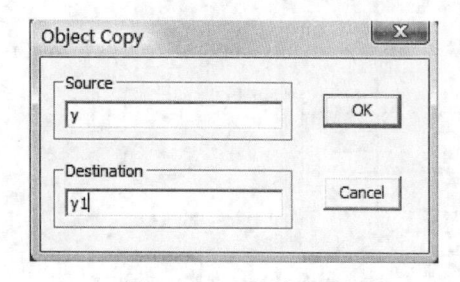

图 5-22 对话框视图

在对话框上面一个空行输入复制源序列的名称(如

y),在下面一个空行输入目标序列即新序列名称(如 y_1),输入完毕后点击 OK,产生的新序列 y_1,其结构和取值与 y 相同。

若待复制的源序列窗口打开且被激活,直接在工具栏窗口选择 Objects/Copy Object,计算机立即生成一个结构和数据与源序列相同的新序列,且新序列默认名称为 Untitled,可以根据需要进行重命名。

举例:从 Excel 里复制数据。

假设在 Excel 表格里存有 2005—2012 年中国历年 GDP 数据,并想要转化成 EViews 文件。Excel 表格如图 5-23 所示。

图 5-23 Excel 表格

首先,从 Excel 数据中选择要输入 EViews 文件的数据。由于该栏顶端的 China 也作为 EViews 文件的变量名,因此应该把它们也包括在被选中的数据中。把光标放在含有 China 这个词的单元格里,并向下拖到这一栏的最后一个观测值。这时,Excel 表格如图 5-24 所示。

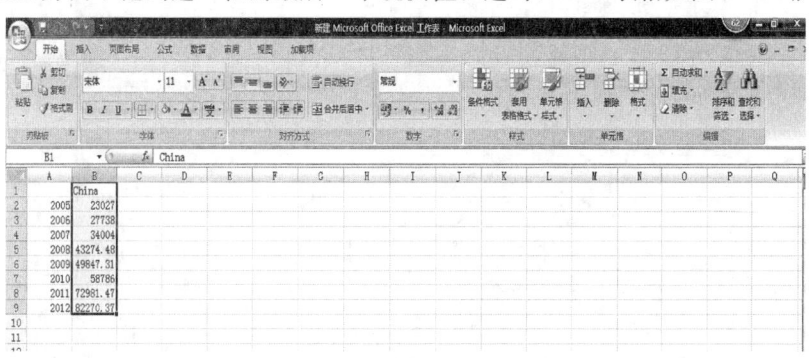

图 5-24 Excel 表格

其次,启动 EViews,并创建一个新的年度数据工作文件(从主菜单里点击 File/New),或者打开一个已经存在的年度数据工作文件(从主菜单中点击 File/Open)。注意,EViews 文件的样本范围必须与 Excel 文件中被复制的观测值个数一致。图 5-25 是 2005—2012 年的一个 EViews 数据窗口,此表格已处于编辑状态中,因此不必点击 Edit+/-键。

注意:表格里第一个小格用于录入 2005 年的观测值,必须向上移动一行,从而找出空间输入序列名。因此,将光标移至左侧顶端单元格内,即移到"obs"右边的单元格内,接着从 EViews 主菜单里选择 Edit/Paste 功能,如图 5-26 所示。

序列名 CHINA 也出现在数据文件窗口中,这些数据可以用来做各种 EViews 处理。此时 CHINA 序列已存入工作文件中,关闭数据窗口不会丢失序列数据。

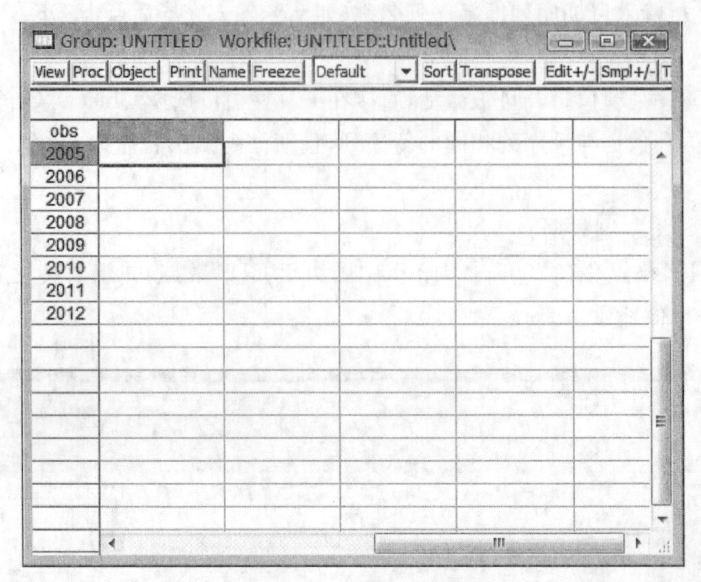

图 5-25 Group 窗口视图

图 5-26 Group 窗口视图

3. 调用已有数据文件

EViews6.0 允许调用三种格式的数据：ASCII，Lotus 和 Excel 工作簿。用户可从主菜单中选择 Procs/Import/Read Text-Lotus-Excel，然后找到并打开目标文件，相对应不同类型的文件会出现不同的对话框，其中 Excel 工作表的读入是最常用的。

单击工作主菜单窗口或者工作文件窗口中的 Procs/Import/Read Text-Lotus-Excel 可以从文本文件或表格文件中读取数据。这时会看到一个对话框，询问所读取文件的路径和名称。找到该文件后双击，则会弹出关于文件细节的对话框，对话框如图 5-27 和图 5-28 所示。

对于 Excel 文件其中有四项选择：

图 5-27 工作窗口

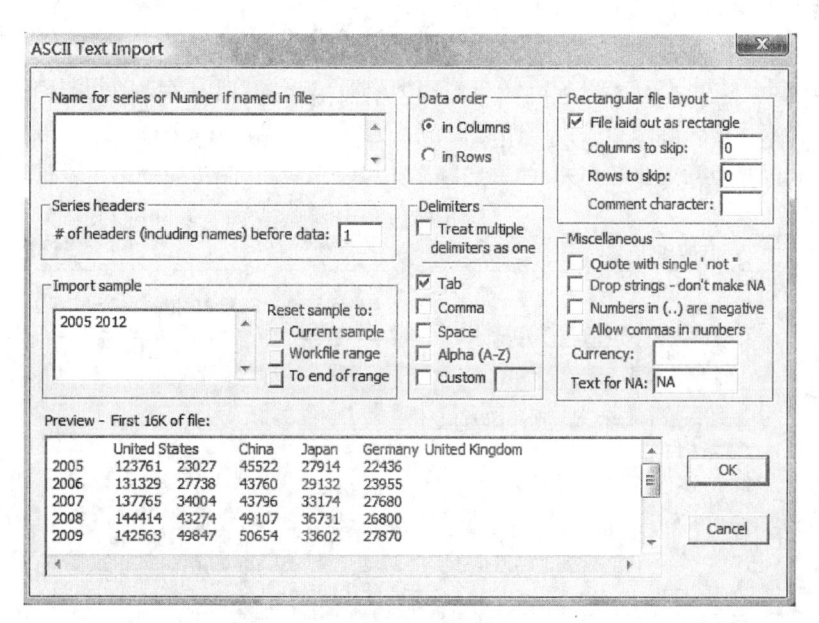

图 5-28 工作窗口

【Data order】数据的排列方式：首先，需要指出数据是按列排列还是按行排列。若是按列排序的，则 EViews 将每一列读取为一个序列；若是按行排列，则每一行就是一个序列。

【Upper-left data cell】数据的起始位置：在此输入左上角数据所在的单元格。注意，如果数据中含有序列名称，则起始数据不包括序列名称所在的行或列。

【Excel 5+sheet name】多页 Excel 工作表读取：当 Excel 存在多个工作表时，可以导入指定表格中的数据。例如输入 sheet1 可以导入 sheet1 中的数据。不指定则默认当前工作表。

【Names for series or Numbers of series if named in file】给出序列名或序列个数：需要把所给序列的名称键入到此窗口中。若原文件中已有序列名，则只输入序列个数。在原数据文件里，名称必须直接出现在数据上面的行里(或数据左边的列里),以便 EViews 将名称和数据联系起来。

【Import sample】读取数据的样本范围:在此输入要读取数据的范围。一般情况下,要确保工作文件的范围不小于所要读取的数据范围,否则可能会有数据丢失。

在填完上述四个选项后,单击 OK 即可将数据调入当前工作文件中。

举例:读取 Excel 数据

如图 5 - 29 所示,名为“各国 GDP”的 Excel 工作簿中,序列 UnitedStates、China、Japan、Germany、UnitedKingdom 分别代表美国、中国、日本、德国和英国的 GDP。时间范围从 2005 年到 2012 年。现将其读入 EViews。

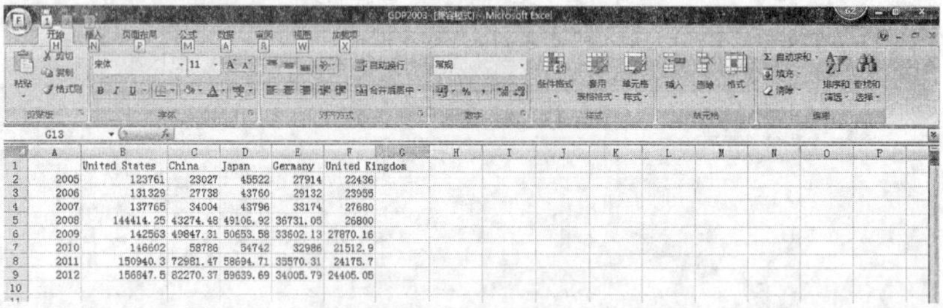

	United States	China	Japan	Germany	United Kingdom
2005	123761	23027	45522	27914	22436
2006	131329	27738	43760	29132	23955
2007	137765	34004	43796	33174	27680
2008	144414.25	43274.48	49106.92	36731.05	26800
2009	142563	49847.31	50653.58	33602.13	27870.16
2010	146602	58786	54742	32986	21512.9
2011	150940.3	72981.47	58694.71	35570.31	24175.7
2012	156847.5	82270.37	59639.69	34005.79	24405.05

图 5 - 29　Excel 表格视图

首先,建立一个时间范围为 2005 年到 2012 年的工作文件,然后在主菜单中选择 Procs/Import/Read Text-Lotus-Excel,找到该 Excel 文件存储路径后双击文件名“各国 GDP”,屏幕出现如图 5 - 30 所示对话框。

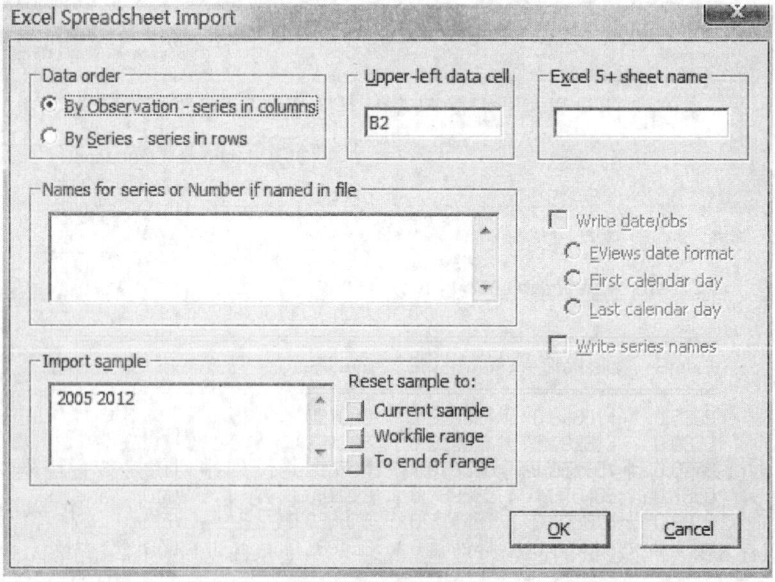

图 5 - 30　工作窗口

对话框左上角有两个选项,分别表示数据在 Excel 工作簿中的排列方式。按观测值排序(By Observation)是指每个变量的观测值分别在不同列上;按序列排序(By Series)是指每个特定变量的观测值在一横行上。选项右边 Upper-left data cell 下的空格填写 Excel 工作簿中左上方第一个有数据的单元格地址。Excel5.0 以上的版本支持多工作表文件格式当从这类表读入数据时，需要在对话框右上角的 Excel5＋sheet name 下指定读入数据的工作表名称。若不指定则默认为从存储 Excel 文件时的当前工作表读入数据。对话框中间较大的空白区域是让用户输入读入变量的名称或个数，本例是读取全部数据，则输入 UnitedStates、China、Japan、Germany、UnitedKingdom 或 5 都可以；如果只想读取最后三列数据，则在 Upper-left data cell 下的空格填写 D2，在 Names for series or Numbers of series if named in file 下的空白区域输入 3 即可。如果想读取不相邻的数据，则应分别导入。对话框最下面的空白处是建立工作文件时定义的欲调入序列的时间范围，用户可以修改对应的样本期。右边还有三个快捷选项，分别是当前样本期（Current sample）、整个工作文件期（Workfile range）以及从当前样本的起始期到工作文件截止期（To end of range），本例读入数据与原文件相同，故不需选择。定义完毕后点击 OK，工作文件窗口即出现新读入的各序列。如图 5－31。

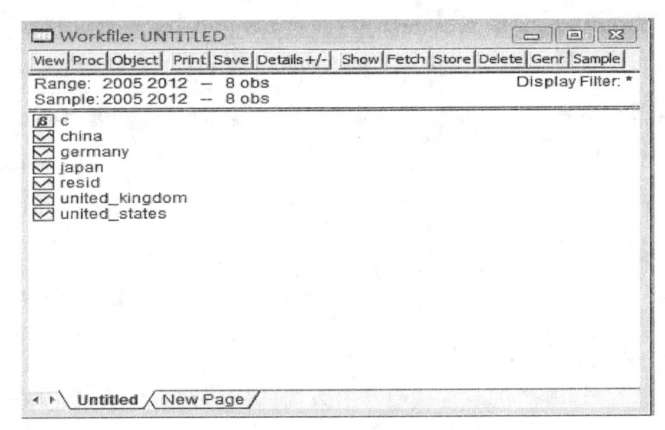

图 5－31　工作窗口

举例：读取文本文件

和上例一样，名为"各国 GDP"的 txt 文本文档，现将其读入 EViews。

首先，和上例一样，建立一个时间范围为 2005 年到 2012 年的工作文件，然后在主菜单中选择 Procs/Import/Read Text-Lotus-Excel，找到该 txt 文件存储路径后双击文件名"各国 GDP"，屏幕出现如图 5－32 所示对话框。

图 5－32　对话框

其中,Preview 表示所要读取的文本文件的预览,这方便我们进行其他项的设定。Rectangular file layout 表示想要略去的列数或行数,Columns to skip 表示省略第 n 列,Rows to skip 表示省略第 n 行。如在此文本文件的预览中,第一列是时期,没有必要作为序列读入,因此,可以在右上角 Columns to skip 后输入 1,在左上角的窗口内输入序列个数 5,就可以仅读入 UnitedStates、China、Japan、Germany、UnitedKingdom 五个序列。Delimiters 表示分隔符(把多个分隔符视为一个)。最后把需要导入的序列名称输入后单击 OK,工作文件窗口就出现新读入的序列。

4. 输出数据

第一种方式,通过主菜单中的 Edit/Copy 和 Edit/Paste 功能,对不同工作文件窗口中的编辑菜单进行复制—粘贴。注意复制数据的时间区间要和粘贴的时间区间一致。

第二种方式,可以直接将数据输出成其他程序建立的数据文件类型。点击主菜单中的 File / Export/Write Text-Lotus-Excel 或工作文件菜单中的 Procs/ Export/Write Text-Lotus-Excel。

5.1.3 数据处理与设定样本范围

1. 表达式

EViews 的表达式通常由数据、序列名称、函数、数学和关系运算符构成。

(1) 公式中的运算符号及其功能

最常用的运算符号及其功能如表 5-3 所示。

表 5-3 运算符号及其功能

运算符号	功 能
+	加
−	减
*	乘
/	除
^	乘方
>	大于。如果 $X>Y$,则逻辑运算 $X>Y$ 的值为 1,否则为 0
<	小于。如果 $X<Y$,则逻辑运算 $X<Y$ 的值为 1,否则为 0
=	等于。如果 $X=Y$,则逻辑运算 $X=Y$ 的值为 1,否则为 0
<>	不等于。如果 $X\neq Y$,则逻辑运算 $X<>Y$ 的值为 1,否则为 0
<=	小于等于。如果 X 小于等于 Y,则 $X<=Y$ 的值为 1,否则为 0
>=	大于等于。如果 X 大于等于 Y,则 $X>=Y$ 的值为 1,否则为 0
AND	"与"逻辑。如果 X 和 Y 都不为零,则 X AND Y 的值为 1
OR	"或"逻辑。如果 X 或 Y 不为零,则 X OR Y 的值为 1
$D(X)$	X 的一阶差分,即 $X-X(-1)$
$D(X,n)$	X 的第 n 次一阶差分,即 $(1-L)^n X$,其中 L 是滞后算子
$D(X,n,s)$	X 的 n 次一阶差分和一次 s 阶差分,即 $(1-L)^n(1-L^s)X$

(续表)

运算符号	功　能
LOG(X)	对 X 取自然对数
DLOG(X)	对 X 取自然对数后做一阶差分。LOG(X)−LOG(X(−1))
DLOG(X,n)	对 X 取自然对数后，做 n 次一阶差分，即 $(1-L)^n$LOG(X)
DLOG(X,n,x)	对 X 取自然对数后，做 n 次一阶差分和一次 s 阶差分
EXP(X)	对 X 取指数变换
ABS(X)	对 X 取绝对值变换
SQR(X)	对 X 取平方根变换
SIN(X)	对 X 取正弦变换
COS(X)	对 X 取余弦变换
@ASIN(X)	对 X 取反正弦变换
@ACOS(X)	对 X 取反余弦变换
RND	生成 0—1 间均匀分布的随机数
NRND	生成均值为零、方差为 1 的标准正态分布随机数
@PCH(X)	生成相对变化或增长率序列。$(X-X(-1))/X(-1)$
@INV(X)	对 X 取倒数，$1/X$
@DNORM(X)	变 X 为标准正态密度函数
@CNORM(X)	变 X 为累计正态分布函数
@LOGIT(X)	对 X 进行 logistic 变换
@FLOOR(X)	变换 X 为不大于 X 的最大整数
@CEILING(X)	变换 X 为不小于 X 的最小整数

例如，$Z=X*Y-(X+Y)-(X/Y)$ 表示 Z 序列是由 X 序列乘以 Y 序列减去 X 序列和 Y 序列的和，再减去 X 序列和 Y 序列的商所构成的新序列。再如(age<=35 and income>5 000) or (income>10 000)表示收入在 5 000 元以上且年龄小于等于 35 岁，或收入高于 10 000 元的人群。更复杂一些的表达式，如 0*(age<=18)(age>18 and age<=50)2*(age>50)含义是当年龄小于等于 18 岁时取值为 0，大于 18 岁且小于等于 50 岁取值为 1(表达式中可省略)，大于 50 岁则取值为 2。

(2) 丢失数据和 NA 符

EViews 使用 NA(Not Available)来表示缺失的观测值，可以用相关的运算符检测 NA。例如，用公式：

$$\text{Series test}=(x<>na)$$

生成新序列 test，如果序列 x 在样本范围内都有值，则 test 序列的值都为 1；如果 x 在样本范围内有 NA 符，则与该期相对应的 test 的值就为 0。

通常，在用公式生成新序列时，有可能产生 NA。如用公式：

$$\text{series y}=\text{nrnd}$$

$$y = \log(y)$$

会将 y 序列中所有的正值变为 log(y)，而所有的负值变为 NA。注意，对 NA 符进行任何数学运算的结果仍是 NA。

(3) 特殊函数

EViews 有一组特殊函数以@开头。这些以@开头的函数可用来计算一个序列的描述性统计量的值或者是最近一次估计的回归方程的一些统计量的值。比如：

$$@MEAN(X)$$

表示 X 的当前样本的均值。

一些@函数只表示一个值，所以在生成新序列的公式中如果有@函数则有可能会生成一个具有相同值的序列。计算序列描述性统计量的值得@函数见表 5-4。

表 5-4　@函数及其含义

@函数	功　能	@函数	功　能
@SUM(X)	序列 X 的和	@OBS(X)	序列 X 中有效观测值个数
@MEAN(X)	序列 X 的均值	@COV(X,Y)	序列 X 和序列 Y 的协方差
@VAR(X)	序列 X 的方差	@COR(X,Y)	序列 X 和序列 Y 的相关系数
@SUMSQ(X)	序列 X 的平方和	@CROSS(X,Y)	序列 X 和序列 Y 的交叉积

如果 X 是一个标量，表 5-5 中的函数将给出一个标量；如果 X 是一个序列，表 3-5 中的函数将给出一个序列。

表 5-5　@函数及其功能

@函数	功　能
@DNORM(X)	X 的标准正态密度函数
@CNORM(X)	X 的表混累计正态分布函数
@TDIST(X,d)	自由度为 d 时，大于 X 的 t 统计量的概率
@FDIST(X,n,d)	分子、分母自由度分别为 n,d 时，大于 X 的 F 统计量的概率
@CHISQ(X,d)	自由度为 d 时，大于 X 的 χ^2 统计量的概率

(4) 回归统计量的@函数

对于一个回归方程应用表 5-6 中的@函数将得到一个值。在若干次计算之后，可以在@函数前面加上一个句点再冠以回归方程的名称，而得到相应于该回归方程的@函数值。例如：

$$EQU1.@DW$$

表 5-6　@函数及其含义

@函数	功　能
@R2	R^2 统计量
@RBAR2	调整的 R^2 统计量

(续表)

@函数	功　能
@SE	回归函数的标准误差
@SSR	残差平方和
@DW	DW统计量
@F	F统计量
@LOGL	对数似然函数值
@REGOBS	回归函数中用到的观测值个数，即样本容量
@MEANDEP	被解释变量的均值
@SDDEP	被解释变量的标准差
@NCOEF	被估参数个数
@COVARIANCE(i,j)	回归参数 β_i 和 β_j 的协方差
@RESIDCOV(i,j)	VAR模型或系统方程中方程 i 和方程 j 的残差的协方差矩阵

表示回归方程EQU1的DW统计量的值。如果在@函数前面不冠以回归函数的名字，那么@函数则表示最近一次回归估计所对应的@函数值。例如，@R2表示最近一次回归计算所对应的可决系数 R^2 的值。

(5) 其他@函数

其他@函数见表5-7。

表5-7　@函数及其功能

@函数	功　能
@MOVAV(X,n)	X 的 n 期移动平均，其中 n 为整数
@MOVSUM(X,n)	X 的 n 期移动总和值，其中 n 为整数
@TREND(d)	生成以 d 期为零的时间趋势变量，其中 d 为日期（适用于时间序列数据）或观测值个数（适用于截面数据）
@SEAS(d)	季节虚拟变量，当季节或月份等于 d 时为1，其余为0

上述@函数可以与EViews其他运算符和函数混合使用。例如：

$$Q+V-@MEAN(Q+V)$$

表示一个新序列。它是 Q、V 的和，再减去 $(Q+V)$ 的均值。

$$@SEAS(4)$$

表示一个在第四季度取1，其余三个季度均取0的虚拟变量。这些@函数也可以用在估计式或定义样本中，例如：

$$C(1)+C(2)*Q+C(3)*@TREND(1980)$$

表示一个回归式,其中 $C(1)$ 为常数,Q 为解释变量观测值序列和一个 1980 年赋值为 0 的时间趋势变量。

2. 通过公式生成序列

公式在 EViews 中使用相当频繁,如在描述估计函数、预测函数以及在生成新序列时,都要用到公式。这里首先介绍如何利用数学公式生成新序列。利用数学公式生成新序列,也就是使用普通数学符号对已有序列进行变换,例如,用

$$LNY = LOG(Y)$$

即可生成一个新序列 LNY,LNY 是 Y 的自然对数变换序列(假定工作文件中已经有 Y)。

滞后序列可以通过在括号中使用带负号的数字表示滞后期数来得到。例如,$X(-4)$ 表示序列 X 的滞后 4 期序列

$$X - X(-4)$$

则表示序列 X 与 X 的滞后 4 期序列进行差分得到的差分序列。

可以用成对的括号表示公式中各项的计算顺序。例如:

$$[A + B/(H + K)] \wedge 2$$

表示 B 除 H 与 K 的和,再与 A 相加,最后计算上述结果的平方。

在公式中也可使用逻辑变量,这些变量有 TRUE 和 FALSE 两个结果。EViews 用 1 表示 TRUE,用 0 表示 FALSE,也可以通过使用逻辑运算符号 AND 和 OR 来表达复杂的逻辑运算。

例如:

$$H = X > 3\,000 \text{ AND } Y >= 10$$

上式表示当 X 大于 3 000 并且 Y 大于等于 10 时 H 的值为 1。当上述两个条件中的任何一个得不到满足时 H 的值为 0。与上式取值相反的表达式是:

$$H = X <= 3\,000 \text{ OR } Y < 10$$

上式表示当 X 小于等于 3 000 或 Y 小于 10 时,将 1 赋值给变量 H,否则将 0 赋值给变量 H。

用公式生成新序列,首先在工作文件窗口中的工具栏中点击 Genr 功能键,之后再弹出的对话框中输入公式表达式。先输入所要生成的序列的名字,再输入等号"="及描述生成新序列的公式。点击 OK 键以后,等号左边新序列的名字立即显示在工作文件窗口的对象目录中,此时新序列已经生成。

3. 通过已有序列生成新序列

点击 EViews 主菜单中 Quick 键,选择 Generate series 功能或者点击工作文件窗口的工具栏中 Genr 功能键即可利用公式(通过对现有序列的变换)建立新序列。点击 Genr 键,就会看到一个要求输入公式的对话框(见图 5-33)。

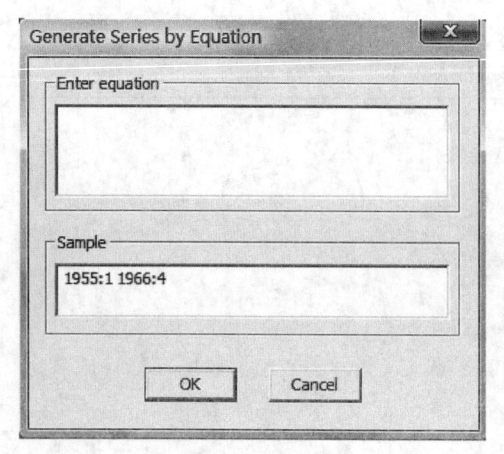

图 5-33 输入对话框

在 Enter equation 对话框内键入新的序列名、等号以及描述新序列的公式。例如：$Y=Y_1+Y_2$ 表示用 Y_1 和 Y_2 序列的和生成一个新序列 Y。再如：$Y2=Y\wedge 2$ 表示用 Y 序列生成一个 Y 的平方序列 $Y2$。Sample 对话框用来设定样本的范围，图中 1955：1 1966：4 表示样本范围从 1955 年第一季度到 1966 年第四季度。也可以使用条件语句来设定样本范围，如@all if $Y_1>30$ and $Y_2<50$ 表示所有满足 $Y_1>30$ 和 $Y_2<50$ 的观测值。Genr 键只在当前样本范围内处理数据。当用公式生成新序列时，当前样本范围以外的观测值将用 NA 代替。如果公式等号左边的序列已经存在，当用公式再次生成该序列时，则只改变当前样本范围的观测值，当前样本范围外的原数据将保持不变。除了"$+,-,*,/,\wedge$"外，EViews 支持在等式左边出现这些函数符号：自然对数 log()，指数 exp()，算术平方根 sqr()，差分 d()，自然对数差分 dlog()和倒数@inv()。

可以通过多次使用 Genr 功能键将多个序列结合在一起。例如，要建立一个序列，1955：1～1960：4 取值为 1，1961：1～1966：4 取值为 2。操作如下：首先，设定样本范围为 1955：1～1960：4，在图 5-31 的对话框内输入变换公式为：

$$X=1$$

然后，设定样本范围为 1961：1～1966：4，并输入：

$$X=2$$

4. 序列组

采用序列组（Group）可以很容易同时处理多个序列。一个序列组包括一系列序列，但它并不是对原有数据的复制。如果改变了一个序列组中某个序列的数据，那么，当再次使用这个序列组时，会看到更新后的数据。同样，如果从工作文件删除一个序列，它将从原来包含它的任何序列组中消失。此外，序列的重新命名也会改变序列组中包含的这个序列的名称。

序列组也有一个视窗。在序列组窗口中的标准视图是一个包含序列组中所有序列数据的表格，其他视图是多序列的图表和特征统计量。

用已有序列建立一个序列组最方便的方法是在工作文件中选择序列名称，然后，双击选中的序列名称，选 Open Group，序列组的数据表格视图就出现了。

同样，也可以用 EViews 主菜单中 Objects/New Object/Group 建立一个序列组，这时会弹出如图 5-34 所示的对话框。

在 Type of object 一栏里选择 Group，在 Name for object 一栏里可以给序列组命名，会弹出如图 5-35 所示的对话框。然后，在对话框里输入序列的名称。这里也可以输入序列组的名称，当输入序列组的名称时该序列组中所有序列将被包含在一个新定义的序列组中。在输入序列时还可以包含序列的滞后项和公式。例如，在对话框中可以输入：

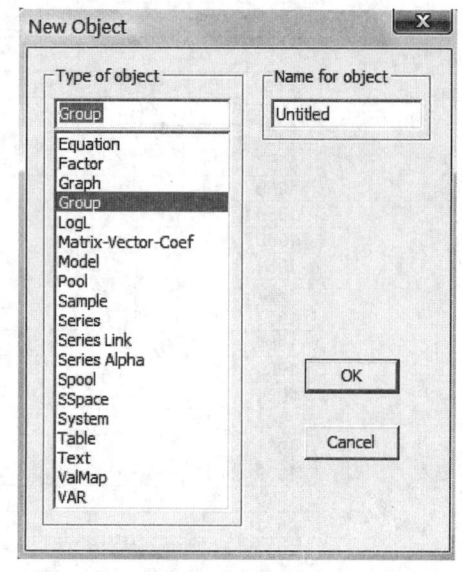

图 5-34 对话框

$$X \quad Y \quad Y(-1) \quad Y \wedge 2$$

在主菜单中选择 Quick/Show 功能也可打开一个序列组,这时需要在出现的对话框(图 5-36)中输入序列名称或公式。

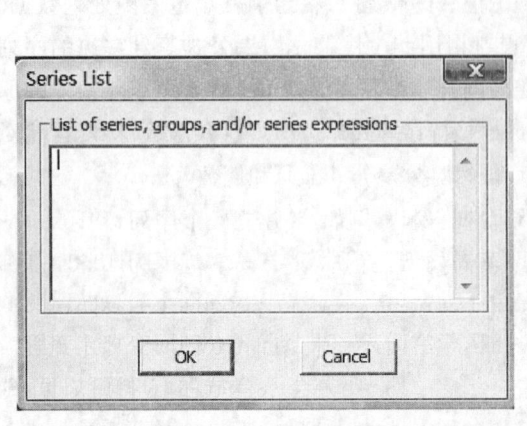

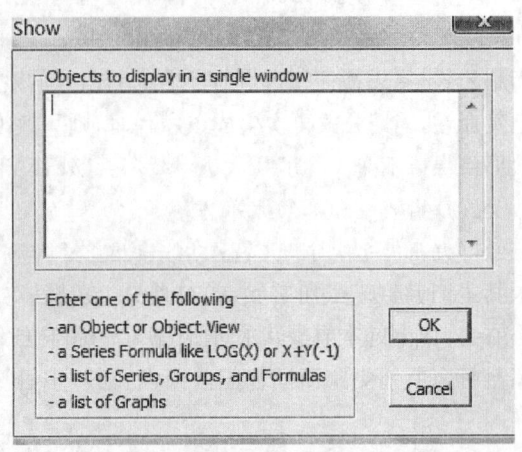

图 5-35 对话框

图 5-36 对话框

在新打开的序列组窗口的工具栏里,点击 Name 按钮或者 Object/Name 可以给新打开的序列组命名。

其他建立序列组的方法:从键盘输入数据,从其他应用程序复制数据。在主菜单中选择 Quick/Empty Group 可以得到没有数据和序列名称的空白表格。在空白表格中,可以在"obs"所对应的栏中输入序列名并在下面的栏内输入数据,这里输入的序列将被加入工作文件中,空白表格如图 5-37 所示。

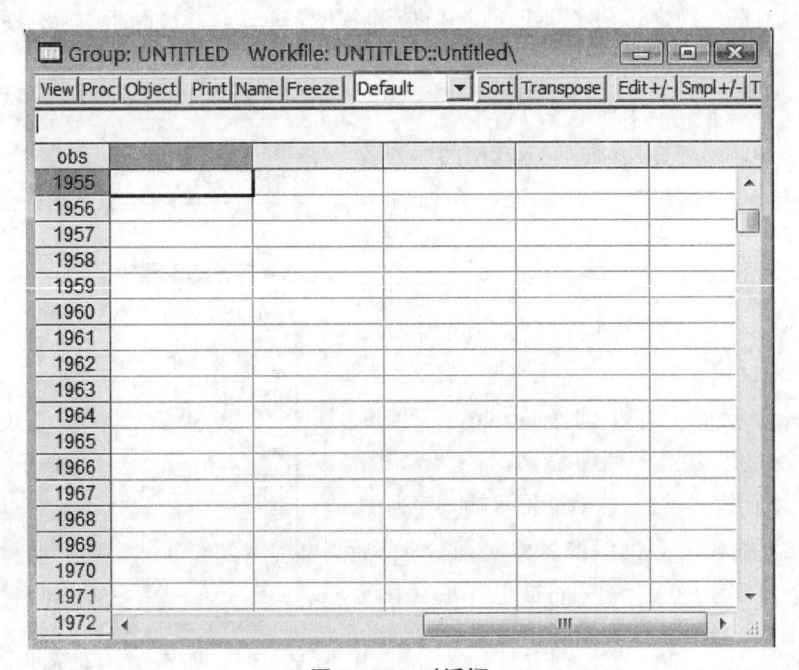

图 5-37 对话框

5. 设定样本范围

在 EViews 中,设定样本范围是很重要的。样本是一组观测值的集合。样本范围可以是工作文件中的所有观测值,也可以是它的一个子集。

EViews 主菜单中 Quick/Sample 功能和工作文件窗口中的功能键 Procs 中的 Sample 功能可以用来完成样本范围的设定。当选择 Sample 功能后,将弹出如图 5-38 所示的一个对话框,用来设定所用样本范围。

在图 5-38 的对话框中,通常应输入一对日期,第一个是所用数据范围的起点值,第二个是所用数据范围的终点值。例如,1955∶1 1966∶4 表示在以后的操作中,只用 1955 年第一季度到 1966 年第四季度的观测值。如果想改变数据范围,需要重新设定样本范围。在一个新创建的工作文件中,样本范围自动与工作文件的数据范围相同。

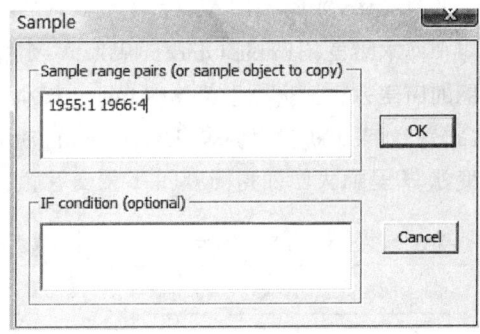

图 5-38 对话框

当设定的样本范围中含有间断点时,应在对话框中键入多对日期。例如,键入 1950 1960 1970 1980 表示只使用从 1950~1960 年和从 1970~1980 年的观测值,1961~1969 年的观测值将不在考虑之列。

如果希望使用工作文件中的所有观测值,也可在对话框的上侧窗口中键入@ALL。

对话框的下侧窗口中允许使用 IF 条件语句,用观测值本身决定样本范围,最终样本范围应该是上侧窗口定义的样本范围与下侧窗口定义的观测值的范围的交集。比如:

上侧窗口中键入:80 93

下侧窗口中键入:XX>5 000

这意味着样本将包括 1980~1993 年范围内,序列 XX 大于 5 000 的观测值。又如对于截面数据:

上侧窗口中键入:50 100 200 250

下侧窗口中键入:IQ>=100 AND EDU>12

这意味着样本将包括从 50~100 和从 200~250 范围内,序列 IQ 的观测值大于等于 100 且序列 EDU 的观测值大于 12 的那些观测值。

上侧窗口中键入:58∶1 98∶4

下侧窗口中键入:GDP>GDP(-1)

这意味着样本将包括从 1958 年第一季度到 1998 年最后一个季度,且序列 GDP 与前一季度相比增加的那些观测值。

逻辑运算符 AND 和 OR 可用来构造更为复杂的表达式。例如,如果希望在样本中仅包含那些年收入超过 5 000 美元,且受教育不少于 13 年的个体时,应在

上侧窗口中键入:@ALL

下侧窗口中键入:INCOME>5000 AND EDU>=13

也可以在 IF 条件语句中使用@函数,例如,

$$(EDU>6 \text{ AND } EDU<13) \text{ OR } IQ<@MEAN(IQ)$$

将包含序列 EDU 从 7~12 年之间或序列 IQ 小于其均值的那些观测值。

6. 样本对象

样本对象(Sample Object)提供了一种描述样本观测值信息并能利用样本名称来设定样本范围的简便方法。选择主菜单中 Objects/New object，在对象类型中选择 Sample，同时给这个对象命名。如果不提供对象名，EViews 将自动为样本对象命名。单击 OK 键后，如图 5-39 的对话框就会出现。

这里有两个重要的不同点：首先，在标题栏上显示的是样本对象的名称，在本例中，名称为 SMPL1；其次，在对话框的下部，有一个设置工作文件样本等于样本对象(Set workfile sample equal to this)的选择项。

用上面介绍的方法填写对话框，并且选中 Set workfile sample equal to this，然后点 OK 键(如果没有点击 OK 键，所输入的内容将不影响工作文件的样本范围)。

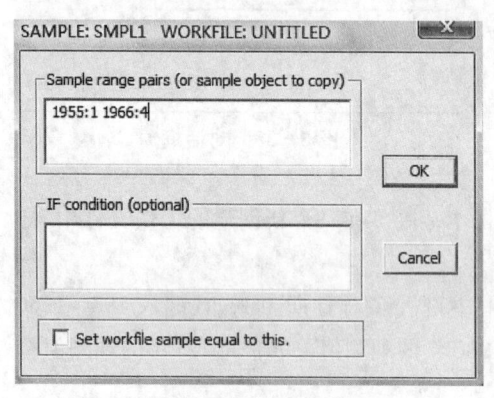

图 5-39 对话框

这时，样本对象的名称将出现在工作文件目录中，双击样本对象名，将再次出现如上图的对话框，可以在对话框中修改样本范围，同时设置工作文件的样本范围等于这个样本对象的样本范围。

5.2 图形与表格

5.2.1 单个序列的图形

1. 创建图形

要画一个序列的图形，首先要在工作文件目录中双击该序列的名称，这时会弹出一个列有数据表的窗口。单击 View 功能键，选择 Graph 就会弹出如图 5-40 所示的对话框。

然后在 Specifi 栏里选择所要显示的图形类型，最后单击确定即可。

2. 选项卡

(1) 图像类型

在上面弹出的窗口中，最基本的选项是图形类型(Type)。在 Graph type 栏里有两个选项，分别是单个序列图像(Basic graph)和多个序列图像(Categorical graph)，默认为单个序列图像(Basic graph)。在 Specifi 栏里列出的是所要显示的图形类型，包括点线图(Line&Symbol)、条形图(Bar)、堆栈图(Spike)、面积图(Area)、点图(Dot Plot)、分布图(Distribution)、QQ 图(Quantile-Quantile)、箱线图(Boxplot)、季节图(Seasonal Graph)。

当选择点线图(Line&Symbol)、条形图(Bar)、堆栈图(Spike)、面积图(Area)、点图(Dot Plot)时，

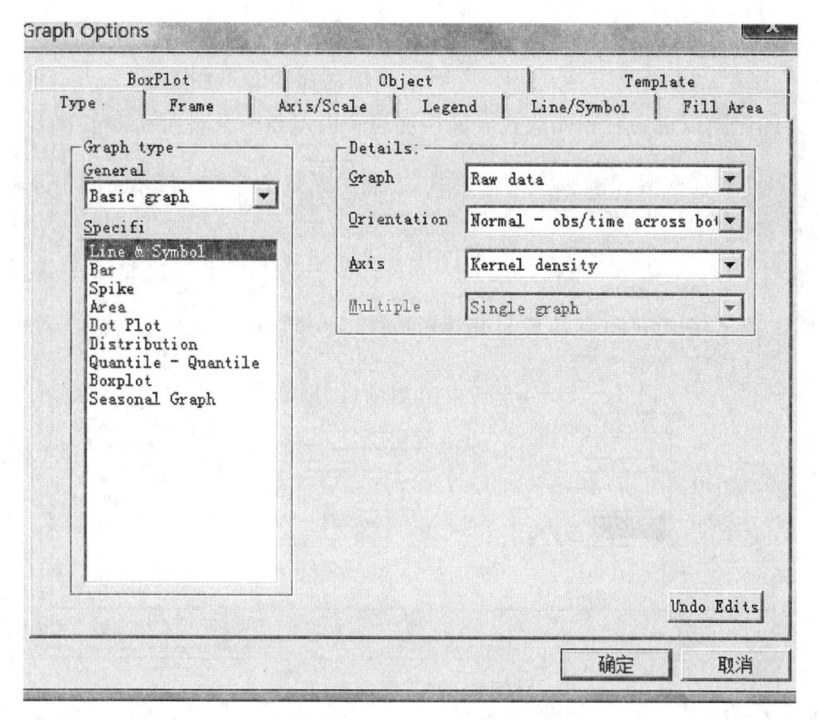

图 5-40　Graph 对话框

右边会显示如图 5-41 所示的对话框。

Graph 栏里包括使用原始数据(Raw data)或其他统计量画图；Orientation 栏里包括使用横坐标(Normal-obs/time across bottom)/纵坐标(Rotated-obs/time down left axis)；Axis 栏里包括在图像左方同时输出箱线图(Boxplot)、直方图(Histogram)和密度图(Kernel density)。

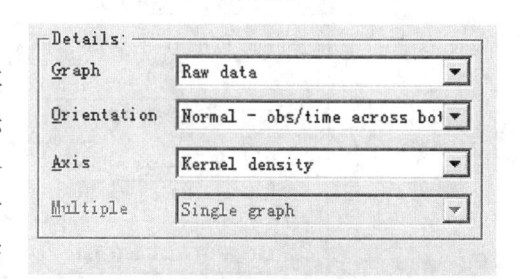

图 5-41　对话框

特别地，QQ 图(Quantile-Quantile)可以方便地鉴别样本的分布是否近似于某种类型的分布。QQ 图是一种散点图，横轴是分位数，纵轴是样本值。

(2) 边框

点击 Frame(边框)将会显示如图 5-42 所示窗口。

Frame(边框)包括五部分内容，分别是 Color(颜色)，Frame border(边界)，graph position in frame(边框中图形的位置)，Grid lines(网格线)，Frame size(边框尺寸)：多个图形时自动缩小尺寸。

(3) 轴与刻度

点击 Axis/Scale(轴与刻度)将会出现如图 5-43 所示的对话框。

其中包括 7 个选项区：

【Edit Axis】轴的位置。其中包括 3 种选择，"左侧为轴"(Left Axis and Scale)、"右侧为轴"(Right Axis and Scale)、"顶部/顶部为轴"(Top/Bottom Axis and Scale)。

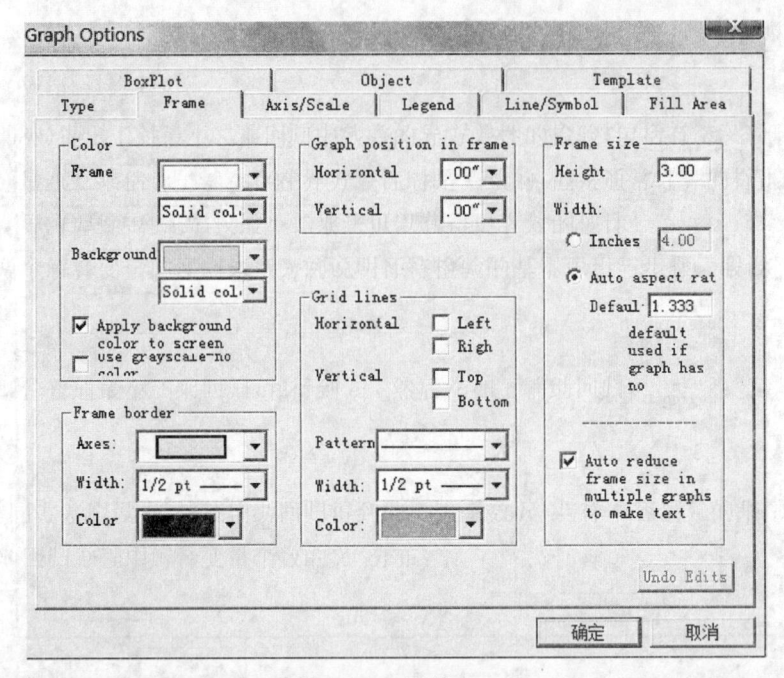

图 5-42 属性窗口

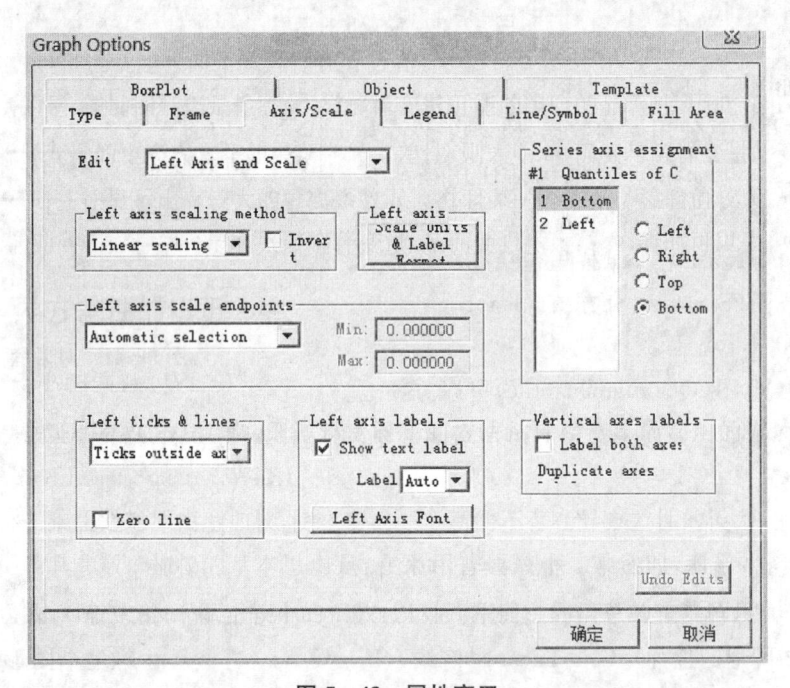

图 5-43 属性窗口

【Left axis scaling method】左侧为轴方法。其中有"线性刻度"(Linear scaling)、"线性刻度,纵轴从零开始"(Linear-force zero)、"对数刻度"(Logarithmic scaling)和标准化数据(Normalized data)可供选择。

【Left axis scaling endpoints】左侧轴刻度范围。可有 3 种选择:"计算机自动选"(Automatic selection)、"以数据的最大最小值为图画范围"(Data minimum & maximum)、"人工设定"(Use specified)。本子程序可以改变画图的范围。

【Left ticks & lines】左刻度线。可以选择把刻度线画在图外、图内、既图外又图内以及不要刻度线。

【Left axis labels】左侧轴变量名字体选择。点击 Left Axis Font 可做相应选择。

【Series axis assignment】变量轴分配。可以指定由左右哪个纵轴标度序列。

【Vertical axes labels】纵轴标度。选此功能可以同时标度双侧纵轴。

(4) 图标

Legend(图标)模块含有 4 个选择区,其中包括 Characteristic(特征)、Placement(位置)、Edit legend entries(修改图标)、select entry to edit(选择要修改的图标)。

如果要修改图标(变量名),应先在 Select entry to edit 中选定所要修改的图标(变量名),然后在 Edit legend entries 内进行修改。至于图标的位置,对于序列图来说,一个简便的方法是用鼠标压住图标拖入指定位置即可。对于散点图则不可更改图标(变量名)位置,但可以在 Characteristic 内选择不显示图标。

(5) 线和符号

本模块中包含两个选择区:① Pattern use(使用类型);② Line attributes(线设置)。

Pattern use 一般放在"自动选择"上即可。Line attributes 分"仅设置线""仅设置点"和"线和点都设置"。设置内容包括:"改变颜色"、"改变连线类型"(10 种)、"改变线的粗细"(10 种)以及"点的表现符号"(12 种)。

(6) 填充

Fill Area(填充)模块包含 4 个选择区:Bar graphs(条形图标签位置选择)、Pie graphs(饼图标签位置选择)、Outline fills in(轮廓填充)、Brush edit(编辑刷)。

3. 冻结图形

如果希望保留某个图形,使其不随工作进程而改变,可以点击对象窗口工具栏中的 Freeze 键,该功能键可以把当前图形冻结下来。EViews 可以将已经冻结的图形作为一个对象(Graph Object)存储在工作文件里。当工作文件中的观测值或样本范围改变时,已经冻结的图不会再改变,它以冻结该图前存在的观测值为基础。

4. 修改图形

在 EViews 中,有两种方法可以对图形进行修改。一种方法是选定图对象的一个元素,双击后会弹出 Graph Option 对话框,然后通过选择上面介绍的选项卡就可以对该元素进行编辑。另一种方法适用于被冻结的图形,可以在被冻结的图形中添加和编辑文本。添加新的文本,只需点击工具栏的 AddText 键或者选择 Procs/Add text。将会出现如图 5-44 所示的对话框。

Text for label 下面的空白处用于输入需要插

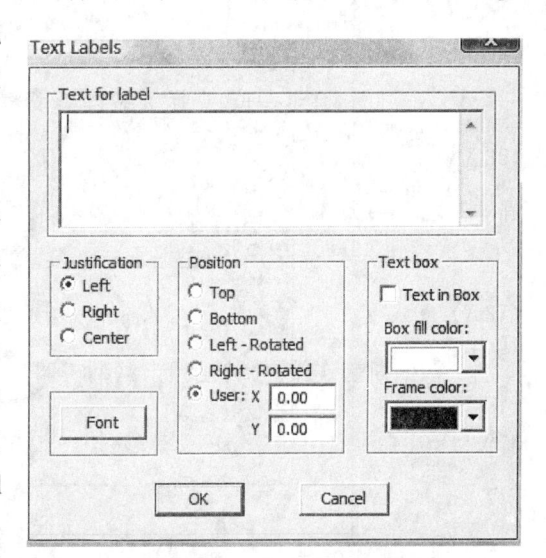

图 5-44 对话框

入的文字;Justification 决定文本的对齐方式:左对齐、右对齐或者居中对齐;若在 Text in Box 前面的方框里打上对号,就会使输入的文本被一个矩形框起来;Position 下面的选项决定文本在图中的初始位置。Font 可以改变图形中字体的类型、大小和颜色等。任何时候都可以使用鼠标拖动文字框到图中指定的位置。

在一个图对象中,点击工具栏中的 Line & Shading 键或选择 Procs/Add Line & Shading,就可以绘制线或在图中加上一块阴影。

点击工具栏中的 Line & Shading 键或选择 Procs/Add Line & Shading,会弹出如图 5-45 所示的对话框。

如果选择 Line,可以设置线条的颜色、形式、尺寸、方向和位置;如果选择 Shaded Area,除了可以设置阴影的颜色和位置外,还可以多次使用,给多个期间加入阴影,如果起始期和结束期是一个时期,将在那个时期上画一条垂线,而不是加阴影。

图 5-45　属性窗口

5.2.2　多个序列的图形

1. 创建图形

在 EViews 中,有三种方法可以为多个序列创建图形。第一种是双击打开一个序列组对象,然后点击 View/Graph,会显示如图 5-46 的对话框。

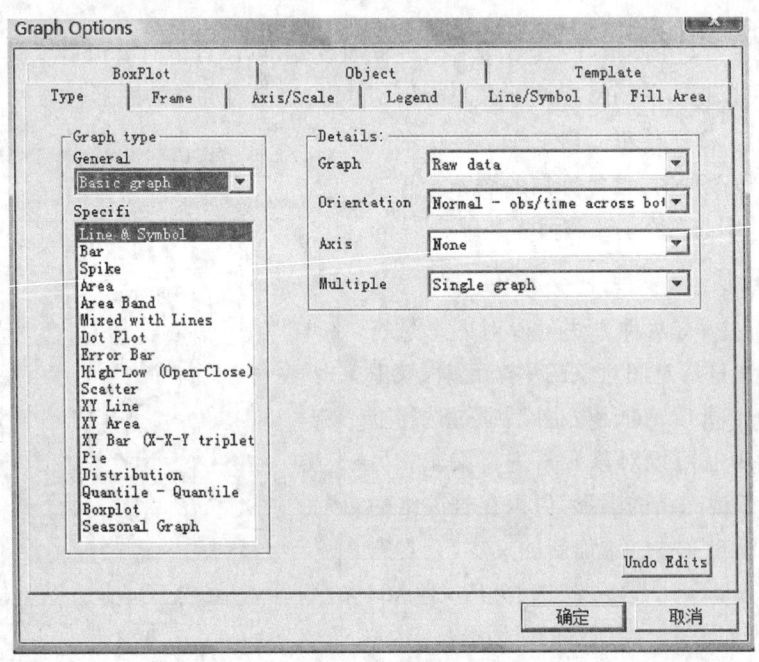

图 5-46　属性窗口

如果需要单独显示每个序列的图形，选择 General 栏下的 Categorical graph。可以选择各个选项卡进行相应的设置，最后点击确定即可。第二种方法是首先选中需要创建图形的多个序列，然后点击右键 open as group，然后点击 View/Graph，下面的步骤同第一种方法一样。第三种方法单击主菜单窗口中 Quick/Show，之后会出现如图 5-47 所示的对话框。

在 Objects to display in a single window 下键入所需要显示的序列名称，点 OK 以后，再单击 View/Graph，下面的步骤同上。

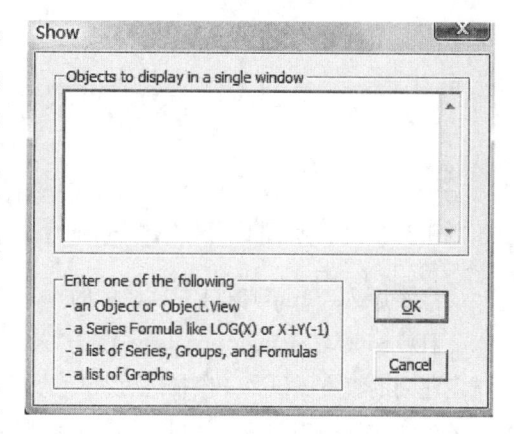

图 5-47 对话框

2. 对多个序列的图形进行修改

对多个图进行操作，首先单击右键，会显示一个含有多个选项的菜单。Options on all graphs 给所有图设置一个统一的属性，Position and align graphs 对所有图进行整体排列并控制图之间的所有间距，Add shading to all graphs 为对象中的每个图绘制线或添加阴影，Add text 允许为多个图的组合作注解。

对单个图进行操作，先点击选中目标图，然后点击右键，就会出现一个菜单，它允许设置选项，添加阴影或删除所选图。

5.2.3 表格对象

表格对象是通过点击(Freeze)固化键冻结数据表格或统计结果视图的可视文本而生成的。与图形相比，表格具有更多编辑功能。表格窗口的工具栏包括以下特殊的功能键：

① 工具栏—处理键(Proc)：

Insert—Delete(InsDel)：在指定位置进行插入删除操作。

Grid+/-：在表格的单元格中决定是否显示表格线(表格窗口工具栏)。

Title：在表顶部的右部加标题(表格窗口工具栏)。

Insert/Edit Comment：添加评论，添加后在表格右上方有小红三角(表格窗口工具栏)。

Comments+/-：在表格的单元格中决定是否显示评论(表格窗口工具栏)。

② CellFmt：

点击 CellFmt 将会出现一个有关 Table Options 的对话框，下面有三个选项卡，分别是 Format、Font/Color、Borders/Lines。

格式 Format 下包括下面几个部分：

Numeric display：包括数字显示方式(固定位数，固定小数点后的位数，百分比，时间 etc.)、千位分隔符、负值括号、数据后面接%、用逗号表示十进制。

Size：显示表格所有行、列的大小。

Justification：设置单元格中文本数字的对齐方式。

5.3 金融数据统计计算

5.3.1 序列窗口下的数据统计分析

点击序列(Series)窗口工具栏中的 View 键可以看到一个下拉菜单,其中 4 项功能是:

【Descriptive Statistics & Tests】描述统计量及其检验。该功能主要包括四项子功能:一是显示选定序列的直方图以及一些描述性统计量的值;二是显示选定序列按某一变量(或一组变量)分类后的各子序列的描述性统计量;三是对序列的描述性统计量(均值、方差、中位数)进行假设检验;四是该序列按某一变量(或一组变量)分组后,对不同组子序列的描述性统计量是否相等进行检验。

【One-way Tabulation】单位统计表。该功能以升序方式给出了指定序列样本值的频数、相应比率(百分数)、累计频数及累积比率(百分数)。

【Correlogram】相关图。此功能显示了相关图、偏相关图、Q 统计量以及相应的概率。图的左边显示的是根据这些统计量的值绘出的图形,右边显示的是这些统计量的数值列表。

【Unit Root Test】单位根检验。此功能检验该序列是否含有单位根,即序列是否具有平稳性。

1. 序列窗口下描述性统计量

在序列(Series)对象窗口下选择工具栏中的 View/Descriptive Statistics and test(描述性统计量及检验)选项,将出现 3 个选项。

(1) 直方图和统计量(Histogram and Stats)

此功能显示的是选定序列的直方图以及一些描述性统计量的值。见图 5-48,左边显示的是直方图(该序列中观测值的频率分布),右边依次显示的是如下统计量的值:均值、中位数、最大值、最小值、标准差、偏度、峰度、JB 统计量和与其相应的概率。

打开中国居民 1978~2006 年消费支出序列,在序列窗口的工具栏中选择 View/Descriptive Statistics/Histogram and Stats 将生成如图 5-48 所示的结果。

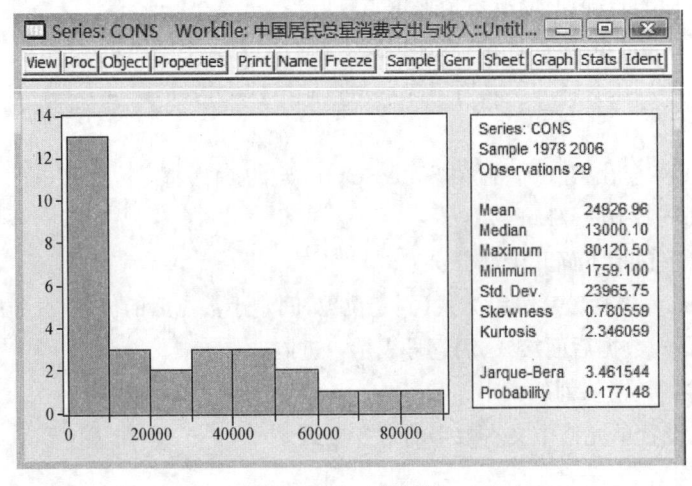

图 5-48 直方图

直方图显示了序列中数据的频率分布,它将这一序列的取值范围(最大值与最小值之间的距离)按相等的组距划分。

在显示的统计量的值中,标准差(Std.Dev.)的计算公式是:

$$s = \sqrt{\frac{\sum_{t=1}^{T}(y_t - \bar{y})^2}{T-1}} \tag{5.1}$$

其中,y_t 是观测值,$\bar{y}$ 是样本平均数。

偏度(Skewness)的计算公式是:

$$S = \frac{1}{T}\sum_{t=1}^{T}\left(\frac{y_t - \bar{y}}{s}\right)^3 \tag{5.2}$$

其中 y_t 是观测值,$\bar{y}$ 是样本平均数,s 是样本标准差,T 是样本容量。对称分布的偏度是零,比如正态分布。如果分布的上尾部比下尾部密集,那么偏度就是正的;反之,就是负的。

峰度(Kurtosis)的计算公式是:

$$K = \frac{1}{T}\sum_{t=1}^{T}\left(\frac{y_t - \bar{y}}{s}\right)^4 \tag{5.3}$$

其中 y_t 是观测值,$\bar{y}$ 是样本平均数,s 是样本标准差,T 是样本容量。正态分布的峰度值是 3。如果某分布的尾部比正态分布的尾部厚,那么它的峰度值将超过 3。

JB 统计量用来检验序列值是否服从正态分布,统计量的计算由下式给出:

$$JB = \frac{T-k}{6}\left[S^2 + \frac{1}{4}(K-3)^2\right] \sim \chi^2(2) \tag{5.4}$$

这里 T 指数据的个数。对于一个可直接观测到的序列,k 值取 0;如果该序列是某一回归方程的残差序列(估计的序列),则 k 表示方程中解释变量的个数,S 是偏度值,K 是峰度值。在原假设(该序列服从正态分布)成立的条件下,JB 统计量服从自由度为 2 的 χ^2 分布。输出结果给出的概率指 JB 统计量取值大于样本计算的 JB 值的概率。以检验水平 5% 为例,如果这个概率大于 0.05,说明 JB 值落在了原假设的接受域,应该接受原假设;如果这个概率小于 0.05,说明 JB 值落在了原假设的拒绝域,应该拒绝原假设;以上图为例,因为 $JB=1.44$,所对应的概率为 0.49,所以接受原假设(变量 χ 服从正态分布)。

(2) 统计表(Stats Table)

此表是将上图右边的框里列出的描述性统计量值用表的形式输出,再加上总量与总量的方差值,如图 5-49 所示。

(3) 分类统计量(Stats by Classification)

此选项用于计算指定序列不同属性的样本的描述统计量,也就是说把指定序列按不同的属性种类(以一个序列或一组序列表示)划分为几个子序列,然后分别计算子序列的描述统计量。

在单序列窗口的工具栏中选择 View/Descriptive Statistics/Stats by Classification 出现一个 Statistics By Classification(统计分类)对话框(如图 5-50),在对话框的 Statistics 选项中,选择要显示的统计量,包括 Mean(均值)、Sum(求和)、Median(中位数)、Maximum(极大值)、Minimum

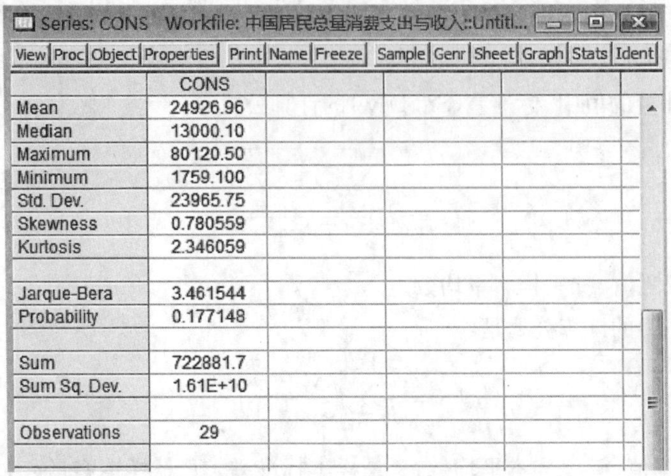

	CONS
Mean	24926.96
Median	13000.10
Maximum	80120.50
Minimum	1759.100
Std. Dev.	23965.75
Skewness	0.780559
Kurtosis	2.346059
Jarque-Bera	3.461544
Probability	0.177148
Sum	722881.7
Sum Sq. Dev.	1.61E+10
Observations	29

图 5-49 结果图

(极小值)、Std. Dev. (标准差)、Skewness(偏度)、Kurtosis(峰度)、# of NAs(无观测值个数)和 Obs(观测值个数)。

在 Series/Group for Classify(分类的序列或序列组)选项中填入用于分类的一个序列或一组序列，这些序列可以把指定序列划分为不同的组或子序列，选择完毕后点击 OK 键得到输出结果。

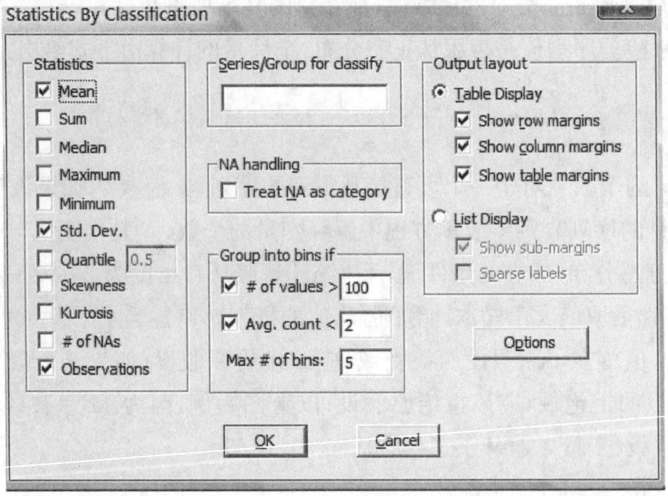

图 5-50 分类图

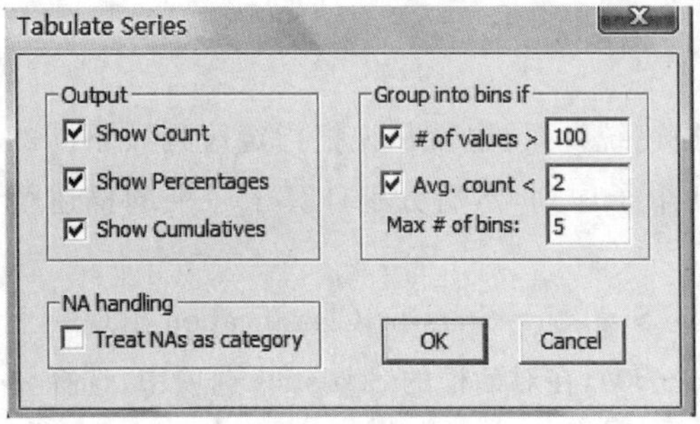

在序列(Series)窗口的 View 菜单中点击 One-way Tabulation(单维统计表)选项，出现如图 5-51 所示的对话框。

可在该对话框中的 Output 选项中选择要显示的统计量：个数(Count)、百分比(Percentages)、累积百分比(Cumulatives)。NA Handing 选项可以选择是否把缺值的项归为一类。# of values 选项表示当分组序列内观测值的个数大于指定

图 5-51 对话框

数目(图中给出的是 100)时,进行分组统计。Avg.count 选项表示当各分组序列内观测值的个数小于指定数目(图中给出的是 2)时,原分组合并,Max # of bins 表示序列的最大分组数,图中给出的是 5。选定后,点击 OK 键,则得到输出结果。结果以列表的形式给出。输出的结果最左边的"Value"列是按照升序排列的观测值的分组区间,"Count"列表示该区间内观测值出现的次数;"Percent"列是该次数占总观测值个数的百分比;"Cum.%"是累计百分比。

2. 序列窗口下描述性统计量的检验

在单序列(Series)窗口选择 View/Descriptive Statistics & Tests 将出现两个下拉选项:Simple Hypothesis Test(简单假设检验)和 Equality Test of Classification(分组齐性检验)。

(1) 简单假设检验(Simple Hypothesis Tests)

此选项提供了对均值(Mean)、方差(Variance)、中位数(Median)3 个统计量是否等于某个给定值得检验。在单序列(Series)窗口的工具栏中选择 View/Tests for Descriptive Stats/Simple Hypothesis Tests。在出现的对话框(图 5 - 52)中填入待检验均值、方差或中位数的给定值,点击 OK 键可得到输出结果。

对于均值(Mean)检验,如果标准差已知的话,可以在右侧框中填入标准差的值。

对均值是否等于某一给定值 u 的检验中,输出结果

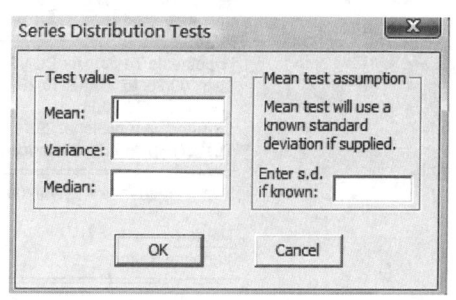

图 5 - 52 对话框

给出了样本均值、样本标准差的值,并给出了相应的 t 统计量的值及相应概率值。t 统计量定义为:

$$t = \frac{\bar{x} - u}{s/\sqrt{T}} \tag{5.5}$$

在原假设下 t 统计量服从自由度为 $T-1$ 的 t 分布。在双边检验中,若概率值小于给定的检验水平,则拒绝原假设,反之接受原假设。

例如,对中国居民消费支出序列的均值作检验,原假设是均值 $u = 10000$。

首先,在 Mean 栏里输入 10000,由于不知道标准差,无需输入。然后,点击 OK 键,检验结果如图 5 - 53 所示。

t 统计量的值为 3.354 125,p 值为 0.002 3,因此在 5% 的显著性水平下拒绝原假设,即认为均值不等于 10 000。

对方差是否等于给定值得检验中,输出结果给出了样本方差的值、方

图 5 - 53 检验结果

差比统计量(Variance Ratio)即 χ^2 统计量的值以及相应概率值(这里显示的概率值为，其中 p 表示原假设成立条件下用样本计算的 χ^2 统计量对应的概率值)。在原假设下，χ^2 统计量服从自由度为 $T-1$ 的 χ^2 分布。若概率值小于给定的检验水平，则拒绝原假设，反之接受原假设。

χ^2 统计量定义如下：

$$\chi^2 = \frac{(T-1)s^2}{\sigma^2} \tag{5.6}$$

其中，s^2 是用样本计算的方差值，σ^2 是原假设给定的方差值。

例如，对中国居民消费支出的方差作检验，原假设 $\sigma^2 = 1000000$。

在 Variance 一栏里输入 1000000，然后点击 OK 键，检验结果如图 5-54 所示。

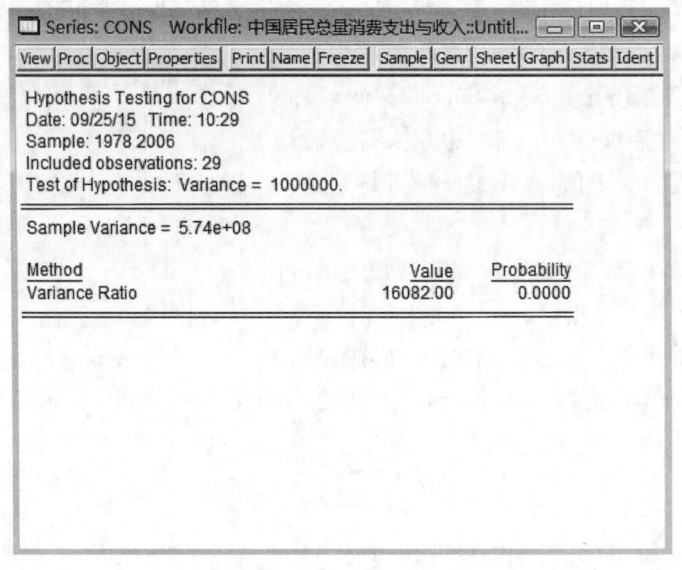

图 5-54 检验结果

χ^2 统计量的值为 16 082，p 值为 0.000 0，因此在 5% 的显著性水平下拒绝原假设，即认为方差不等于 1 000 000。

对中位数是否等于某一给定值 m 的检验中，输出结果给出了样本计算的中位数、符号检验(sign test)、威尔科克逊符号秩检验(wilcoxon signed-ranks test)和范德瓦尔登(正态核)检验(Van Der Waerden(normal scores) test)的结果及其对应的概率值，判定规则与上述两种检验相似。

例如，对中国居民消费支出的中位数作检验，原假设中位数 $m=15000$。

在 Median 一栏里输入 15000，然后点击 OK 键，检验结果如图 5-55 所示。

四种检验方法的 p 值都超过 0.05，因此在 5% 的显著性水平下不能拒绝原假设，可以认为序列的中位数为 15000。

(2) 分组齐性检验(Equality Test of Classification)

此选项可对指定序列分组后的不同组的子序列的描述统计量是否相等进行检验，包括均值、方差和中位数相等 3 种检验。

在单一序列(Series)窗口的工具栏中点击 View/Tests for Descriptive Stats/Equality Test of

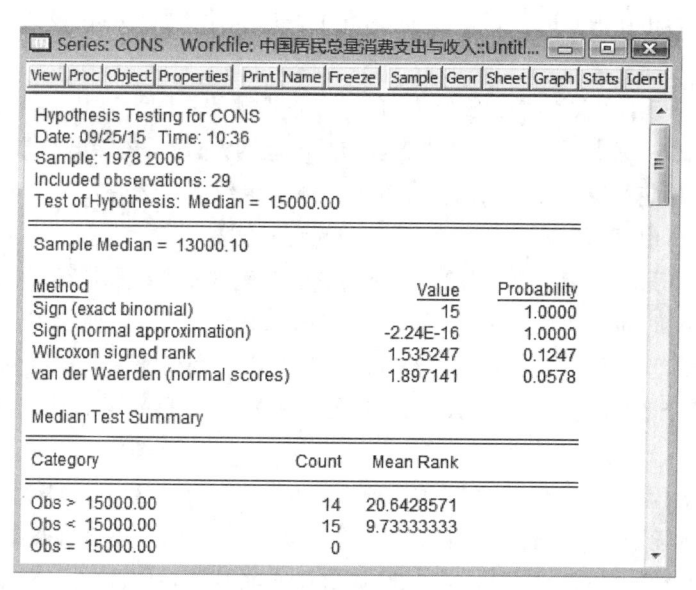

图 5‑55 检验结果

classification，在出现的对话框（见图 5‑56）中首先在 Series/Group for Classify 选项中填入用于分类的一个序列或一组序列，然后在 Test Equality of（检验相等）选择区选择要进行检验的统计量。另外，是否将缺值的样本归为特定一类也可在 NA Handing（缺值项处理）选择区进行选择，还可以限定分类后子序列的最大数目。点击 OK 键，可得到输出结果。

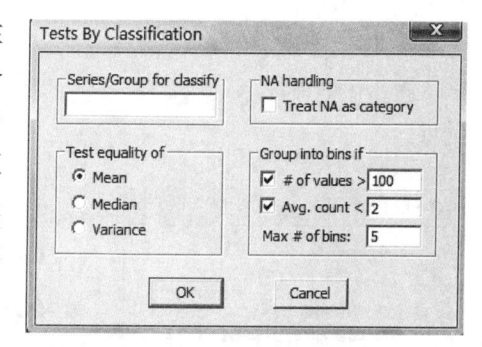

图 5‑56 分类对话框

组间均值相等检验采用的是单因素、两个个体的方差分析法（ANOVA），其基本思想是，如果不同组有相同的均值，那么不同组样本均值的差异与每个组内观测值对均值的差异应当是相同的。输出结果给出了 F 统计量的值及其对应的自由度与概率值。

若用 SSB 和 SSW 分别表示组间平方和与组内平方和：

$$SSB = \sum_{j=1}^{K} N_j (\bar{x}_j - \bar{x})^2 \tag{5.7}$$

$$SSW = \sum_{j=1}^{K} \sum_{i=1}^{N_j} (x_{ij} - \bar{x}_j)^2 \tag{5.8}$$

其中，$x_{ij}, i=1,2,\cdots,N_j; j=1,2,\cdots,K$ 表示落在第 j 组的观测值，N_j 表示第 j 组的观测值个数，K 表示分组数。$\bar{x}_j, j=1,2,\cdots,K$ 表示落在第 j 组观测值的平均值，$\bar{x}$ 表示整个样本的总平均值，则 F 统计量定义是：

$$F = \frac{SSB/(K-1)}{SSW/(T-K)} \tag{5.9}$$

其中，SSB 和 SSW 定义如上，K 表示分组数，T 表示样本容量，在原假设（各组数据都服从同一均值、同一方差的相互独立的正态分布)成立条件下 F 统计量服从自由度为 $(K-1, T-K)$ 的 F 分布。

此外,输出结果还给出了方差分析结果,包括方差来源的组间平方和与组内平方和、对应的自由度以及组间平方、组内平方、总离差平方和与总离差均方;最后还给出了分组的描述统计量,包括观测值个数、相应均值、标准差、均值标准差。当分组数等于 2 时,EViews 还会给出 t 统计量的值,等于分子自由度(第一自由度)为 1 的 F 统计量的算术根。

组间中位数相等检验的输出结果给出了不同方法对应的 4 个统计量,Med. chi-square(χ^2 统计量)、Adj. Med. chi-square(调整的 χ^2 统计量)、Kruskal-Wallis(克鲁斯卡尔—沃利斯统计量)、Van Der Waerden(范德瓦尔统计量)的值及其对应的自由度和概率。同样也分组显示了一些统计量,包括观测值个数、中位数、中位数个数、均值的秩及 Van Der Waerden(范德瓦尔登)均值得分。

组间方差相等检验的输出结果给出了 3 种检验方法:巴特利(Bartlett)检验、列温尼(Levene)检验以及布朗—弗希斯(Brown-Forsythe)检验的值,及其对应的自由度和概率。同样也给出了各组的一些统计量,包括观测值个数、标准差、均值离差绝对值平均(Mean Abs. Mean Diff)和中位数离差绝对值平均(Mean Abs. Median Diff)。

3. 相关图

点击序列(Series)窗口 View 下的 Correlogram 选项,将会出现如图 5-57 所示的一个对话框。

在对话框中包括两项选择:第一项选择是决定对原序列(Level)、原序列的 1 次差分(1st difference)或原序列的 2 次差分(2nd difference)序列做相关图;第二项选择是决定自相关函数的最大滞后期数。图 5-58 显示的是中国居民消费支出最大滞后期为 12 的相关图,其中 Autocorrelation 表示的是相关图;Partial Correlation 表示的是偏相关图。自然序数列表示的是滞后期 k 的值。AC 列给出的是估计的自相关系数值系列,PAC 列给出的是估计的偏自相关系数值系列,它们的值与图相对应。Q-Stat 表示的是 Q 统计量值系列,Prob 表示的是 Q 统计量取值大于该样本计算的 Q 值的概率。若以 5% 为检验水平,则该概率大于 0.05 时,该序列是非自相关的;小于 0.05 时,该序列是自相关的。

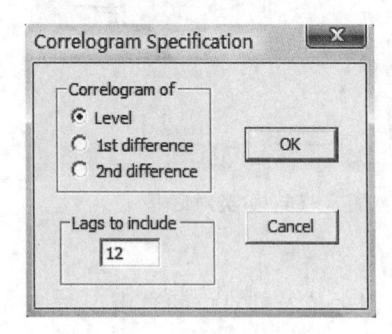

图 5-57 Correlogram 选项

相关图显示的序列自相关系数(r_k)的计算公式如下:

$$r_k = \frac{\sum_{t=1}^{T-k}(y_t - \bar{y})(y_{t-k} - \bar{y})}{\sum_{t=1}^{T}(y_t - \bar{y})^2} \tag{5.10}$$

其中,y_t 是观测值,$\bar{y}$ 是样本平均数,T 是样本容量,k 是滞后差分项的滞后期数。r_k 表示 k 阶自相关系数。相关图(AC)的定义是:

$$AC = r_1, r_2, \cdots, r_k \tag{5.11}$$

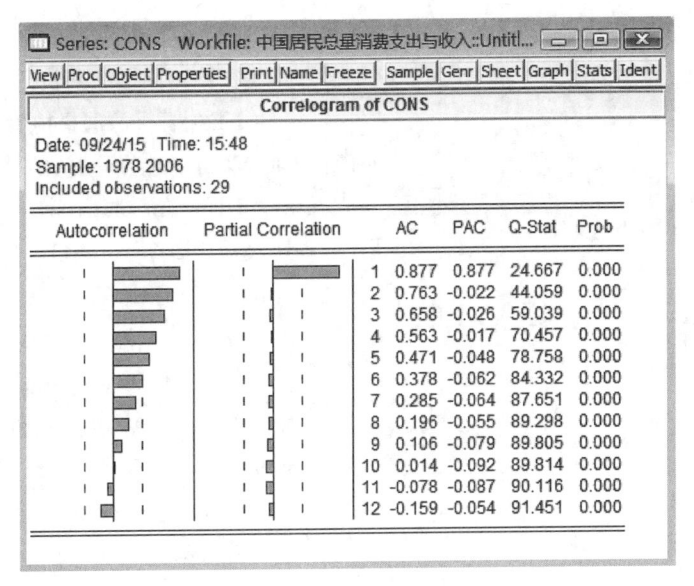

```
┌─────────────────────────────────────────────────────────┐
│ ■ Series: CONS   Workfile: 中国居民总量消费支出与收入::Untitl...  □ ■ ×│
│ View│Proc│Object│Properties│ Print│Name│Freeze│ Sample│Genr│Sheet│Graph│ Stats│Ident│
│                    Correlogram of CONS                   │
│                                                          │
│ Date: 09/24/15  Time: 15:48                              │
│ Sample: 1978 2006                                        │
│ Included observations: 29                                │
│                                                          │
│   Autocorrelation    Partial Correlation   AC    PAC   Q-Stat  Prob │
│                                       1  0.877  0.877  24.667  0.000│
│                                       2  0.763 -0.022  44.059  0.000│
│                                       3  0.658 -0.026  59.039  0.000│
│                                       4  0.563 -0.017  70.457  0.000│
│                                       5  0.471 -0.048  78.758  0.000│
│                                       6  0.378 -0.062  84.332  0.000│
│                                       7  0.285 -0.064  87.651  0.000│
│                                       8  0.196 -0.055  89.298  0.000│
│                                       9  0.106 -0.079  89.805  0.000│
│                                      10  0.014 -0.092  89.814  0.000│
│                                      11 -0.078 -0.087  90.116  0.000│
│                                      12 -0.159 -0.054  91.451  0.000│
└─────────────────────────────────────────────────────────┘
```

图 5-58　结果视图窗口

滞后 k 期的偏自相关系数 (φ_{kk}) 是 y_t 对 $y_{t-1}, \cdots, y_{t-k}$ 回归时 y_{t-k} 的回归系数。偏自相关系数 (PAC) 定义为：

$$PAC = \varphi_{11}, \varphi_{22}, \cdots, \varphi_{kk} \tag{5.12}$$

如果 r_1 较大，则意味着这个序列存在自相关；如果 r_k 随着滞后期 k 的增加或多或少地呈几何状递减，相应偏自相关函数呈截尾特征，则标志着这一序列服从一个低阶自回归过程；如果 k 的值增加不大，r_k 的值就降到接近于 0，相应偏自相关函数呈拖尾特征，则标志着这一序列服从一个低阶移动平均过程。

如果一个时间序列是纯随机序列，意味着序列没有任何规律性，序列诸项之间不相关，即序列为白噪声序列，其自相关系数应该与 0 没有显著差异。自相关分析图中给出了显著水平 0.05 时的置信带，自相关系数落入置信区间内表示与 0 无显著差异。如果几乎所有自相关系数都落入随机区间，可认为序列是纯随机的。如果序列的自相关系数很快地（滞后阶数 k 大于 2 或 3 时）趋于 0，即落入随机区间，时序是平稳的，反之是非平稳的。

滞后 K 期的 Ljung-Box-Q 统计量由下式计算。

$$Q_{LB} = T(T+2) \sum_{j=1}^{K} \frac{r_j^2}{T-j} \tag{5.13}$$

其中，r_j 是第 j 个自相关系数，T 是观测值的个数，Q_{LB} 可以用来检验这一序列是否为白噪声过程，即所有的自回归系数是否为零。在原假设成立的情况下，Q_{LB} 服从 χ^2 分布，其自由度由以下原则决定：如果事先这一序列没有进行 ARIMA 分析，其自由度为自相关系数的个数 K；如果此序列为 ARIMA 估计的残差，其自由度为自相关系数的个数减去事先被确定的自回归和移动平均分量的阶数和。

4. 单位根检验

操作方法是在序列（Series）窗口中点击 View，在下拉菜单中选择 Unit Root Test，得到如图

5-59所示的对话框。

在该对话框中共包括以下4项选择：

【Test Type】选择检验的方法，总共有6种方法可供选择，默认的是 ADF 检验。

【Test for unit root in】确定待检验的序列，是原始序列（Level）、1次差分序列（1st difference）还是 2 次差分后的序列（2nd difference）。

【Include in test equation】确定这一检验式的形式是否包括截距项（intercept），既包括截距项又包括趋势项（Trend and intercept），还是既不包括截距项也不包括趋势项（None）。

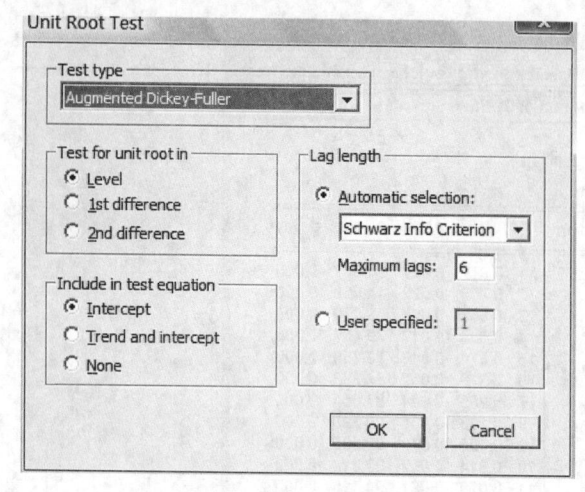

图 5-59 对话框

【Lag length】设定滞后期的长度，最大的滞后期是6期。

做出相应选择后点击 OK 键，将会显示出检验的结果。

5.3.2 序列组窗口下的数据统计分析

在序列组（Group）窗口工具栏中单击 View 功能键，会弹出一个下拉菜单。其中主要的9项功能介绍如下：

【Descriptive Stats】描述性统计量：该功能显示均值、中位数、最大值、最小值、标准差、偏度值、峰度值、JB 统计量及相应概率、观测值个数等。

【Covariance Analysis】协方差分析：该功能对不同序列之间的相关性进行分析，可显示不同序列之间的相关系数矩阵（Correlations）以及协方差（Covariances）等。

【N-Way Tabulation】N 维统计表：该功能以表格形式显示不同序列的交叉的相关统计量，包括变量个数、个数百分比、行百分比、列百分比、所有样本的期望、表内各项期望、χ^2 统计量等。

【Test of Equality】统计量相等检验：该功能提供不同序列的均值或方差或中位数是否相等的检验。

【Principal Components】主成分分析：该功能对序列组进行主成分分析。

【Correlogram】相关图：显示序列组中第一个序列的相关图。

【Cross Correlation】交叉相关：序列组中第一个序列与第二个序列之间的交叉相关系数。

【Cointegration Test】协整检验：对序列组进行 Johansen 协整关系检验。

【Granger Causality】Granger 因果性检验：在序列组中的两两序列之间进行 Granger 因果关系检验。

1. 序列组的描述统计量

选择 View/Descriptive Statistics/Common Sample，将得到一个含有均值、中位数、最大最小值、标准差、偏度、峰度、JB 统计量及相应概率、总量、总量方差、观测值个数等统计量的显示窗口。Common Sample 要求各个序列在当前样本范围内有同样多的观测值（不包含 NA）。与之相对应的是 Individual Sample。在 Individual Sample 的计算中各个序列包含的观测值数目可以不同。如果在当前样本范围内没有数据丢失的话，两种方式计算的结果是一样的。

2. 统计量相等检验(Test of Equality)

在序列组(Group)窗口的 View 选项下选择 Test of Equality，在出现的对话框中要求选择要检验的统计量是均值、中位数还是方差。该检验的原理与单个序列的组间相等检验相同，二者的不同之处在于，单个序列组间相等检验需要指定对单个序列进行分组的方式，而对于序列组(Group)对象则自动将每一个序列作为一组。

3. N 维统计表(N—way Tabulation)

在序列组(Group)窗口中点击 View，选择下拉菜单中的 N—way Tabulation，会出现如图 5-60 所示的对话框。

在该对话框中 Output 选项要求选择需要输出的统计量，在 Layout 选项中选择是以分表(Table)还是紧凑列表(List)的形式输出行或列表的边缘统计量，选择 List 选项中的 Sparse Labels 表示可以忽略重复的分类标签，以简化分类。点击 OK 键，可以得到输出结果。

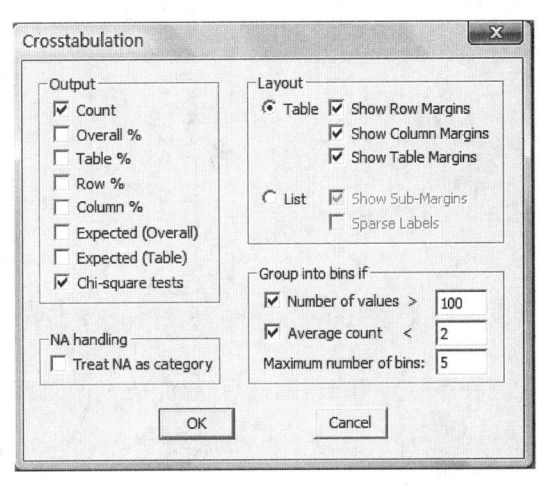

图 5-60 对话框

4. 相关系数矩阵、协方差矩阵与相关图

点击 View/Covariance Analysis 将会出现如图 5-61 所示的对话框。

图 5-61 对话框

在 Statistics 模块中选择 Covariance 将得到当前序列组的协方差矩阵。选择 Correlation 将得到当前序列组的相关系数矩阵。如果序列组中有数据丢失，则该时点的观测值将被排除在相关系数与协方差的计算之外。点击 View/Correlogram 将得到第一序列的自相关图和偏自相关图。点击 View/Cross Correlogram 将得到两个序列的交叉自相关图和偏自相关图。图 5-62 是两个序列 closeprice 和 trdsum 的交叉相关图。

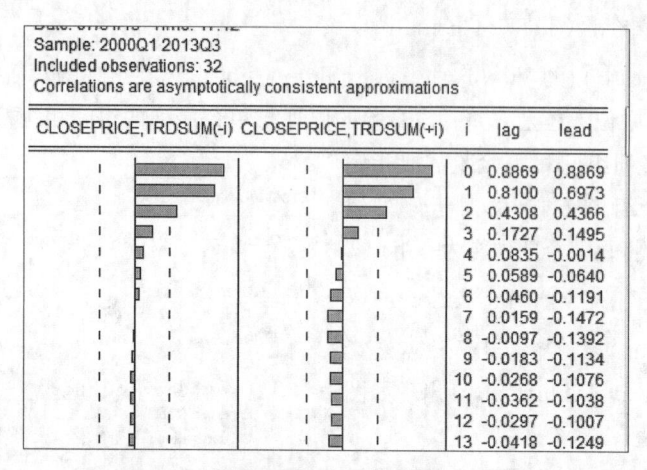

图 5-62 交叉相关图

在序列 y_t 和 x_t 中，滞后(超前) k 期的交叉相关系数计算公式如下：

$$r_{xy(k)} = \frac{\sum_{t=1}^{T-k}(y_t - \bar{y})(x_{t-k} - \bar{x})}{\sqrt{\sum_{t=1}^{T}(y_t - \bar{y})^2} \sqrt{\sum_{t=1}^{T}(x_t - \bar{x})^2}}, k = 0, \pm 1, \pm 2, \cdots \tag{5.14}$$

其中，y_t，x_t 是观测值，$\bar{y}$，$\bar{x}$ 是样本平均数，T 是样本容量，k 是相隔期。

5. Granger 因果性

两件事情相关并不能说明它们之间存在因果关系。在计量经济学领域内存在大量的相关性，而有些相关是虚假的或没有意义的。这里举几个有趣的例子：旅游景点的苍蝇数与旅游人数是正相关的，甚至英国的死亡率与在英格兰教堂举行婚礼的比例有更大的正相关性，而这样的相关明显是缺乏意义的。但是有些相关的先后次序是很有意义的，比如究竟是货币发行量影响着收入，还是收入影响着货币发行量呢？

对于 X 是否影响 Y 这个问题，Granger 解决的方法是看当期 Y 值在多大程度上可以被前期的 Y 值所解释，加入 X 的滞后变量的值是否能加强这种解释能力。如果加入 X 的滞后项有助于预测 Y，或者说 X 滞后变量的回归系数具有统计显著性，则说 X 对 Y 具有 Granger 因果性。X 和 Y 之间存在双向因果关系也是常见的现象。注意：说"X 对 Y 具有 Granger 因果性"并不意味着 Y 是 X 的结果。Granger 因果性检验的是先后次序和信息内容，而不是一般意义上人们所说的某种原因关系。

当在序列组中打开 Granger Causality 时，将弹出一个要求输入在回归中使用的滞后量个数的对话框。由于这一理论要求与所有过去信息保持一致，所以最好使用较多的滞后数据。你应该按照一定的原则选择滞后量个数的多少，这一原则就是在最长的时间条件下所选变量中的一个有助于预测另一个。

在 EViews 的 Granger 因果性检验中可以自动进行 4 种回归分析：(1) Y 对其滞后变量的回归；(2) Y 对 Y 和 X 的滞后变量的回归；(3) X 对其滞后变量的回归；(4) X 对 Y 和 X 的滞后变

量的回归。

Granger 因果性检验的是第 2 个回归方程中 X 的滞后变量的系数以及第 4 个回归方程中 Y 的滞后变量的系数是否为零。如果是，则表明 X 和 Y 之间不具有 Granger 因果关系。

下面检验变量 CONS 和变量 GDP 之间是否具有 Granger 因果性。零假设是 CONS 不是 GDP 的 Granger 原因，同样 GDP 也不是 CONS 的 Granger 原因。在 CONS 和 GDP 的序列组数据窗口下，选择 View/Granger Causality，并选滞后期为 2，得到图 5-63，给出了这两种假设的 F 检验结果。

图 5-63　F 检验结果

从上述结果可以看出，CONS 是引起 GDP 变化的 Granger 原因，同时 GDP 也是引起 CONS 变化的 Granger 原因。

5.3.3　应用于序列和组的统计图

在序列窗口点击 View / Graph 后，有两种分布图图形类型：分布图（Distribution）和 QQ 图（Quantile-Quantile）。

1. 分布图（Distribution）

在序列窗口下点击 View/Graph，在 Specifi 模块中选择 Distribution，在 Details 模块下点击 Distribution 右边的下拉箭头，会弹出包含各种分布图的对话框，如图 5-64。

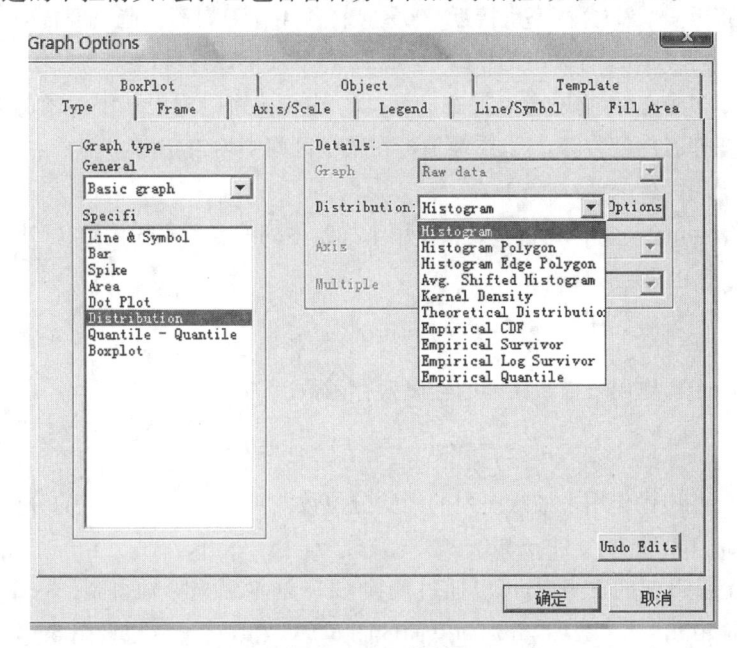

图 5-64　对话框

(1) 直方图

直方图(Histogram)是用一系列宽度相等、高度不等的矩形表示数据分布的图形。矩形的宽度表示数据范围的间隔,矩形的高度表示在给定间隔内的数据频数。我们常用的是频数直方图(直方图适用于连续性数据)。直方图的作用主要有三个,分别是:

① 直观地显示质量特性的分布状态;

② 传递过程波动状态的信息;

③ 便于人们确定在何处进行质量改进。

直方图主要包括七种类型,分别是:

① 正常型:形状是中间高、两边低,左右近似对称。

② 孤岛型:在直方图旁边有孤立的小岛出现,当这种情况出现时过程中有异常原因。例如,原料发生变化,不熟练的新工人替人加班,测量有误等,都会造成孤岛型分布,应及时查明原因、采取措施。

③ 双峰型:当直方图中出现了两个峰,这是由于观测值来自两个总体、两个分布的数据混合在一起造成的。例如,两种有一定差别的原料所生产的产品混合在一起,或者就是两种产品混在一起,此时应当加以分层。

④ 折齿型:当直方图出现凹凸不平的形状,这是由于作图时数据分组太多,测量仪器误差过大或观测数据不准确等造成的,此时应重新收集数据和整理数据。

⑤ 陡壁型:当直方图像高山的陡壁向一边倾斜时,通常表现在产品质量较差时,为了符合标准的产品,需要进行全数检查,以剔除不合格品。当用剔除了不合格品的产品数据作频数直方图时,容易产生这种陡壁型,这是一种非自然形态。

⑥ 偏态型:顶峰有时偏向左侧、有时偏向右侧。由于某种原因使下限受到限制时,容易发生偏左型。例如,用标准值控制下限,摆差等方位公差,不纯成分接近于0,疵点数接近于0或由于工作习惯都会造成偏左型。由于某种原因使上限受到限制时,容易发生偏右型。例如,用标准尺控制上限,精度接近100%,合格率也接近100%或由于工作习惯都会造成偏右型。

⑦ 平顶型:当直方图没有突出的顶峰,呈平顶型,然而形成这种情况一般有三种原因。A. 与双峰型类似,由于多个总体、多总分布混在一起。B. 由于生产过程中某中缓慢的倾向在起作用,如工具的磨损、操作者的疲劳等。C. 质量指标在某个区间中均匀变化。

(2) 累积分布函数—残存—分布图

累积分布(Cumulative Distribution)操作用来描绘序列的经验累积函数(CDF)。CDF 是序列中观测值不超过指定值 r 的概率。

$$F_x(r) = \text{prob}(x \leqslant r) \tag{5.15}$$

残存(Survivor)操作用来描绘序列的经验残存函数。

$$S_x(r) = \text{prob}(x > r) = 1 - F_x(r) \tag{5.16}$$

分位数(Quantile)操作用来描绘序列的经验分位数。对 $0 \leqslant q \leqslant 1$,$X$ 的分位数 $x_{(q)}$ 满足下式:$\text{prob}(x > x_{(q)}) \leqslant 1 - q$,且 $\text{prob}(x < x_{(q)}) \leqslant q$。

分位数函数是 CDF 的反函数,可以通过调换 CDF 的横纵坐标轴得到。一个序列的累积分布图和残存分布图以及分位数图,分别如下面的图 5-65 和图 5-66 以及图 5-67 所示:

图 5-65　累积分布图

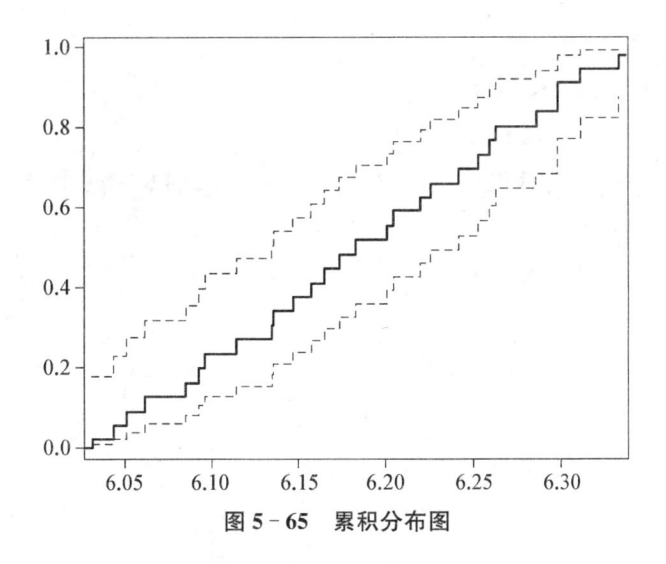

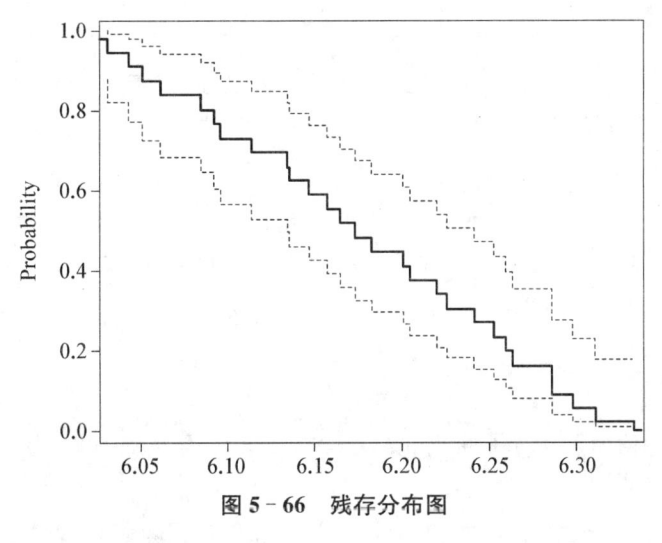

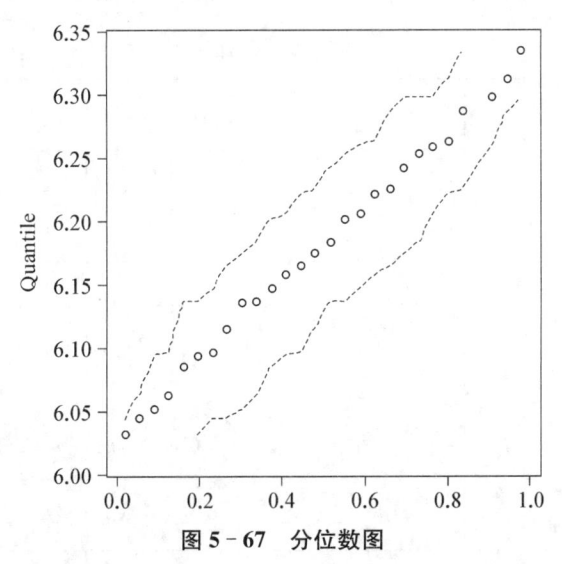

图 5-66　残存分布图

图 5-67　分位数图

(3) 核密度图

在序列窗口选择 View/Graph/Distribution/Kernel Density/Options，出现如图 5-68 所示的对话框。

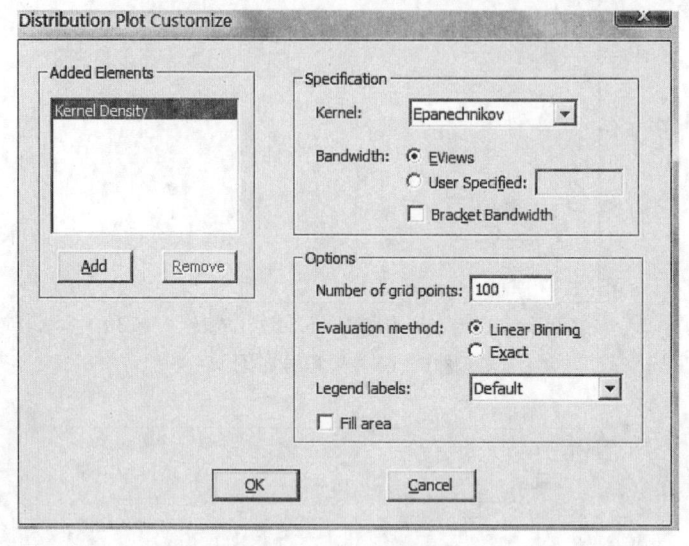

图 5-68 对话框

核密度图(Kernel Density)标绘出序列分布的核密度估计。核密度估计用"冲击"代替了直方图中的"框"，所以它是平滑的。平滑是通过给远离被估计的点的观测值以小的权重来达到的。

一个序列 X 在点 x 的核密度估计式为：

$$f(x) = \frac{1}{Nh} \sum_{i=1}^{N} K\left(\frac{x - X_i}{h}\right). \tag{5.17}$$

这里，N 是观测值的数目，h 是带宽(或平滑参数)，K 是合并为一体的核函数。

(4) Kernel(核)

核函数是一个加权函数，决定冲击的形状。EViews 针对核函数 K 提供如下表 5-8 操作：

表 5-8 核函数

Epanechnikov(default)	$\frac{3}{4}(1-u^2)I(\|u\| \leqslant 1)$
Triangular	$(1-\|u\|)I(\|u\| \leqslant 1)$
Uniform(Rectangular)	$\frac{1}{2}I(\|u\| \leqslant 1)$
Normal(Gaussian)	$\frac{1}{\sqrt{2\pi}}\exp\left(-\frac{1}{2}u^2\right)$
Biweight(Quartic)	$\frac{15}{16}(1-u^2)^2 I(\|u\| \leqslant 1)$
Triweight	$\frac{35}{32}(1-u^2)^3 I(\|u\| \leqslant 1)$
Cosinus	$\frac{\pi}{4}\cos\left(\frac{\pi}{2}u\right)I(\|u\| \leqslant 1)$

这里 u 是核函数的辐角,$I(0)$ 是指示函数,辐角为正时,它取 1,否则取 0。

(5) Bandwidth(带宽)

带宽 h 控制密度估计的平滑程度,带宽越大,估计越平滑。带宽的选取在密度估计中非常重要,Silverman 操作(缺省设置)是一种基于数据的自动带宽,

$$h = 0.9kN^{-1/5}\min\{S, R/1.34\} \tag{5.18}$$

这里 N 是观测值的数目;S 是标准离差;R 是序列的分位数间距;因子 k 是标准带宽变换,标准带宽变换用来调整带宽以便对不同的核函数自动密度估计有大致相当的平滑。

也可以自定带宽,先点击 User Specified,在下面的对话框中键入一个非负数。

Bracket Bandwidth(括号带宽)操作可以研究针对带宽变化所得到的估计的敏感程度。如选这项,相当于给出 $0.5h, h, 1.5h$ 三项带宽。

Number Points(点数)为估计密度函数,必须给出点数 M,缺省时,设置 $M=100$ 点。设最大最小值分别为 X_U、X_L,在 M 个等间距点中估计出

$$x_i = X_L + i \cdot \left(\frac{X_U - X_L}{M}\right), \quad \text{for } i = 0, 1, \cdots, M-1 \tag{5.19}$$

Method(方式)缺省时,EViews 采用 Linear Binning(线性单元)近似算法规则系统去限制在计算密度估计中所需要估计的点的数目。对大样本来说,计算量的减少是可观的。除非有特殊原因或样本非常小,一般情况下要求使用 Linear Binning 算法。

一个序列的核密度图如图 5-69 所示:

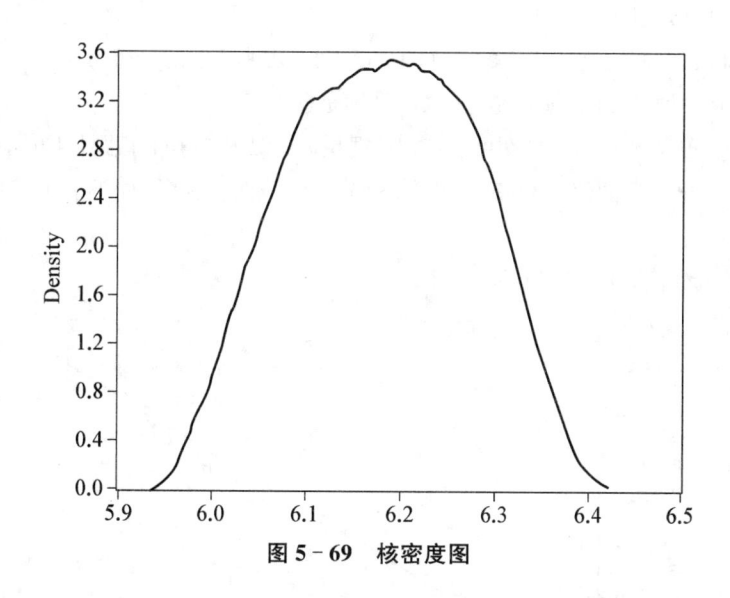

图 5-69 核密度图

2. QQ 图(Quantile-Quantile)

在序列(Series)窗口选择 View/Graph/Quantile-Quantile/Options 选项,出现如图 5-70 所示的对话框。

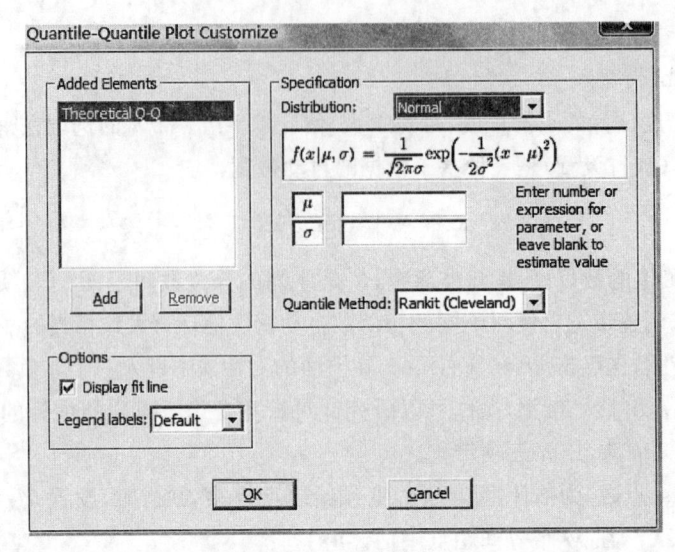

图 5-70 对话框

可以从对话框中选择不同理论分布,其中包括正态分布、均匀分布、指数分布、罗基斯特分布(Logistic distribution)、极值(Extreme value)序列或组(Series or Group)。Quantile-Quantile(QQ 图)对于比较两个分布是一种简单但重要的工具。参照分布可以是一个实际分布也可以是一个理论分布。这个图标绘出一个被选序列的分位数分布相对于另一个序列的分位数分布或一个理论分布的异同。如果这两个分布是相同的,则 QQ 图将在一条直线上。如果 QQ 图不在一条直线上,则这两个分布是不同的。

(1) QQ 图可以方便地鉴别样本的分布是否近似于某种类型的分布。
(2) QQ 图是一种散点图,横轴是分位数,纵轴是样本值。
(3) 以正态分布为例,通过 QQ 图可以鉴别数据是否近似正态分布,截距是均值,斜率是标准差。
(4) 还可以看出图形的偏度和峰度,凸向下偏度为正,向上为负,先下后上峰度为正,向上后下峰度为负。

一个序列的 QQ 图如图 5-71 所示:

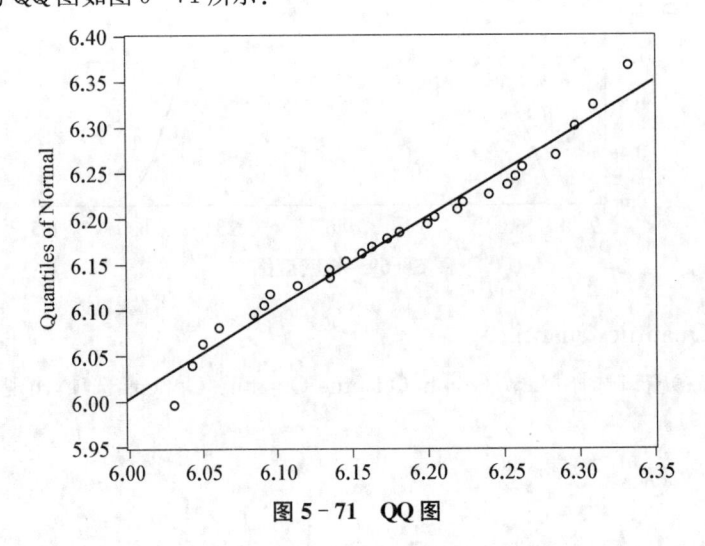

图 5-71 QQ 图

练习

1. 创建一个新的工作文件，以 EXCEL(CKNY)中的数据，建立序列对象 CK(出口)和 NY(能源消耗总量)。

(1) 对两个序列对象进行视图分析，在序列对象窗口中生成图形并冻结。

(2) 绘制序列对象 CK 和 NY 的直方图，并分析相关统计量。

(3) 对序列对象 CK 进行简单假设检验。

(4) 对序列对象 CK 和 NY 分别进行单位根检验，并分析检验结果。

(5) 对序列对象 CK 与 NY 进行交叉相关系数分析，指出谁是先行？

(6) 检验序列 CK 与 NY 的 Granger 因果关系。

2. 打开工作文件第四章练习题 1。建立一个新的序列组 groupx，其中包括 ser01 与 ser03。对序列组 groupx 做以下分析并将结果按序号顺序粘贴在 word 文档中：

(1) 对序列组进行描述性统计量的显示。

(2) 计算 ser01 与 ser02 的协方差。

(3) 计算 ser01 与 ser02 的相关系数。

(4) 计算 ser01 与 ser02 的交叉相关系数。

(5) 以表格的形式显示 N 维统计表。

第6章 基本回归模型

6.1 线性回归方程的建立

6.1.1 建立的方法

1. 方程对象

EViews 中的单方程回归估计是用方程对象来完成的。创建一个方程对象：

(1) 主菜单选择 Object/New Object/Equation。

(2) 在命令窗口中输入关键词 equation。

(3) 说明方程：对话框中说明要建立的方程，并选择估计方法。

2. 方程说明

(1) 创建一个方程对象时会出现如下对话框(如图 6-1 所示)。

① 方程说明(上面的编辑框中)因变量(左边)和自变量(右边)以及函数形式。

② 估计方法。

③ 该估计使用的样本。

(2) 说明方程的两种基本方法

① 列表法

说明线性方程最简单的方法是列出方程中要使用的变量列表，首先是因变量或表达式名，然后是自变量列表。例如：想要构建一个线性消费函数 CS，用一个

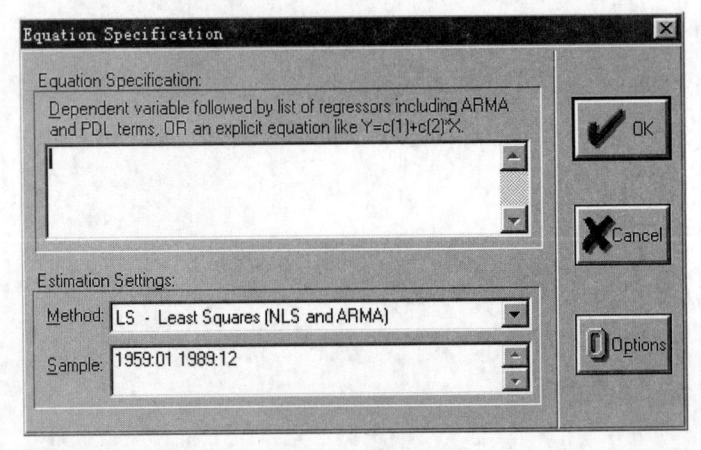

图 6-1 对话框

常数和 inc 对其作回归，对话框上部输入：cs　c　inc。

注意：回归变量列表中的序列 C。C 是 EViews 用来说明回归中的常数而建立的序列。EViews 在回归中不会自动包括一个常数，因此必须明确列出作为回归变量的常数。内部序列 C 不出现在工作文档中，除了说明方程外不能使用它。

在工作文档中有一个预先定义的对象 C：这是缺省系数向量——当通过列出变量名的方式说明方程时，EViews 会根据变量在列表中出现的顺序在这个向量中存储估计系数。在上例中，常数存储于 c(1)，inc 的系数存储于 c(2)，即回归方程形式为：cs＝c(1)＋c(2)＊inc。

列表说明方程时，EViews 会将其转换成等价的公式形式：

例如，列表：log(cs)　c　log(cs(－1))　log(inc)

代表公式：log(cs)＝c(1)＋c(2)＊log(cs(－1))＋c(3)＊log(inc)

这种形式并不是必须的，"＝"可以出现在公式的任何地方，如：log(urate)＋c(1)＊dmr＝c(2)，此方程的残差为：ε＝log(urate)＋c(1)dmr－c(2)，EViews 将最小化残差平方和。

（ⅰ）滞后值

滞后序列的使用：用与滞后序列相同的名字来产生一个新序列，把滞后值放在序列名后的括号中。

例如，cs　cs(－1)　c　inc 表示：以 cs 的滞后值、常数 c 和 inc 对 cs 作回归，cs 滞后的系数将存放在 c(1)中，常数系数在 c(2)中，inc 的系数在 c(3)中，即回归方程形式为：cs＝c(1)＊cs(－1)＋c(2)＋c(3)＊inc。

连续范围的滞后序列：使用关键词 to。

例如，cs　c　cs(－1to－4)　inc 表示：以常数 c，cs(－1)，cs(－2)，cs(－3)，cs(－4)，和 inc 对 cs 作回归，cs　c　inc(to－2)　inc(－4)表示：以常数 c，inc，inc(－1)，inc(－2)，和 inc(－4)对 cs 作回归，即回归方程形式为：cs＝c(1)＋c(2)＊inc＋c(3)＊inc(－1)＋c(4)＊inc(－2)＋c(5)＊inc(－4)。

（ⅱ）自动生成新序列

a. 自动序列的使用

例如，log(cs)　c　log(cs(－1))　log((inc＋inc(－1))/2)表示：cs 的自然对数关于常数，其滞后值和 inc 的两项移动平均的回归，回归方程：log(cs)＝c(1)＋c(2)＊log(cs(－1))＋c(3)＊log((inc＋inc(－1))/2)。

b. 创建说明列表

在工作文档窗口通过单击因变量使其高亮度显示，对每一个解释变量用 ctrl＋click 也使其高亮度显示选完全部变量后，单击右键，并选择 Open/Equation，带有变量名的说明对话框将会出现，常数 c 自动包含在列表中。

② 公式法

公式包括回归变量和系数的数学表达式，许多估计方法（但不是所有的方法）允许使用公式来说明方程。

（ⅰ）如何用公式说明方程

在对话框中变量列表处输入表达式，EViews 会在方程中添加一个随机附加扰动项并用最小二乘法估计模型中的参数。

（ⅱ）必须使用公式法的情况：估计严格的非线性的方程或带有参数约束的方程

例如，建立约束变量 x，使 x 及其滞后变量的系数和为 1，可以采用带参数约束的线性模型：y＝c(1)＋c(2)＊x＋c(3)＊x(－1)＋c(4)＊x(－2)＋(1－c(2)－c(3)－c(4))＊x(－3)。

例如，估计一个非线性模型，只需输入非线性公式，EViews 会自动检测非线性并用非线性最小二乘估计模型。

（ⅲ）公式法优点：可以使用不同的系数向量

创建新的系数向量：选择 Object/New Object...，并从主菜单中选择 Matrix-Vector-Coef，为系数向量输入一个名字，然后选择 OK。在 New Matrix 对话框中，选择 Coefficient Vector 并说明向量中应有多少行。带有系数向量图标 β 的对象会列在工作文档目录中，在方程说明中就可以使用这个系数向量。例如，假设创造了系数向量 a 和 beta，各有一行，则可以用新的系数向量代替 C：log(cs)＝a(1)＋beta(1)＊log(cs(－1))。

3. 在 EViews 中估计方程

（1）估计方法

① 单击 Method，进入对话框，看到下拉菜单中的估计方法列表。

② 标准的单方程回归最小二乘估计，其他的方法在以后的章节中介绍。采用 OLS、TSLS、GMM 和 ARCH 方法估计的方程可以用一个公式说明。非线性方程不允许使用 binary、ordered、censored、count 模型，或带有 ARMA 项的方程。

（2）估计样本

① 对估计中要使用的样本进行说明

（ⅰ）EViews 用当前工作文档样本来填充对话框，可以通过在编辑框中输入样本字符或对象来改变样本。

（ⅱ）改变估计样本不会影响当前工作文件样本

② 自动调整样本值

如果估计中使用的任何一个序列的数据丢失，EViews 会临时调整观测值的估计样本，排除这些观测值。

③ 样本结果通知

Dependent Variable：Y

    Method：Least Squares

    Date：08/19/02 Time：10：24

    Sample(adjusted)：1959：04 1989：12

    Included observations：369 after adjusting endpoints

在方程结果的顶部，EViews 报告样本已经得到调整。1959.01—1989.12 期间的 372 个观测值中，使用了 369 个观测值和所有相关变量的观测值。

④ 滞后变量

回归中包含滞后变量，样本的调整程度会不同，这取决于样本期前的数据是否可得到。

例如，假设 M1 和 IP 是两个没有丢失数据的序列，样本区间为 1959.01—1989.12，而且回归说明为：m1 c ip ip(－1) ip(－2) ip(－3)。

如果设定估计样本区间为 1960.01—1989.12，EViews 会把样本调整为：

Dependent Variable：M1

Method：Least Squares

Date：08/19/02 Time：10：49

Sample：1960：01 1989：12

Included observation：360

直到 1959 年 4 月 ip(−3)才有数据。然而，如果把估计样本区间定为 1960.01—1989.12，EViews 不会对样本进行任何调整，因为在整个样本估计期间 ip(−3)的值都是可以得到的。一些操作不允许样本中间有数据丢失，如带 MA 和 ARCH 项的估计。当执行这些步骤时，如果在样本中间遇到一个 NA 就会出现一错误信息，而且执行过程也会停止。

（3）估计选项

EViews 提供很多估计选项，这些选项允许进行以下操作：

① 对估计方程加权；

② 计算异方差性；

③ 控制估计算法的各种特征；

④ 方程输出。

在方程说明对话框中单击 OK 按钮，EViews 显示估计结果（如图 6‑2 所示）：

```
Equation: EQ1    Workfile: BASICS
View Procs Objects  Print Name Freeze  Estimate Forecast Stats Resids

Dependent Variable: LOG(M1)
Method: Least Squares
Date: 08/19/97   Time: 05:02
Sample: 1959:01 1989:12
Included observations: 372
```

Variable	Coefficient	Std. Error	t-Statistic	Prob.
C	−1.699912	0.164954	−10.30539	0.0000
LOG(IP)	1.765866	0.043546	40.55199	0.0000
TB3	−0.011895	0.004628	−2.570016	0.0106

R-squared	0.886416	Mean dependent var	5.663717
Adjusted R-squared	0.885800	S.D. dependent var	0.553903
S.E. of regression	0.187183	Akaike info criterion	−0.505429
Sum squared resid	12.92882	Schwarz criterion	−0.473825
Log likelihood	97.00980	F-statistic	1439.848
Durbin-Watson stat	0.008687	Prob(F-statistic)	0.000000

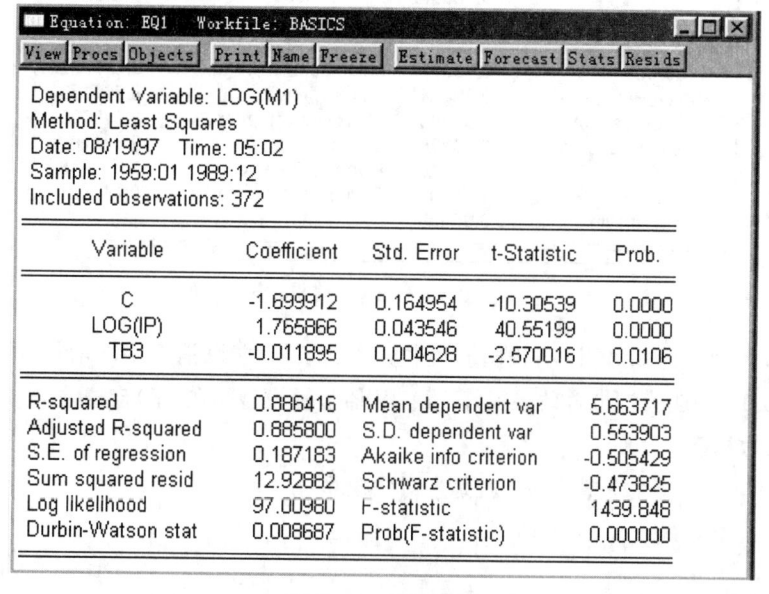

图 6‑2　输出结果

根据矩阵的概念，标准的回归写为：$y = X\beta + \varepsilon$，其中：

y 是因变量观测值的 T 维向量，X 是解释变量观测值的 $T*k$ 维矩阵，β 是 k 维系数向量，ε 是 T 维扰动项向量，T 是观测值个数，k 是解释变量个数。

在上面的结果中，y 是 LOG(M1)，X 包括三个变量 C、LOG(IP)、TB3，其中 $T=372, k=3$。

6.1.2　几种常见的非线性关系的线性转换

1. 回归方程的函数形式

下面讨论几种形式的回归模型：双对数线性模型（不变弹性模型）、半对数模型（增长模型）、双曲函数模型（需求函数）、多项式回归模型。所有这些模型的一个重要特征是：它们都是参数线性模型，但是变量却不一定是线性的，所以它们都属于线性回归模型。

(1) 双对数线性方程(两边都取对数)

双对数线性模型估计得到的参数本身就是该变量的弹性。如设 Q_t 为产值，P_t 为价格，在 $\ln(Q_t)=\alpha+\beta\ln(P_t)+u_t$ 的估计式中，P 增加 1% 时，Q 大约增加 $\beta\%$，所以 β 相当于 Q_t 的价格弹性。

【例6.1】 下面建立我国居民消费的收入弹性方程：

$$\ln(cs) = c + b * \ln(inc) \tag{6.1}$$

其中 cs 是城镇居民消费，inc 是居民消费可支配收入，输出结果如图 6-3 所示。

```
Dependent Variable: LNCS
Method: Least Squares
Date: 04/18/13   Time: 15:44
Sample (adjusted): 1978 2002
Included observations: 25 after adjustments

    Variable       Coefficient   Std. Error    t-Statistic   Prob.
       C            0.183677     0.181385      1.012640     0.3218
     LNINC          0.917461     0.020069     45.71576      0.0000

R-squared            0.989115    Mean dependent var      8.457762
Adjusted R-squared   0.988641    S.D. dependent var      0.561156
S.E. of regression   0.059806    Akaike info criterion  -2.718793
Sum squared resid    0.082266    Schwarz criterion      -2.621283
Log likelihood      35.98492     Hannan-Quinn criter.   -2.691748
F-statistic       2089.930       Durbin-Watson stat      0.447421
Prob(F-statistic)    0.000000
```

图 6-3 输出结果

消费的收入弹性为 0.92，说明我国居民收入增加 1%，居民消费平均增加 0.92%。F 值为 2 089，R^2 为 0.99，说明模型拟合效果很好。$D\text{-}W$ 值显示模型存在(正)自相关。

(2) 半对数模型

线性模型与对数线性模型的混合就是半对数模型：

$$y = e^{\beta_0+\beta_1 x+u} \tag{6.2}$$

或者，

$$\ln(y) = \beta_0 + \beta_1 x + u \tag{6.3}$$

半对数模型包含两种形式，分别为：

$$y = \alpha_0 + \alpha_1 \ln(x) + u \tag{6.4}$$

$$\ln(y) = \beta_0 + \beta_1 x + u \tag{6.5}$$

半对数模型也是线性模型，因为参数是以线性形式出现在模型中的。而且，虽然原来的变量 x 和 y 之间是非线性关系，但变量 x(或 y)经过对数变换后，变量 $\ln(x)$ 和 y 之间(或变量 x 和 $\ln(y)$ 之间)是线性关系，因此可以称其为半对数线性模型。类似双对数模型，半对数模型也可以使用 OLS 估计。

半对数模型(6.4)和(6.5)中的回归系数具有直观的意义：

$$\alpha_1 = \frac{dy}{d(\ln(x))} = \frac{dy}{dx/x} \tag{6.6}$$

$$\beta_1 = \frac{d(\ln(y))}{dx} = \frac{dy/y}{dx} \tag{6.7}$$

即:α_1 表示 x 变化1%导致 y 绝对量的变化量;β_1 表示 x 的变化1单位导致 y 变化的百分比。

特别地,如果在半对数模型式(6.5)中 x 取为 t(年份),变量 t 按时间顺序依次取值为1,2,…,T,则 t 的系数度量了 y 的年均增长速度,因此,半对数模型(6.5)又称为增长模型。

对于增长模型:
① 如果 β_1 为正,则 y 有随时间向上增长的趋势;
② 如果 β_1 为负,则 y 有随时间向下变动的趋势,因此 t 可称为趋势变量。

宏观经济模型表达式中常有时间趋势,在研究经济长期增长或确定性趋势成分时,常常将产出取对数,然后用时间 t 作解释变量建立回归方程。

【例6.2】 我们建立半对数线性方程,估计我国实际GDP(支出法,样本间:1978—2006年)的长期平均增长率,模型形式为

$$\ln(GDP/P_t) = c_0 + c_1 \times t_t + u_t \tag{6.8}$$

其中:GDP/P_t 表示剔出价格因素的实际 GDP_t。从输出结果(见图6-4)来看,方程中时间趋势变量的系数估计值是0.094,说明1978—2006年我国实际GDP的年平均增长率为9.4%。F 值或 R^2 表明模型拟合效果很好,D.W.显示模型存在(正的)自相关。

```
Dependent Variable: LOG(GDP_ZC/GDP_P)
Method: Least Squares
Date: 08/21/07   Time: 09:44
Sample: 1978 2006
Included observations: 29
```

Variable	Coefficient	Std. Error	t-Statistic	Prob.
C	8.190598	0.014386	569.3560	0.0000
@TREND	0.093881	0.000882	106.4353	0.0000

R-squared	0.997622	Mean dependent var	9.504928
Adjusted R-squared	0.997534	S.D. dependent var	0.800318
S.E. of regression	0.039741	Akaike info criterion	-3.546394
Sum squared resid	0.042642	Schwarz criterion	-3.452098
Log likelihood	53.42271	F-statistic	11328.46
Durbin-Watson stat	0.416419	Prob(F-statistic)	0.000000

图6-4 输出结果

(3)双曲函数模型

形如下式的模型称为双曲函数模型:

$$Y_t = b_1 + b_2 \left(\frac{1}{X_t}\right) + u_t \tag{6.9}$$

这是一个变量之间是非线性的模型。因为 X_t 是以倒数的形式进入模型的,但这个模型却是参数线性模型,因为模型中参数之间是线性的。模型的显著特征:随着 X_t 的无限增大,$(1/X_t)$ 接近于零。适用:宏观经济学中著名的菲利普斯曲线。

【例 6.3】 美国菲利普斯曲线

利用美国 1955—1984 年的数据，根据菲利普斯曲线，即通货膨胀率 π_t 和失业率 U_t 的反向关系，建立双曲函数：$\hat{\pi}_t = 0.08 - 0.2(1/U_t)$。

估计结果表明（如图 6-5 所示），菲利普斯曲线所描述的 π_t 和 U_t 的反向关系并不存在。背离的原因：主要是因为 20 世纪 70 年代出现石油危机，从而引发了滞胀。通货膨胀伴随着高失业率。

```
Dependent Variable: PC_R
Method: Least Squares
Date: 05/31/08   Time: 15:50
Sample (adjusted): 1954 1984
Included observations: 31 after adjustments
PC_R= C(1)+C(2)*1/U
```

	Coefficient	Std. Error	t-Statistic	Prob.
C(1)	0.080447	0.017532	4.588430	0.0001
C(2)	-0.209698	0.090957	-2.305470	0.0285

R-squared	0.154893	Mean dependent var	0.041468
Adjusted R-squared	0.125752	S.D. dependent var	0.027636
S.E. of regression	0.025840	Akaike info criterion	-4.411433
Sum squared resid	0.019364	Schwarz criterion	-4.318918
Log likelihood	70.37721	F-statistic	5.315192
Durbin-Watson stat	0.503107	Prob(F-statistic)	0.028489

图 6-5 输出结果

如果考虑通货膨胀预期的影响，则可以在模型中引入代表通货膨胀预期的变量，比如用通货膨胀前期值来代表。含有通货膨胀预期的菲利普斯曲线估计结果（如图 6-6 所示）：$\hat{\pi}_t = -0.0288 + 1.01\pi_{t-1} + 0.158(1/U_t)$。

```
Dependent Variable: PC_R
Method: Least Squares
Date: 09/23/05   Time: 09:17
Sample (adjusted): 1955 1984
Included observations: 30 after adjustments
```

Variable	Coefficient	Std. Error	t-Statistic	Prob.
C	-0.028808	0.015518	-1.856444	0.0743
1/U	0.158144	0.063708	2.482321	0.0196
PC_R(-1)	1.012321	0.117209	8.636869	0.0000

R-squared	0.769426	Mean dependent var	0.042586
Adjusted R-squared	0.752346	S.D. dependent var	0.027386
S.E. of regression	0.013628	Akaike info criterion	-5.658684
Sum squared resid	0.005015	Schwarz criterion	-5.518564
Log likelihood	87.88025	F-statistic	45.04949
Durbin-Watson stat	1.577569	Prob(F-statistic)	0.000000

图 6-6 输出结果

可以看出，加入通货膨胀预期因素后，模型的拟合效果很好。此时，模型体现出了失业率和通货膨胀率之间的显著的反向变动关系。

(4) 多项式回归模型

多项式回归模型用于生产与成本函数分析。函数形式：

$$Y = b_0 + b_1 x + b_2 x^2 + b_3 x^3 \tag{6.10}$$

模型中的解释变量只有一个 x，但是却以不同次幂的形式出现。

【实验】

1. (1) 打开工作文件第五章1；(2) 观察方程对象的图标；(3) 打开各方程对象，熟悉方程对象中：解释变量、被解释变量、系数、各统计量。

2. (1) 请打开工作文件第五章 Ser01；(2) 建立新序列：① cs=cs1/p，② t=tax/gdpea，③ inc=(1-t)gdpea/p；(3) 用最小二乘法，建立以下3种不同的消费函数（列表法与公式法各进行一次操作），并进行经济学解释：① cs=a+b*inc；② 在上一个消费函数的基础上，加入消费的前一期值，作为对消费具有惯性这一经济学特征进行解释；③ 如果认为居民消费与实际可支配收入存在非线性关系，且满足如下关系：cs=a*inc^b*e^{ut}，那么应该对关系式做何种调整？(4) 将结果复制到 WORD 文档，并进行简单的文字解释（拟合优度，F 值，D-W 值，模型的系数，方程所表达的解释变量与被解释变量之间的经济学含义等）；(5) 提交。

3. (1) 打开工作文件 3.4；(2) 请建立一个半对数线性方程，用于估计我国实际 GDP 的长期平均增长率（支出法，样本区间：1978—2002 年）；(3) 模型形式为：

$$\ln(\mathrm{GDP}/P_t) = c_0 + c_1 \times t_t + u_t \tag{6.11}$$

(4) 观察方程输出结果，得出相应的经济学解释。

4. (1) 打开工作文件 3.5；(2) 按之前的思路，利用美国 1955—1984 年的数据，根据菲利普斯曲线，即通货膨胀率（π_t）与失业率（U_t）之间的反向关系，建立双曲线函数，模拟方程，并取名 eq3；(3) 观察结论，并进行经济学分析；(4) 如果考虑加入通货膨胀率预期（用通货膨胀前期值 π_{t-1} 来代表），重新估计菲利普斯曲线，并取名 eq4；(5) 观察结论，并进行经济学分析；(6) 请检查 eq3，eq4 是否分别与正确答案 eq1，eq2 一致。

6.2 方程统计量的读取与分析

6.2.1 统计量的读取

1. 回归系数

系数：系数框描述了系数的估计值。最小二乘估计的系数 b 是由公式 $b = (X'X)^{-1}X'y$ 计算得到的。

列表法：系数会列在变量栏中相应的自变量名下。

公式法：EViews 会列出实际系数 c(1)，c(2)，c(3)，等等。

简单线性模型中:系数是指在其他变量保持不变的情况下自变量对因变量的边际收益。如果存在系数 C:它是回归中的常数或者截距——当其他所有自变量都为零时预测的基本水平。其他系数:可以理解为假设所有其他变量都不变,相应的自变量和因变量之间的斜率关系。

例如:

① 简单的消费方程:

$$CS_t = C_0 + C_1 INC_t + \varepsilon_t$$

其中:CS 是消费;INC 是收入;方程中 C_0 代表自发消费,表示收入等于零时的消费水平;C_1 代表了边际消费倾向,$0 < C_1 < 1$,即收入每增加 1 元,消费将增加 C_1 元,若 C_1 等于 0.6,则收入每增加 1 元,消费将增加 0.6 元。若消费方程中加上实际利率 RS,即 $CS_t = C_0 + C_1 INC_t + C_2 RS_t + \varepsilon_t$,从经济学角度看 C_2 应是负数,实际利率下降将使消费增加。

② 线性对数方程:估计得到的参数本身就是该变量的弹性。如在 $\log(Q_t) = \alpha + \beta \log(P_t)$ 的估计式中,P 增加 1%时,Q 大约增加 β%,所以 β 相当于价格弹性。

2. 标准差(Std.Error)

标准差衡量了系数估计的统计可信性——标准差越大,估计中的统计干扰越大。估计系数的协方差矩阵是由以下公式计算得到的:

$$\text{Var}(\beta) = s^2 (X'X)^{-1}$$

其中,

$$s^2 = \hat{\varepsilon}' \hat{\varepsilon} (T-k)$$

$$\hat{\varepsilon} = y - Xb$$

这里 $\hat{\varepsilon}$ 是残差。而且系数估计值的标准差是这个矩阵对角线元素的平方根。可以通过选择 View/Covariance Matrix 项来察看整个协方差矩阵。

3. t 统计量

t 统计量是由系数估计值和标准差之间的比率来计算的,它是用来检验系为零的假设的。

4. 概率(p 值)

结果的最后一项是在误差项为正态分布或系数估计值为渐近正态分布的假设下,指出 t 统计量与实际观测值一致的概率,这个概率称为边际显著性水平或 p 值。给定一个 p 值,可以一眼看出是拒绝还是接受实际系数为零的双边假设。例如,如果显著水平为 5%,p 值小于 0.05 就可以拒绝系数为零的原假设。

6.2.2 统计量之间的关系

Std.E,T,和 P 的关系:

(1) T = 系数/Std.E。

(2) P 表示的是与 T 值相对应的一个概率。

(3) 这 3 者都是体现系数质量高低的参数。

(4) P 值最显而易见(越小越好,越显著)。

6.2.3 综合分析

1. 统计量 R^2

统计量 R^2 衡量在样本内预测因变量值的回归是否成功。R^2 是自变量所解释的因变量的方差。如果回归完全符合,统计值会等于 1。如果结果不比因变量的均值好,统计值会等于 0。R^2 可能会由于一些原因成为负值。例如,回归没有截距或常数;回归包含系数约束;估计方法采用二阶段最小二乘法或 ARCH 方法。EViews 计算 R^2 的公式为:

$$R^2 = 1 - \frac{\hat{\varepsilon}'\hat{\varepsilon}}{(y-\bar{y})'(y-\bar{y})} \tag{6.12}$$

$$\hat{\varepsilon} = y - Xb \tag{6.13}$$

$$\bar{y} = \sum_{t=1}^{T} y_t \Big/ T \tag{6.14}$$

其中,$\hat{\varepsilon}$ 是残差,$\bar{y}$ 是因变量的均值。

2. 调整 R^2

使用 R^2 作为衡量工具存在的一个问题,即在增加新的自变量时 R^2 不会减少。在极端的情况下,如果把样本观测值都作为自变量,总能得到 R^2 为 1。

R^2 调整后的通常解释为 $\bar{R}^2$,消除 R^2 中对模型没有解释力的新增变量。计算方法如下:

$$\bar{R}^2 = 1 - (1-R^2)\frac{T-1}{T-k-1} \tag{6.15}$$

其中,$\bar{R}^2$ 从不会大于 R^2,随着增加变量会减小,而且对于很不适合的模型还可能是负值。

3. 回归标准差(S. E. of regression)

回归标准差是在残差的方差的估计值基础之上的一个总结。计算方法如下:

$$s = \sqrt{\hat{\varepsilon}'\hat{\varepsilon}/(T-K)} \tag{6.16}$$

$$\hat{\varepsilon} = y - Xb \tag{6.17}$$

4. 残差平方和

残差平方和可以用在很多统计计算中,为了方便,现在将它单独列出:

$$\hat{\varepsilon}'\hat{\varepsilon} = \sum_{i=1}^{t}(y_i - X_i b)^2 \tag{6.18}$$

5. 对数似然函数值

EViews 可以作出根据系数的估计值得到的对数似然函数值(假设误差为正态分布)。似然比检验可通过观察方程严格形式和不严格形式的对数似然值之间的差异来进行。对数似然计算如下:

$$\ell = -\frac{T}{2}(1 + \log(2\pi) + \log(\hat{\varepsilon}'\hat{\varepsilon}/T)) \tag{6.19}$$

6. Durbin-Watson 统计量

D-W 统计量衡量残差的序列相关性，计算方法如下：

$$DW = \sum_{i=2}^{T} (\hat{\varepsilon}_i - \hat{\varepsilon}_{i-1})^2 \Big/ \sum_{i=1}^{T} \hat{\varepsilon}_i^2 \tag{6.20}$$

根据样本容量 T 和解释变量数 k 查 D.W.分布表，得到临界值 dL 和 dU，然后按照准则计算 D.W.值，判断模型的自相关状态。

① $0 <$ D.W. $<$ dL   正相关
② dL $<$ D.W. $<$ dU   该检验不确定
③ dU $<$ D.W. $<$ 4−dU   不存在自相关
④ 4−dU $<$ D.W. $<$ 4−dL   该检验不确定
⑤ 4−dL $<$ D.W. $<$ 4   负相关

作为一个规则，如果 DW 值小于 2，证明存在正序列相关。

7. 因变量均值和标准差(S.D)

y 的均值和标准差由下面标准公式算出：

$$\bar{y} = \sum_{i=1}^{T} y_i \Big/ T \tag{6.21}$$

$$s_y = \sqrt{\sum_{t=1}^{T} (y_i - \bar{y})^2 \Big/ (T-1)} \tag{6.22}$$

8. AIC 准则(Akaike Information Criterion)

计算公式如下：

$$AIC = -2l/T + 2k/T \tag{6.23}$$

其中 l 是对数似然值，

$$\ell = -\frac{T}{2}(1 + \log(2\pi) + \log(\hat{\varepsilon}'\hat{\varepsilon}/T)) \tag{6.24}$$

我们进行模型选择时，AIC 值越小越好。例如，可以通过选择最小 AIC 值来确定一个滞后分布的长度。

9. Schwarz 准则

Schwarz 准则是 AIC 准则的替代方法：

$$SC = -2l/T + (k \log T)/T \tag{6.25}$$

10. F 统计量和边际显著性水平

F 统计量检验回归中所有的系数是否为零(除了常数或截距)。对于普通最小二乘模型，F 统计量由下式计算：

$$F = \frac{R^2/(k-1)}{(1-R^2)/(T-k)} \tag{6.26}$$

在原假设为误差正态分布下，统计量服从 $F(k-1, T-k)$ 分布。F 统计量下的 P 值，即 Prob(F-statistic)，是 F 检验的边际显著性水平。如果 P 值小于所检验的边际显著水平，比如说 0.05，则拒绝所有系数都为零的原假设。F 值与 R^2 是同向变动的。

注意：F 检验是一个联合检验，即使所有的 t 统计量都是不显著的，F 统计量也可能是高度显著的。

6.3 方程的简单假设检验

6.3.1 冗余变量检验

1. 冗余变量检验原理

冗余变量检验可以检验方程中一部分变量的统计显著性。可以确定方程中一部分变量系数是否为 0，从而可以从方程中剔出去。原假设：被检验变量系数为 0（即：此增加的变量不显著）。

注意：(1) 冗余变量检验可以应用于线性 LS，TSLS，ARCH（仅均值方程），Binary，Ordered，Censored，Count 模型估计方程。(2) 只有通过列表法列出回归因子定义方程而不能通过公式，检验才可以进行。

2. 如何进行冗余变量检验

(1) 选择 View/Coefficient Tests/Redundant Variable—likelihood Ratio。
(2) 在打开的对话框中，列出检验统计量名。
(3) 多个变量用空格隔开。

【例 6.4】 原始回归为 log(Q) c log(L) log(K) K L，如果输入变量 K 和 L，EViews 显示去掉这两个回归因子的约束回归结果，以及检验原假设：被检验变量系数为 0 的统计量。结果如下：

表 6-1 Redundant Variables: K L

F-Statistic	1.596 411	Probability	0.225 219
Log likelihood ratio	3.658 951	Probability	0.160 498

检验统计量是 F 统计量和对数似然比。如果误差是独立正态分布随机变量，F 统计量又确定有限样本 F 分布，分子自由度为原假设下系数约束条件数，分母自由度为总回归自由度。LR 检验是渐近检验，服从 χ^2 分布。

6.3.2 遗漏变量检验

1. 遗漏变量检验原理

遗漏变量检验能给现有方程添加变量，而且询问添加的变量对解释因变量变动是否有显著作用。原假设 H_0 是添加变量不显著。检验输出的是 F 统计量和似然比 (LR) 统计量及各自 P 值，以及在备选假设下无约束模型估计结果。F 统计量基于约束和无约束回归残差平方和之差。

LR 统计量由下式计算:

$$LR = -2(L_r - L_u) \tag{6.27}$$

L_r 和 L_u 是约束和无约束回归对数似然函数的最大值。在 H_0 下，LR 统计量服从渐近 χ^2 分布，自由度等于约束条件数，即加入变量数。

注意:

(1) 遗漏变量检验要求在原始方程中和检验方程中观测值数相等。如果要加入变量的任一序列与原方程样本相比，含有缺失观测值(如:加入滞后变量)，检验统计量将无法建立。

(2) 遗漏变量检验可应用于线性 LS、TSLS、ARCH、Binary、Ordered、Censored、Count 模型估计方程。

(3) 只有通过列表法列出回归因子定义方程而不能通过公式，检验才可以进行。

2. 如何进行遗漏变量检验

(1) 选择 View/Coefficient Tests/Omitted Variables—Likelihood Ration;

(2) 在打开的对话框中，列出检验统计量名;

(3) 多个变量用空格隔开。

【例 6.5】 原始回归为:log(q)　c　log(L)　log(k)。输入:K　L,EViews 将显示含有这两个附加解释变量的无约束回归结果，而且显示原假设:新添变量系数为 0 的检验统计量。输出的结果如下:

表 6-2　Omitted Variables:K L

F-Statistic	1.596 411	Probability	0.225 219
Log likelihood ratio	3.658 951	Probability	0.160 498

对数似数比统计量就是 LR 检验统计量且渐进服从于 χ^2 分布，自由度等于添加回归因子数。本例中，检验结果不能拒绝原假设，即添加变量不显著。

6.3.3　Wald 检验——系数约束条件检验

1. Wald 检验原理

Wald 检验没有把原假设定义的系数限制加入回归，通过估计这一无限制回归来计算检验统计量。Wald 统计量计算无约束估计量如何满足原假设下的约束。如果约束为真，无约束估计量应接近于满足约束条件。下面给出计算 Wald 检验统计量的一般公式，

对于一个线性回归模型:

$$y = X\beta + u$$

一个线性约束:

$$H_o : R\beta - r = 0$$

式中 R 是一个已知的 $q \times k$ 阶矩阵，r 是 q 维向量。Wald 统计量简写为 W,b 为没有加入约束得到的参数估计值:

$$W = (Rb - r)'(\hat{\sigma}^2 R(X'X)^{-1} R')^{-1} (Rb - r) \tag{6.28}$$

W 在 H_0 下服从渐近 $\chi^2(q)$ 分布。进一步假设误差独立同时服从正态分布，我们就有确定的、有限的样本 F — 统计量。

$$F = \frac{(\hat{\hat{u}}'\hat{\hat{u}} - \hat{u}'\hat{u})/q}{\hat{u}'\hat{u}/(T-k)} = W/q \tag{6.29}$$

其中，$\hat{\hat{u}}$ 是约束回归的残差向量。F 统计量比较有约束和没有约束计算出的残差平方和。如果约束有效，这两个残差平方和差异很小，F 统计量值也应很小。EViews 显示 χ^2 和 F 统计量以及相应的 P 值。

2. 如何进行 Wald 系数检验

一个例子：生产函数，其数学形式为 $Q = AK^\alpha L^\beta$，Q 为产出，K 为资本投入，L 为劳动力投入。很容易推出参数 α, β 分别是资本和劳动的产出弹性。那么由产出弹性的经济意义，应该有 $0 \leqslant \alpha \leqslant 1, 0 \leqslant \beta \leqslant 1$。

在最初提出的 C-D 生产函数中，假定参数满足 $\alpha + \beta = 1$，也就是假定研究对象满足规模报酬不变。

$$A(\lambda K)^\alpha (\lambda L)^\beta = \lambda^{\alpha+\beta} AK^\alpha L^\beta = \lambda AK^\alpha L^\beta \tag{6.30}$$

即当资本与劳动的数量同时增长 λ 倍时，产出量也增长 λ 倍。1937 年，Durand 提出了 C-D 生产函数的改进型，即取消了 $\alpha + \beta = 1$ 的假定，允许要素的产出弹性之和大于 1 或小于 1，即承认研究对象可以是规模报酬递增的，也可以是规模报酬递减的，取决于参数的估计结果。

【例 6.6】 Cobb-Douglas 生产函数估计形式如下：

$$\log Q = A + \alpha \log L + \beta \log K + u \tag{6.31}$$

利用美国主要金属工业企业的数据（27 个企业的数据），C-D 生产函数估计结果如下：

```
Equation: COBB_DOUGLAS_F    Workfile: 15_1
View Procs Objects  Print Name Freeze  Estimate Forecast Stats Resids

Dependent Variable: LOG(Q)
Method: Least Squares
Date: 08/21/02   Time: 16:30
Sample: 1 27
Included observations: 27
LOG(Q)=C(1)+C(2)*LOG(L)+C(3)*LOG(K)

              Coefficient   Std. Error    t-Statistic     Prob.

    C(1)       1.168051     0.331033      3.528508       0.0017
    C(2)       0.606932     0.129341      4.692478       0.0001
    C(3)       0.372899     0.087432      4.265000       0.0003

R-squared           0.942356    Mean dependent var      7.443631
Adjusted R-squared  0.937553    S.D. dependent var      0.761153
S.E. of regression  0.190208    Akaike info criterion  -0.376960
Sum squared resid   0.868296    Schwarz criterion      -0.232978
Log likelihood      8.088956    Durbin-Watson stat      1.853644
```

图 6-7 输出结果

从结果看 log L 和 log K 的系数和小于 1,但为确定这种差异是统计相关的,我们常进行有约束的 Wald 系数检验。

(1) 选择 View/Coefficient Tests/Wald-Coefficient Restrictions,在编辑对话框中输入约束条件。约束条件应表示为含有估计参数和常数(不可以含有序列名)的方程,系数应表示为 c(1),c(2),等等,除非在估计中已使用过一个不同的系数向量。

(2) 为检验 $\alpha+\beta=1$ 的规模报酬不变的假设,在对话框中输入约束:c(2)+c(3)=1。

(3) 单击 OK,EViews 显示 Wald 检验如下结果(如图 6-8 所示)(原假设:约束条件有效):

Wald Test:
Equation: EQ01

Test Statistic	Value	df	Probability
F-statistic	0.099961	(1, 24)	0.7546
Chi-square	0.099961	1	0.7519

图 6-8 输出结果

EViews 显示 F 统计量和 χ^2 统计量及相应的 P 值。χ^2 统计量等于 F 统计量乘以检验约束条件数。本例中,仅有一个约束条件,所以这两个检验统计量等价。它们的 P 值表明我们可以确定地接受规模报酬不变的原假设。

检验多个约束条件的情况:

【例 6.7】 改变前面的 C-D 生产函数为非线性形式,估计一个如下形式的生产函数:

$$\log Q = \beta_1 + \beta_2 \log L + \beta_3 \log K + \beta_4 \frac{\log^2 L}{2} + \beta_5 \frac{\log^2 K}{2} + \beta_6 \log L \log K + \varepsilon \qquad (6.32)$$

检验约束条件:$\beta_4=\beta_5=\beta_6=0$。这个非线性模型的估计结果见图 6-9:

Dependent Variable: LOG(Q)
Method: Least Squares
Date: 08/21/02   Time: 17:11
Sample: 1 27
Included observations: 27
LOG(Q)=C(1)+C(2)*LOG(L)+C(3)*LOG(K)+C(4)*(LOG(L))^2/2+C(5)
    *(LOG(K))^2/2+C(6)*LOG(L)*LOG(K)

	Coefficient	Std. Error	t-Statistic	Prob.
C(1)	1.021090	2.929841	0.348514	0.7309
C(2)	3.721297	1.623027	2.292813	0.0323
C(3)	-1.994714	1.075560	-1.854581	0.0778
C(4)	-1.082020	0.789562	-1.370405	0.1850
C(5)	0.038878	0.314481	0.123626	0.9028
C(6)	0.389436	0.484944	0.803055	0.4309

R-squared	0.953780	Mean dependent var	7.443631
Adjusted R-squared	0.942775	S.D. dependent var	0.761153
S.E. of regression	0.182080	Akaike info criterion	-0.375607
Sum squared resid	0.696219	Schwarz criterion	-0.087643
Log likelihood	11.07070	Durbin-Watson stat	1.941484

图 6-9 输出结果

检验多个约束条件：
(1) 用逗号隔开约束条件；
(2) 在方程对话框中选择 View/Coefficient tests/Wald Coefficient Restrictions；
(3) 在 Wald 检验对话框中输入如下约束条件：c(4)=0,c(5)=0,c(6)=0；
(4) 结果(如图 6-10 所示)：

```
Wald Test:
Equation: EQ02

Test Statistic      Value        df       Probability

F-statistic        1.730125    (3, 21)      0.1915
Chi-square         5.190375       3         0.1584
```

图 6-10 输出结果

检验结果：不能拒绝原假设，表明(6.32)式的 Cobb-Douglas 生产函数是这一问题较适当的方程定义形式。

【实验】

1. (1) 打开工作文件 3_8；(2) 建立一个 C-D 生产函数(双对数)，取名 eq4；(3) 使用 Wald 检验本生产函数是否是规模报酬不变？

2. (1) 打开工作文件 3_8；(2) 在 eq4 的自变量中，分别加入：K,L,(Lnk)^2,(Lnl)^2,Lnlk * Lnl；(3) 检验以上两次加入的新变量组，是否是需要的？

3. (1) 打开工作文件 3_8；(2) 对 eq1 中，检验 log(k)是否是冗余变量？

练习

公司的销售收入是公司金融中常常需要测度的变量。现代公司金融理论认为：公司的销售收入和公司的规模、研发投入、体制类型相关。

指标选取：
(1) 以公司的员工总数、资产总额这两个指标来刻画公司规模。
(2) 以滞后一期研发费用投入(万元)、公司是否有专门的研发机构来刻画公司的研发能力。(思考：为什么要采用滞后值？)
(3) 以公司是否是外资企业来刻画该公司的体制类型。

A：请以上为解释变量，以 2012 年的销售收入为被解释变量，构建一个回归方程。

B：请用 EViews 软件来模拟方程，并描述方程的经济学含义。

C：并请检验，

方程中，滞后一期的研发费用是否是冗余变量？

方程中，是否有必要加上滞后二期的研发费用？

D：请思考，模型是否存在缺陷？

第 7 章 违背计量经济学经典假设的情况及其修正

前述计量经济学模型的回归分析,是在对线性回归模型提出若干基本假定的条件下,应用普通最小二乘法得到的无偏估计并且有效的参数估计。但是,在实际的计量经济学问题中,完全满足这些基本假定的情况并不多见。不满足基本假定的情况,称为基本假定违背,主要包括:随机干扰项序列存在异方差性;随机干扰项序列存在序列相关性;解释变量之间存在多重共线性;解释变量是随机变量且与随机干扰项相关。除此之外,还有模型设定有偏误和解释变量的方差随着样本容量的增加而不断增加这两类基本假设的违背。

在进行计量经济学模型的回归分析时,必须对所研究对象是否满足普通最小二乘法下的基本假设进行检验,即检验是否存在一种或多种违背基本假定的情况,这种检验被称为计量经济学检验。经过计量经济学检验发现一种或者多种基本假设违背时,则不能直接使用普通最小二乘法进行参数估计,而必须采用补救措施或发展新的估计方法。本章主要讨论基本假定违背的前三种情形。

7.1 异方差性

7.1.1 异方差的产生、类型以及后果

异方差性(heteroscedasticity)是相对于同方差而言的。所谓同方差,是为了保证回归参数估计量具有良好的统计性质,经典线性回归模型的一个重要假定:总体回归函数中的随机误差项满足同方差性,即它们都有相同的方差。如果这一假定不满足,即:随机误差项具有不同的方差,则称线性回归模型存在异方差性。若线性回归模型存在异方差性,则用传统的最小二乘法估计模型,得到的参数估计量不是有效估计量,甚至也不是渐近有效的估计量;此时也无法对模型参数进行有关显著性检验。

1. 异方差的产生

对于线性回归模型:

$$Y_i = \beta_0 + \beta_1 X_{i1} + \beta_2 X_{i2} + \cdots + \beta_k X_{ik} + \mu_i, \quad i=1,2,\cdots,n \tag{7.1}$$

在普通最小二乘法中,为保证参数估计量具有良好的性质,通常对模型提出若干基本假设:

(1) 解释变量之间互不相干,即:

$$\text{Cov}(X_{i1}, X_{i2}, \cdots X_{ik}) = 0, \quad i = 1, 2, \cdots, n \tag{7.2}$$

(2) 随机误差项具有零均值和同方差,即:

$$E(\mu_i) = 0, \text{Var}(\mu_i \mid X_{i1}, X_{i2}, \cdots, X_{ik}) = \sigma^2, \quad i = 1, 2, \cdots, n \tag{7.3}$$

即随机误差项的方差是与观测时点 t 无关的常数;

(3) 不同时点的随机误差不相关(序列不相关),即:

$$\text{Cov}(\mu_i, \mu_{i-s}) = 0, \quad s \neq 0, i = 1, 2, \cdots, n \tag{7.4}$$

(4) 随机误差项与解释变量之间互不相关,即:

$$\text{Cov}(X_{ji}, \mu_i) = 0, \quad j = 1, 2, \cdots, k, \quad i = 1, 2, \cdots, n \tag{7.5}$$

(5) 随机误差项服从 0 均值、同方差的正态分布,即:

$$\mu_i \sim N(0, \sigma^2), \quad i = 1, 2, \cdots, n \tag{7.6}$$

当随机误差项满足假定(1)~(4)时,将回归模型称为"标准回归模型",当随机误差项满足假定(1)~(5)时,将回归模型称为"标准正态回归模型"。

上述传统的古典线性回归模型的一个重要的假设是同方差性,即回归模型的随机干扰项 μ_i 在不同的观测值中的方差是一个常数 σ^2。但是在实际经济问题中,随机干扰项 μ_i 的方差往往随着观测值的不同而不同,用公式表示即为:

$$\text{Var}(\mu_i \mid X_{i1}, X_{i2}, \cdots, X_{ik}) = \sigma_i^2, \quad i = 1, 2, \cdots, n \tag{7.7}$$

此时,对于不同的样本点,随机干扰项的方差不再是常数,而是互不相同,则认为出现了异方差性(heteroscedasticity)。异方差性容易出现在截面数据中,这是因为在截面数据中通常涉及某一确定时点上的总体单位。比如个别的消费者及其家庭、不同行业或者农村、城镇等区域的划分,这些单位各自有不同的规模或水平,一般情况下用截面数据作样本时出现异方差性的可能性较大。

【例 7.1】 我们研究人均家庭交通及通讯支出(cum)和可支配收入(in)的关系。表 7-1 记录的是 1998 年中国各地区城镇居民家庭平均可支配收入及交通和通讯支出。

表 7-1 1998 年中国各地区城镇居民家庭全年平均可支配收入及交通和通讯支出

变量 地区	可支配收入 IN	交通和通讯支出 CUM	变量 地区	可支配收入 IN	交通和通讯支出 CUM
甘肃	1 009.61	159.6	新疆	5 000.79	212.3
山西	4 098.73	137.11	河北	5 084.64	270.09
宁夏	4 112.41	231.51	四川	5 127.08	212.46
吉林	4 206.64	172.65	山东	5 380.08	255.53
河南	4 219.42	193.65	广西	5 412.24	252.37
陕西	4 220.24	191.76	湖南	5 434.26	255.79

(续表)

变量	可支配收入	交通和通讯支出	变量	可支配收入	交通和通讯支出
青海	4 240.13	197.04	重庆	5 466.57	337.83
江西	4 251.42	176.39	江苏	6 017.85	255.65
黑龙江	4 268.5	185.78	云南	6 042.78	266.48
内蒙古	4 353.02	206.91	福建	6 485.63	346.75
贵州	4 565.39	227.21	天津	7 110.54	258.56
辽宁	4 617.24	201.87	浙江	7 836.76	388.79
安徽	4 770.47	237.16	北京	8 471.98	369.54
湖北	4 826.36	214.37	上海	8 773.1	384.49
海南	4 852.87	265.98	广东	8 839.68	640.56

数据来源：国家统计局网站

考虑如下方程：

$$cum_i = \beta_0 + \beta_1 in_i + \mu_i \tag{7.8}$$

利用普通最小二乘法，得到如下回归模型：

$$cum_i = -56.917 + 0.058\,07\, in_i$$
$$(-1.57) \quad (8.96) \tag{7.9}$$
$$R^2 = 0.74 \quad D.W. = 2.008$$

从图7-1上可以看出，平均而言，城镇居民家庭交通和通讯支出随可支配收入的增加而增加。但是，值得注意的是，随着可支配收入的增加，交通和通讯支出的变动幅度也增大了，可能存在异方差。如果我们把回归方程中得到的残差对各个观测值作图（图7-2和图7-3），则可以清楚地看到这一点。

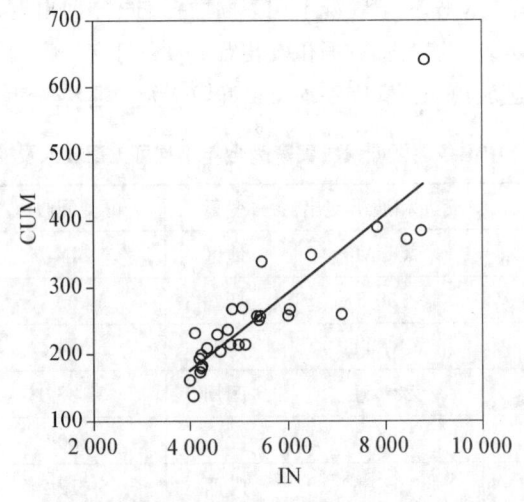

图7-1 城镇居民家庭交通和通讯支出随可支配收入变化关系图

图 7-2 残差和观测值关系图

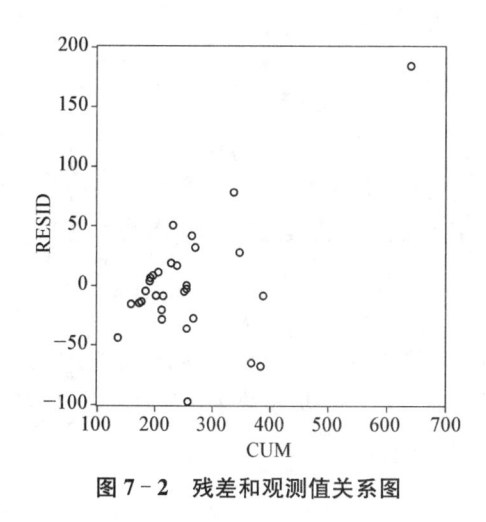

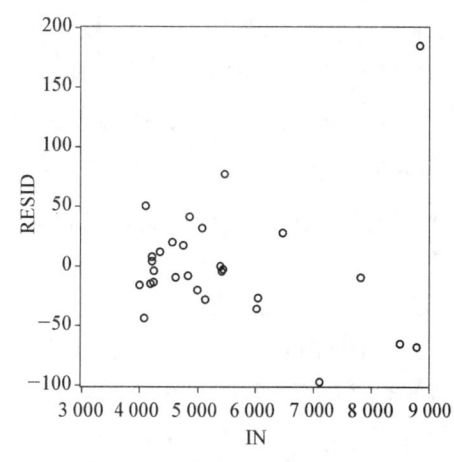

图 7-3 残差和观测值关系图

异方差的存在并不破坏普通最小二乘法的无偏性,但估计量却不是有效的,即使对大样本也是如此,因为缺乏有效性,所以通常的假设检验值不可靠。因此怀疑存在异方差或者已经检测到异方差的存在,则采取补救措施就很重要。

2. 异方差的类型

同方差性的假定的意义是指,每个 μ_i 围绕其零平均值的方差并不随解释变量 X 的变化而变化,不论解释变量是大还是小,每个 μ_i 的方差保持相同,即:

$$\sigma_i^2 = 常数 \neq f(X_i)$$

在异方差情况下,σ_i^2 已不是常数,它随着 X 的变化而变化,即:

$$\sigma_i^2 = f(X_i)$$

异方差一般可归纳为三种类型(如图 7-4):

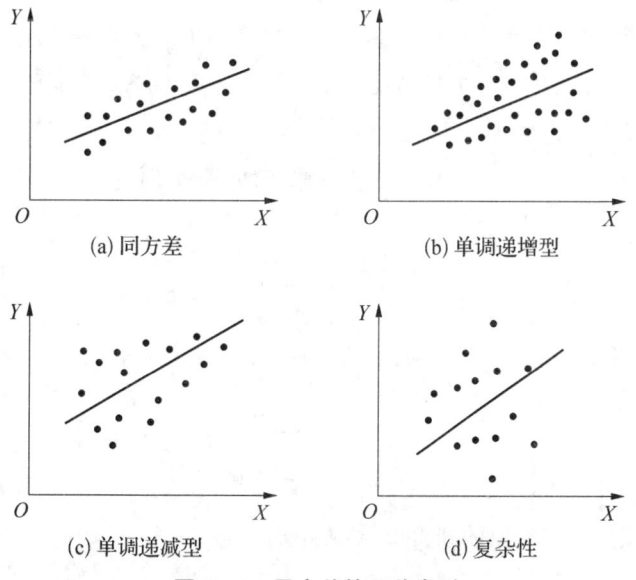

图 7-4 异方差的几种类型

(a) 同方差
(b) 单调递增型
(c) 单调递减型
(d) 复杂性

(1) 单调递增型：σ_i^2 随 X 的增大而增大。

(2) 单调递减型：σ_i^2 随 X 的增大而减小。

(3) 复杂性：σ_i^2 与 X 的变化呈复杂形式。

3. 异方差的后果

计量经济学模型一旦出现异方差性，如果仍采用普通最小二乘法估计模型参数，会产生一系列不良后果。

(1) 参数估计量非有效性

由于参数估计的无偏性仅依赖于基本假定中的零均值假定（即 $E(\mu_i)=0$），所以异方差的存在对无偏性的成立没有影响。但是同方差假定是普通最小二乘法参数估计的前提条件，所以随机误差项是异方差时，将不能保证最小二成估计的方差最小。

(2) 无法正确估计参数的标准误差和估计区间

由于总体方差 σ^2 的无偏估计量为：$\hat{\sigma}^2 = \dfrac{\sum e_i^2}{n-2}$，即：$E(\hat{\sigma}^2)=\sigma^2$，因此，可以用 $\hat{\sigma}^2$ 代替 σ^2，参数估计量 $\hat{\beta}_1$ 的估计标准误差就成为：$S\hat{E}(\hat{\beta}_1) = \dfrac{\sigma^2}{\sqrt{\sum x_i^2}}$，总体参数 β_1 的置信区间为 $\beta_1 = \hat{\beta}_1 \pm t_{\frac{\alpha}{2}}(n-2) S\hat{E}(\hat{\beta}_1)$，假定 σ_i^2 为已知，是否可以按照通常的方法构造置信区间呢？

在异方差的情况下，σ_i^2 是一些不同的数值，只有估计出每一个值才能得到系数的标准误差，这在只有一组样本观察值的情况下是无法做到的。在考虑异方差下 OLS 参数估计量的最小方差性不成立，根据公式 $\mathrm{var}(\hat{\beta}_2) = \dfrac{\sum x_i^2 \sigma_i^2}{(\sum x_i^2)^2}$ 构造的置信区间无疑将过大。根据常用的同方差性公式 $\mathrm{var}(\hat{\beta}_2) = \dfrac{\sigma^2}{\sum x_i^2}$，则会得到一个有偏误的估计量，我们不能再依赖通常计算的置信区间。

(3) 参数的显著性检验失去意义

参数的显著性检验中，构造了 t 统计量，它是建立在随机干扰项共同的方差 σ^2 不变而正确估计了参数方差 $S_{\hat{\beta}_i}$ 的基础之上的。如果出现了异方差性，估计的 $S_{\hat{\beta}_i}$ 出现偏误（偏大或偏小），t 检验失去意义。其他检验也是如此。

如对一元回归模型 $Y_i = \beta_0 + \beta_1 X_i + \mu_i$ 的普通最小二乘估计有：

$$\hat{\beta}_1 = \beta_1 + \sum k_i \mu_i = \beta_1 + \dfrac{\sum x_i \mu_i}{\sum x_i^2} \tag{7.10}$$

可以证明，存在异方差的情况下正确的 $\hat{\beta}_1$ 的方差应为

$$\mathrm{var}(\hat{\beta}_1) = \dfrac{\sum x_i^2 \sigma_i^2}{(\sum x_i^2)^2} \tag{7.11}$$

而普通最小二乘法仍按下式给出的 $\hat{\beta}_1$ 的方差估计

$$\text{var}(\hat{\beta}_1) = \frac{\sigma^2}{\sum x_i^2} \tag{7.12}$$

显然,只有同方差性满足时,式(7.11)与式(7.12)才会相同,否则普通最小二乘法给出的估计结果就会出现偏误,在有偏误的方差基础上构造的 t 检验也就失去了意义。

4. 模型的预测失效

一方面,由于上述后果,使得模型不具有良好的统计性质;另一方面,在预测值的置信区间中也包含有参数估计量 S_{β_i},所以,当模型出现异方差性时,仍然使用普通最小二乘法估计量,将导致预测区间偏大或小,预测功能失效。

7.1.2 异方差的产生的原因

1. 模型中省略了某些重要的解释变量

由于随机扰动项 μ_i 包含了所有无法用解释变量表示的各种因素对被解释变量的影响,即模型中略去的经济变量对被解释变量的影响。如果其中被略去的某一因素或某些因素随着解释变量观测值的不同而对被解释变量产生不同的影响,就会使 μ_i 产生异方差性。

假设正确的计量模型是:

$$Y_i = \beta_0 + \beta_1 X_{i1} + \beta_2 X_{i2} + \beta_3 X_{i3} + \mu_i, \quad i = 1, 2, \cdots, n \tag{7.13}$$

假如略去 X_{i3},而采用

$$Y_i = \beta_0 + \beta_1 X_{i1} + \beta_2 X_{i2} + \mu_i^*, \quad i = 1, 2, \cdots, n \tag{7.14}$$

当被略去的 X_{i3} 与 X_{i2} 有呈同方向或反方向变化的趋势时,随 X_{i2} 的有规律变化会体现在公式(7.14)的 μ_i^* 中。

例如,以某一时间截面上不同收入家庭的数据为样本,研究家庭对某一消费品(如服装、食品等)的需求,假设其模型为:

$$Q_i = l_i + \mu_i, \quad i = 1, 2, \cdots, n \tag{7.15}$$

其中,Q_i 表示对某一消费品的需求量,l_i 为家庭收入,μ_i 为随机干扰项。μ_i 包括除家庭收入外其他因素对 Q_i 的影响,如:消费习惯、偏好、季节、气候等因素。μ_i 的方差就表示这些因素的影响可能使得 Q_i 偏离均值的程度。在气候异常时,高收入家庭就会拿出较多的钱来购买衣服,而低收入的家庭购买衣服的支出就很有限,这时对不同的收入水平 l_i,Q_i 偏离均值的程度是不同的,$\text{Var}(\mu_i) \neq$ 常数,于是就存在异方差性了。

2. 模型函数形式的设定误差

模型的设定主要包括变量的选择和模型数学形式的确定。模型中略去了重要解释变量常常导致异方差,实际就是模型设定问题。除此而外,模型的函数形式不正确,如把变量间本来为非线性的关系设定为线性,也可能导致异方差。

一般情况下,解释变量与被解释变量之间的关系是比较复杂的非线性关系:

$$Y_i = \beta_0 + \beta_1 X_{i1} + \beta_2 X_{i2}^2 + \mu_i, \quad i = 1, 2, \cdots, n \tag{7.16}$$

在构造模型时,为了简化模型,用简单的线性模型代替了非线性关系:

$$Y_i = \beta_0 + \beta_1 X_{i1} + v_i, \quad i=1,2,\cdots,n \tag{7.17}$$

因此,$v_i = \beta_2 X_{i2}^2 + \mu_i$,$v_i$ 就会随着 X 的增大而逐渐增大,造成模型关系不准确的误差。

3. 由于测量误差引起

样本数据的观测误差有可能随研究范围的扩大而增加,或者随时间的推移逐步累积,也可能随着数据采集技术的提高而逐步减小。例如,对于生产函数 $Y_i = AL_i^\alpha K_i^\beta e^{u_i}$,随企业规模(通常用 K 和 L 反映)的扩大,管理水平提高包括统计监督功能的落实,观测误差较小,u_i 的方差也较小,因此,u_i 具有异方差性。

异方差性还会因为异常观测的出现而产生。一个超越正常范围的观测值(异观测值),是指和其他观测值相比相差很多(非常小或非常大)的观测值。更具体的,异常值是来自与产生其余观测值的总体不同的另一个总体。包括或不包括这样的一个观测值,尤其是样本较小时,会在很大程度上改变回归分析的结果。人们在学习的过程中,其行为误差随时间而减少。在这种情况下,可以预料 μ_i 的方差 σ_i^2 会减小。

例如,考虑一次打字测验,在给定的时间里,打字出错个数与用于打字练习的小时数有关系。随着打字练习小时数的增加,不仅平均打错字的个数下降,而且打错字个数的方差也下降,这属于递减型异方差。

资料的收集技术的改进也可能会使 σ_i^2 减小。例如,相对于美元先进设备的银行,那些用现金数据处理设备的银行,在他们对账户的每月或每季财务报告中,会出现更少的差错。

4. 截面数据中总体各单位的差异

通常认为,截面数据较时间序列数据更容易产生异方差。这是因为同一时点不同对象的差异一般说来会大于同一对象不同时间的差异,比如成员的大小不一,收入的大中小之分。

不过,在时间序列数据发生较大变化的情况下,也可能出现比截面数据更严重的异方差。特别是一些比较大的偶然因素,比如自然灾害、金融危机、政策变动等,使得经济分析中经常会遇到异方差性的问题。

7.1.3 实际问题中的异方差性

在实际经济问题中,哪些情况容易出现异方差性?下面用三个例子加以说明。

【例 7.2】 收入与储蓄

以截面数据为样本研究居民家庭的储蓄行为:

$$Y_i = \beta_0 + \beta_1 X_i + \mu_i \tag{7.18}$$

其中,Y_i 为第 i 个家庭的储蓄额,X_i 为第 i 个家庭的可支配收入。在该模型中,μ_i 项的方差为常数这一假定往往不符合实际情况。对高收入家庭来说,储蓄的差异较大;低收入家庭的储蓄额则更有规律性(如为某一特定目的而储蓄),差异较小。因此,μ_i 的方差往往随 X_i 的增加而增加,呈单调递增型变化。

【例 7.3】 收入与消费

以绝对收入假定为理论假设,以截面数据为样本建立居民消费函数(C):

$$C_i = \beta_0 + \beta_1 Y_i + \mu_i \tag{7.19}$$

将居民按照收入 Y 等距离分成 n 组,取每组平均数为样本观测值。我们知道,一般情况下居民收入服从正态分布,所以处于每个收入组中的人数是不等的,处于中等收入组中的人数最多,处于两端收入组的人数最少。人数多的组平均数的误差较小,人数少的组平均数的误差较大。所以样本观测值的观测误差随着解释变量观测值的不同而不同。如果样本观测值的观测误差构成随机干扰项的主要部分,那么对于不同的样本点,随机干扰项的方差互不相同,出现了异方差性。更进一步分析,在这个例子中,随机干扰项的方差随着解释变量 Y 的观测值的增大而呈 U 形变化,是复杂型的一种。

【例 7.4】 产出与投入

以某一行业的企业为样本建立企业生产函数模型:

$$Y_i = \beta_0 A_i^{\beta_1} K_i^{\beta_2} L_i^{\beta_3} e^{\mu_i} \tag{7.20}$$

产出量 (Y) 为解释变量,选择资本 (K)、劳动 (L)、技术 (A) 等投入要素为解释变量,那么每个企业所处的外部环境对产出量的影响被包含在随机干扰项中。由于每个企业所处的外部环境对产出量的影响程度不同,造成了随机干扰项的异方差性。这时,随机干扰项的方差并不随某一个解释变量观测值的变化而呈规律性变化,为复杂型的一种。

一般经验告诉我们,对于采用截面数据作样本的计量经济学问题,由于在不同样本点上解释变量以外的其他因素的差异较大,所以往往存在异方差性。

7.1.4 异方差性的检验

异方差的存在使得建立的经济模型不能很好的分析和预测经济现象,解释内在的经济规律,因此必须对线性回归模型误差项的异方差加以重视和处理,如何发现和准确判断异方差,并正确识别异方差的类型成为解决和排除异方差的前提条件。异方差性的检验方法是计量经济学中的一个重要的课题。在一些计量经济学教科书和文献中,可以见十多种检验方法,如图示检验法、等级相关系数法、戈里瑟 (Gleriser) 检验、巴特列特检验、G-Q 检验等,很难说哪种方法是最好的。这些方法尽管不同,但存在一个共同的思路。正如上面所指出的,异方差性,即相对于不同的样本点,也就是相对于不同解释变量观测值,随机干扰项具有不同的方差,那么检验异方差性,也就是检验随机干扰项的方差与解释变量观测值之间的相关性。各种检验方法就是在这个思路上发展起来的。

1. 图示检验法

(1) 用 X-Y 的散点图进行判断

方差描述的是随机变量取值的(与其均值的)离散程度。因为被解释变量 Y 与随机误差项 μ_i 有相同的方差,所以利用分析 Y 与 X 的散点图,可以粗略地看到 Y 的离散程度与 X 之间是否有相关关系。观察是否存在明显的散点扩大、缩小或者复杂型趋势,即不在一个固定的带型域中(见图 7-5)。

(2) 用 X-$\hat{\mu}_i^2$ 的散点图进行判断

一般的处理方法是首先采用普通最小二乘法估计模型,以求得随机干扰项 μ 的方差 σ_i^2 估计

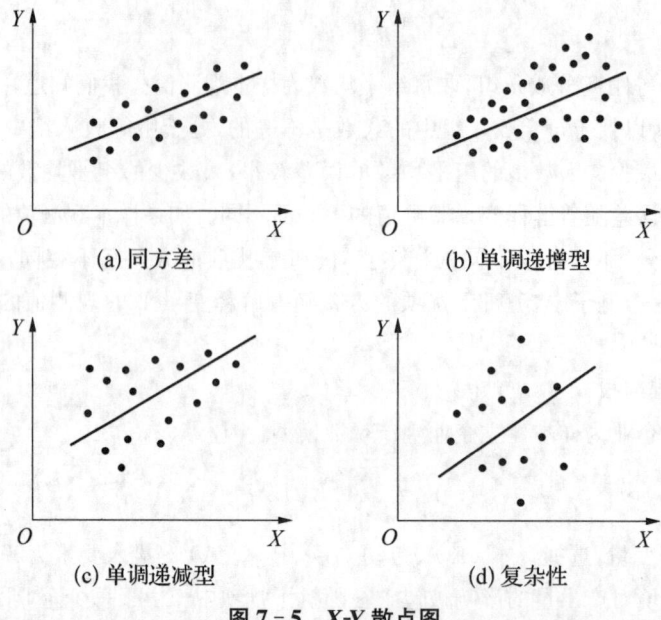

(a) 同方差　　(b) 单调递增型

(c) 单调递减型　　(d) 复杂性

图 7-5　X-Y 散点图

量(注意,该估计量不是严格的),称之为"近似估计量",用 $\tilde{e}_i^2$ 表示,于是有:

$$\operatorname{Var}(\mu_i) = E(\mu_i^2) \approx \tilde{e}_i^2 \tag{7.21}$$

$$\tilde{e}_i = Y_i - (\hat{Y}_i)_{\text{OLS}} \tag{7.22}$$

即用 $\tilde{e}_i^2$ 来表示随机干扰项的方差。用解释变量 x 和 $\tilde{e}_i^2$ 的散点图进行观察是否随着 x 的增加,出现方差的逐渐增加、下降或者不规则变化(如图 7-6 所示)。

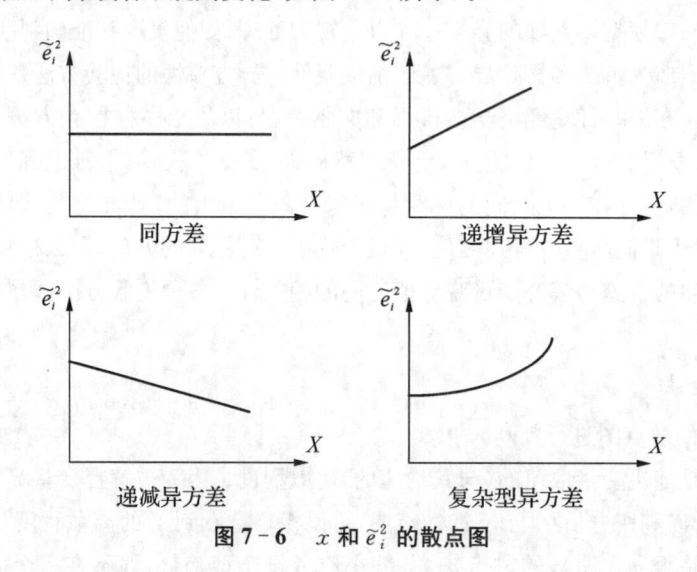

同方差　　递增异方差

递减异方差　　复杂型异方差

图 7-6　x 和 $\tilde{e}_i^2$ 的散点图

2. G-Q(Goldfeld-Quanadt)检验

G-Q(Goldfeld-Quanadt)检验以 F 检验为基础,适用于样本容量较大,异方差为单调递增或单调递减的情况。其基本思想是:先按某一解释变量对样本排序,再将排序后的样本一分为二,对两个子样分别进行普通最小二乘回归,然后利用两个子样本的残差平方和之比构造 F 统计量进行异方差检验。G-Q 检验的步骤可描述如下:

(1) 将 n 组样本观测值按某一被认为有可能引起异方差的解释变量观测值的大小排队。

(2) 将序列中间的大约 $c=\dfrac{n}{4}$ 个观测值除去,并将剩下的观测值划分为较小与较大的容量相同的两个子样本,每个子样本的样本容量均为 $\dfrac{n-c}{2}$。

(3) 对每个子样本分别进行普通最小二乘回归,并计算各自的残差平方和。分别用 $\sum \tilde{e}_{1i}^2$ 与 $\sum \tilde{e}_{2i}^2$ 表示较小与较大的残差平方和 $\left(\text{自由度均为 } \dfrac{n-c}{2}-k-1\right)$,

(4) 在同方差性假定下,构造如下满足 F 分布的统计量:

$$F=\dfrac{\dfrac{\sum \tilde{e}_{2i}^2}{\dfrac{n-c}{2}-k-1}}{\dfrac{\sum \tilde{e}_{1i}^2}{\dfrac{n-c}{2}-k-1}} \sim F\left(\dfrac{n-c}{2}-k-1,\dfrac{n-c}{2}-k-1\right) \tag{7.23}$$

(5) 给定显著水平 α,确定 F 分布表中相应的临界值 $F_\alpha(v_1,v_2)$。若 $F>F_\alpha(v_1,v_2)$,则拒绝同方差性假设,表明存在异方差性。当然,还可根据两个残差平方和对应的子样本的顺序判断是单调递增异方差还是单调递减异方差。

3. 帕克(Park)检验与戈里瑟检验

帕克检验与戈里瑟检验的基本思想是:以 $\tilde{e}_i^2$ 或 $|\tilde{e}_i|$ 为被解释变量,以原模型的某一解释变量 X_j 为解释变量,建立如下方程:

$$\tilde{e}_i^2 = f(X_{ij}) + \varepsilon_i \tag{7.24}$$

或者

$$|\tilde{e}_i| = f(X_{ij}) + \varepsilon_i \tag{7.25}$$

选择关于变量 X_j 的不同的函数形式,对方程进行估计并进行显著性检验。如果存在某一种函数形式,使得方程显著成立,则说明原模型存在异方差性。例如,帕克检验常用:

$$f(X_{ij}) = \sigma^2 X_{ij}^\alpha e^{\varepsilon_i} \tag{7.26}$$

或

$$\ln \tilde{e}_i^2 = \ln \sigma^2 + \alpha \ln X_{ij} + \varepsilon_i \tag{7.27}$$

进行检验,若 α 在统计上显著,表明数据存在异方差性;若 α 在统计上不显著,则说明不存在异方差性。当然,由于 $f(X_j)$ 的具体形式未知,因此需要进行各种形式的检验。

帕克检验的问题是,ε_i 可能不满足 OLS 法的假设条件,而且 $\tilde{e}_i$ 本身可能也存在异方差性。另外须指出,按照帕克检验得出的不存在异方差性的结论,只是对特定函数形式而言,如果在采用其他函数形式的假定下,也可能存在异方差,因此需要选择不同的解释变量,尝试进行各种不同的函数形式,进行多次反复试验。

4. 怀特(White)检验

White(1980)提出了对最小二乘回归中残差的异方差性的检验,包括有交叉项和无交叉项两种检验。普通最小二乘估计虽然在存在异方差性时是一致的,但是通常计算的标准差不再有效。如果发现存在异方差性,利用加权最小二乘法可以获得更有效的估计。

下面以两个解释变量的回归模型为例说明怀特检验的基本思想与步骤。假设回归模型为:

$$Y_i = \beta_0 + \beta_1 X_{1i} + \beta_2 X_{2i} + \mu_i \tag{7.28}$$

可先对该模型作普通最小二乘回归,并得到 $\tilde{e}_i^2$,然后作如下辅助回归:

$$\tilde{e}_i^2 = \alpha_0 + \alpha_1 X_{1i} + \alpha_2 X_{2i} + \alpha_3 X_{1i}^2 + \alpha_4 X_{2i}^2 + \alpha_5 X_{1i} X_{2i} + \varepsilon_i \tag{7.29}$$

可以证明,在同方差假设下,从该辅助回归得到的可决系数 R^2 与样本容量 n 的乘积,渐进地服从自由度为辅助回归方程中解释变量个数的 χ^2 分布:

$$nR^2 \sim \chi_k^2 \tag{7.30}$$

其中,n 是样本容量,k 为自由度,如果计算的 χ^2 值大于给定显著性水平对应的临界值,则可以拒绝原假设,得出存在异方差的结论。也就是说,回归方程(7.29)的 R^2 越大,说明残差平方受到解释变量影响越显著,也就越倾向于认为存在异方差。

需要注意的是,辅助回归仍是检验 $\tilde{e}_i^2$ 与解释变量可能的组合的显著性,因此,辅助回归方程中还可以引入解释变量的更高次方。如果存在异方差性,则表明 $\tilde{e}_i^2$ 确实与解释变量的某种组合有显著的相关性,这时往往显示出有较大的可决系数 R^2,并且某一参数的 t 检验值较大。当然,在多元回归中,由于辅助回归方程中可能有太多解释变量,从而使自由度减少,有时可以去掉交叉项。

7.1.5 异方差性的修正

1. 加权最小二乘法(WLS)

如果模型被证明存在异方差性,则需要发展新的方法估计模型。最常用的方法是加权最小二乘法(Weighted Least Squares,WLS)。

加权最小二乘法是对原模型加权,使之变成一个新的不存在异方差性的模型,然后采用普通最小二乘法估计其参数。加权的基本思想是:在采用普通最小二乘法时,对较小的残差平方 e_i^2 赋予较大的权数,对较大的 e_i^2 赋予较小的权数,以对残差提供的信息的重要程度作一番校正,提高参数估计的精度。

加权最小二乘法就是对加权重的残差平方和实施普通最小二乘法:

$$\sum w_i e_i^2 = \sum w_i [Y_i - (\hat{\beta}_0 + \hat{\beta}_1 X_1 + \cdots + \hat{\beta}_k X_k)]^2 \tag{7.31}$$

其中,w_i 为权数。

例如,如果在检验过程中已经知道 $\mathrm{Var}(\mu_i) = E(\mu_i^2) = \sigma_i^2 = f(X_{ji})\sigma^2$,即随机干扰项的方差与解释变量 X_j 之间存在相关性,那么可以用 $\sqrt{f(X_j)}$ 去除原模型,使之变成如下形式的新模型:

$$\frac{1}{\sqrt{f(X_{ji})}}Y_i = \beta_0 \frac{1}{\sqrt{f(X_{ji})}} + \beta_1 \frac{1}{\sqrt{f(X_{ji})}}X_{1i} + \beta_2 \frac{1}{\sqrt{f(X_{ji})}}X_{2j} + \cdots +$$

$$\beta_k \frac{1}{\sqrt{f(X_{ji})}}X_{ki} + \frac{1}{\sqrt{f(X_{ji})}}\mu_i \tag{7.32}$$

在该模型中,存在

$$\mathrm{Var}\left[\frac{1}{\sqrt{f(X_{ji})}}\mu_i\right] = \left[\frac{1}{\sqrt{f(X_{ji})}}\right]^2 \mathrm{Var}(\mu_i) = \frac{1}{f(X_{ji})}f(X_{ji})\sigma^2 = \sigma^2$$

即满足同方差性,于是可以用普通最小二乘法估计其参数,得到关于参数 $\beta_0,\beta_1,\cdots,\beta_k$ 的无偏的、有效的估计量。这就是加权最小二乘法,在这里权数就是 $\frac{1}{\sqrt{f(X_{ji})}}$。

加权最小二乘法具有比普通最小二乘法更为普遍的意义,或者说普通最小二乘法只是加权最小二乘法中权数取 1 时的一种特殊情况。从此种意义上看,加权最小二乘法也称为广义最小二乘法(generalized least squares, GLS)。

实施加权最小二乘法的关键是寻找适当的"权",或者说是寻找模型中随机干扰项 μ 的方差与解释变量间的适当的函数形式。如果发现:

$$\mathrm{Var}(\mu_i | X_{i1}, X_{i2}, \cdots X_{ik}) = \sigma^2 f(X_{i1}, X_{i2}, \cdots X_{ik}) \tag{7.33}$$

则加权最小二乘法中的权即为 $1/\sqrt{f(X_{i1},X_{i2},\cdots X_{ik})}$。但如何寻找 μ 的方差与各 X 间的函数关系呢?帕克检验指出可进行各种形式的尝试,但下面给出一种相对灵活、有着广泛应用的方法。

假设 μ 的方差具有如下指数函数形式:

$$\mathrm{Var}(\mu_i | X_{i1}, X_{i2}, \cdots X_{ik}) = \sigma^2 \exp(\alpha_0 + \alpha_1 X_{i1} + \cdots + \alpha_k X_{ik}) \tag{7.34}$$

则可等价地写出:

$$\mu_i^2 = \sigma^2 \exp(\alpha_0 + \alpha_1 X_{i1} + \alpha_2 X_{i2} \cdots + \alpha_k X_{ik})\varepsilon_i \tag{7.35}$$

其中,ε_i 可看成是条件均值为 1 的随机项。如果假设 ε_i 与各 X 独立,进一步有

$$\ln(\mu_i^2) = \delta_0 + \alpha_1 X_{i1} + \alpha_2 X_{i2} \cdots + \alpha_k X_{ik} + \nu_i \tag{7.36}$$

其中,ν_i 为独立于各 X,且条件均值为 0 的随机项。由于(7.36)式满足普通最小二乘法的基本假设,当用可观测的值 $\tilde{e}_i$ 代替不可观测的 μ_i 时,用普通最小二乘法估计:

$$\ln(\tilde{e}_i^2) = \delta_0 + \alpha_1 X_{i1} + \alpha_2 X_{i2} \cdots + \alpha_k X_{ik} + \nu_i \tag{7.37}$$

即可得到各 α_j 的无偏、一致且有效的估计 $\hat{\alpha}_j(j=1,2,\cdots,k)$。于是得到 μ 的方差估计:

$$\hat{\sigma}_i^2 = \hat{\mu}_i^2 = \hat{f}_i = \exp(\hat{\delta}_0 + \hat{\alpha}_1 X_{i1} + \hat{\alpha}_2 X_{i2} + \cdots + \hat{\alpha}_k X_{ik}) \tag{7.38}$$

从而,估计的权为:

$$\hat{w}_i = 1/\hat{\sigma}_i = 1/\sqrt{\hat{f}_i} = 1/\sqrt{\exp(\hat{\delta}_0 + \hat{\alpha}_1 X_{i1} + \hat{\alpha}_2 X_{i2} + \cdots + \hat{\alpha}_k X_{ik})} \tag{7.39}$$

最后需指出,(7.34)式的指数函数中只列出了各解释变量 X 的水平项,可根据估计的显著性,对各 X 进行取舍;此外,还可根据需要加入适当的 X 的高次方项。

由于加权最小二乘法中的权,或者说原模型中 μ 的方差与各 X 间适当的函数关系是估计出来的,因此这一广义最小二乘法也称为可行的广义最小二乘法。由于广义最小二乘法得到的原模型中的估计量称为可行的广义最小二乘估计量,广义最小二乘估计量具有 BLUE 特征。

2. 异方差稳健标准误法

加权最小二乘法的关键是寻找模型中随机扰动项 μ 的方差与解释变量间的适当的函数形式,而这并非一件易事。在有些情况下很难得到正确的 μ 的方差与解释变量的函数关系式,这时,可采用下面介绍的异方差稳健标准误法来消除异方差的存在带来的不良后果。

由于回归模型随机干扰项出现异方差时,普通最小二乘法只是影响了参数估计量方差或标准差的正确估计,从而无法保证普通最小二乘估计量的有效性,但并不影响估计量的无偏性与一致性。因此,另一种针对异方差的修正的估计方法是:仍采用普通最小二乘估计量,但修正相应的方差。

如何修正普通最小二乘估计量相应的方差呢?怀特于 1980 年提出的方法是,用普通最小二乘法估计的残差的平方 $\tilde{e}_i^2$ 作为相应 σ_i^2 的代表。如在一元线性回归中,估计的斜率 $\hat{\beta}_1$ 正确的方差应为:

$$\mathrm{Var}(\hat{\beta}_1) = \frac{\sum x_i^2 \sigma_i^2}{(\sum x_i^2)^2} \tag{7.40}$$

于是用普通最小二乘法估计得残差的平方 $\tilde{e}_i^2$ 作为相应 σ_i^2 的代表,即用下式作为 $\mathrm{Var}(\hat{\beta}_1)$ 的估计:

$$\frac{\sum x_i^2 \tilde{e}_i^2}{(\sum x_i^2)^2} \tag{7.41}$$

怀特证明了在大样本下,式(7.41)是式(7.40)的一致估计。式(7.41)的平方根称为 $\hat{\beta}_1$ 的异方差稳健标准误(Heteroskedasticity-roust standard error),这种估计方法也称为异方差稳健标准误法。

存在异方差时,异方差标准误法虽不能得到有效的估计量,但由于可以得到普通最小二乘估计量正确的方差估计,从而使得以估计量的方差为基础的各种统计检验不再失效、建立的预测区间更加可信,因此异方差稳健标准误法就成为在不能较好地实施加权最小二乘法时,消除异方差性不良后果的主要手段。

7.1.6 案例分析

实验一 异方差模型的检验与修正

1. 某年份制造业 28 个行业的利润 Y 与销售收入 X 的统计数据(如表 7-2):

表 7-2 制造业 28 个行业的利润与销售收入数据(单位:亿元)

行业编号	Y	X	行业编号	Y	X
1	187.25	3 180.44	15	238.71	1 264.1
2	111.42	1 119.88	16	81.57	779.46
3	205.42	1 489.89	17	77.84	692.08

(续表)

行业编号	Y	X	行业编号	Y	X
4	183.87	1 328.59	18	144.34	1 345
5	316.79	3 862.9	19	339.26	2 866.14
6	157.7	1 779.1	20	367.47	3 868.28
7	81.7	1 081.77	21	144.29	1 535.16
8	35.67	443.74	22	201.42	1 948.12
9	31.06	226.78	23	354.69	2 351.68
10	134.4	1 124.94	24	238.16	1 714.73
11	90.12	499.83	25	511.94	4 011.53
12	54.4	504.44	26	409.83	3 286.15
13	194.45	2 363.8	27	508.15	4 499.19
14	502.61	4 195.22	28	72.46	663.68

问题：

异方差的判断：

(1) 画出 Y 与 X 的散点图；

(2) 估计一元线性回归方程，并分析残差，判断是否存在异方差；

(3) 对样本进行 Goldfeld-Quant 检验，判断是否存在异方差；

(4) 对样本进行 White 检验，判断是否存在异方差；

(5) 对样本进行 Park 检验，判断是否存在异方差。

解答：

异方差的处理：

一、检验异方差性

1. 图形分析检验

(1) 观察利润(Y)与销售收入(X)的相关图(图7-7)：SCAT X Y

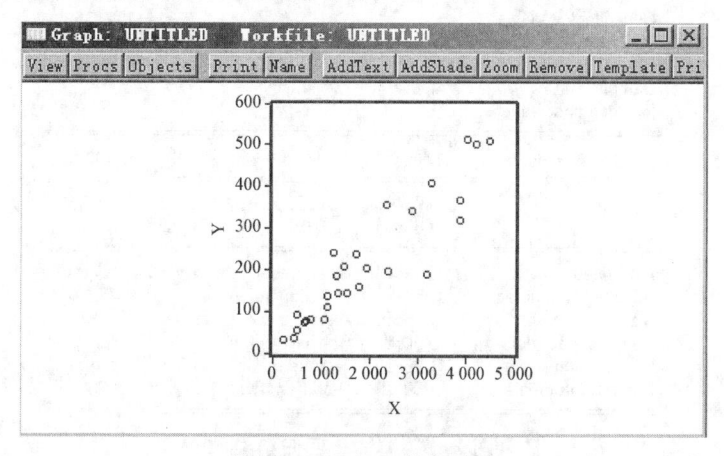

图 7-7 Y 与 X 的相关图

从图7-7中可以看出,随着销售收入 X 的增加,利润 Y 的平均水平不断提高,但离散程度也逐步扩大。这说明,变量之间可能存在递增的异方差性。

(2) 残差分析

首先将数据排序(命令格式为：SORT 解释变量),然后建立回归方程。在方程窗口中点击 Resids 按钮就可以得到模型的残差分布图(或建立方程后在 EViews 工作文件窗口中点击 resid 对象来观察)。

图7-8显示回归方程的残差分布有明显的扩大趋势,即表明存在异方差性。

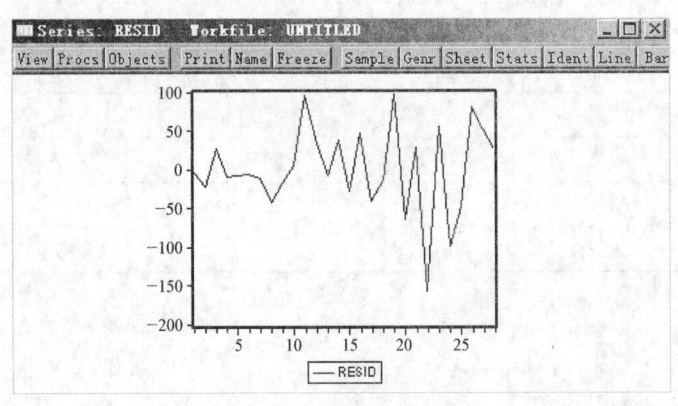

图7-8　回归模型残差分布

2. Goldfeld-Quant 检验

(1) 将样本按解释变量排序(SORT X)并分成两部分(分别有 1 到 10 共 10 个样本和 19 到 28 共 10 个样本)。

(2) 利用样本1建立回归模型1(回归结果如图7-9),其残差平方和为 2 579.587。

SMPL　1　10

LS　Y　C　X

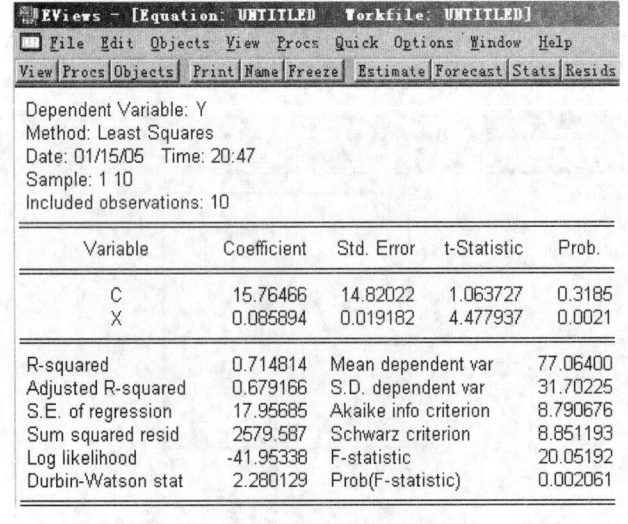

图7-9　样本1回归结果

(3) 利用样本 2 建立回归模型 2(回归结果如图 7-10),其残差平方和为 63 769.67。

SMPL　19　28

LS　Y　C　X

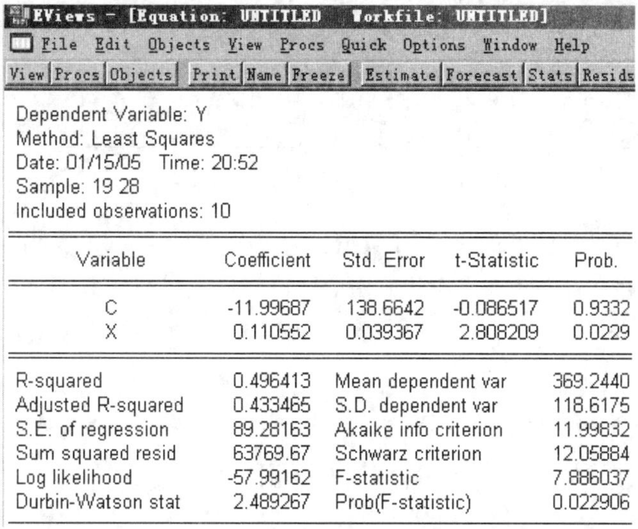

图 7-10　样本 2 回归结果

(4) 计算 F 统计量：$F=RSS_2/RSS_1=63\,769.67/2\,579.59=24.72$，$RSS_1$ 和 RSS_2 分别是模型 1 和模型 2 的残差平方和。

取 $\alpha=0.05$ 时,查 F 分布表得 $F_{0.05}(10-1-1,10-1-1)=3.44$，而 $F=24.72>F_{0.05}=3.44$，F 值大于临界值,所以存在异方差性。

3. White 检验

(1) 建立回归模型：LS　Y　C　X,回归结果如图 7-11。

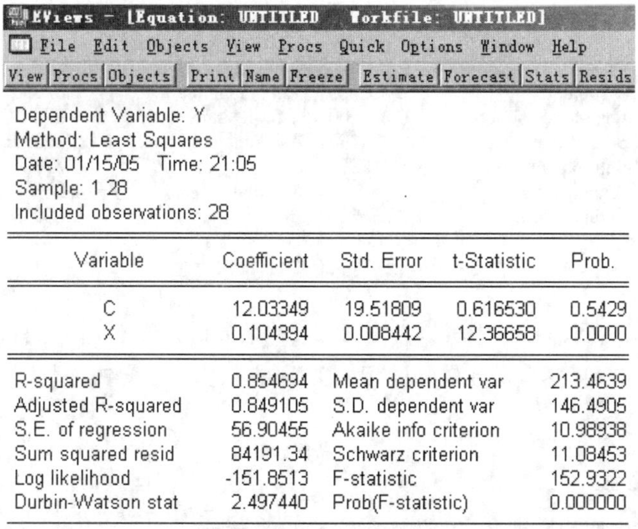

图 7-11　我国制造业销售利润回归模型

(2) 在方程窗口上点击 View\Residual\Test\White Heteroskedastcity,检验结果如图 7-12。

```
White Heteroskedasticity Test:
F-statistic        3.607090    Probability    0.042040
Obs*R-squared      6.270439    Probability    0.043490
```

图 7-12 White 检验结果

其中 F 值为辅助回归模型的 F 统计量值。取显著水平 $\alpha=0.05$,由于 $\chi^2_{0.05}(2)=5.99<nR^2=6.2704$,所以存在异方差性。实际应用中可以直接观察相伴概率 p 值的大小,若 p 值较小,则认为存在异方差性。反之,则认为不存在异方差性。

4. Park 检验

(1) 建立回归模型(结果同图 7-11 所示)。——需要重新估计全部样本!

(2) 生成新变量序列:GENR　LNE2=log(RESID^2)
　　　　　　　　　　　GENR　LNX=log(x)

(3) 建立新残差序列对解释变量的回归模型:LS　LNE2　C　LNX,回归结果如图 7-13 所示。

```
Dependent Variable: LNE2
Method: Least Squares
Date: 01/15/05   Time: 21:33
Sample: 1 28
Included observations: 28

Variable        Coefficient   Std. Error   t-Statistic   Prob.
C               -5.554862     2.585463     -2.148497     0.0412
LNX              1.674309     0.351883      4.758142     0.0001

R-squared            0.465460   Mean dependent var     6.679331
Adjusted R-squared   0.444900   S.D. dependent var     1.925320
S.E. of regression   1.434460   Akaike info criterion  3.628203
Sum squared resid   53.49953    Schwarz criterion      3.723360
Log likelihood     -48.79484    F-statistic           22.63991
Durbin-Watson stat   2.315009   Prob(F-statistic)      0.000064
```

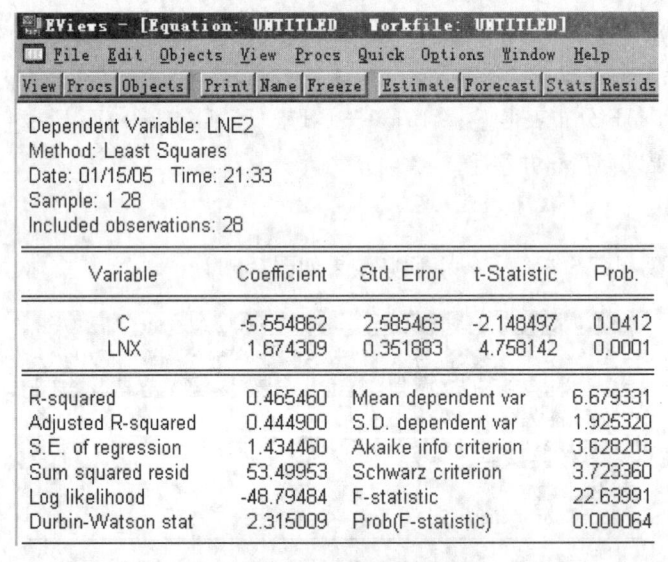

图 7-13 Park 检验回归模型

从图 7-13 所示的回归结果中可以看出,LNX 的系数估计值不为 0 且能通过显著性检验,即随机误差项的方差与解释变量存在较强的相关关系,即认为存在异方差性。

二、调整异方差性

1. 确定权数变量

根据 Park 检验生成权数变量:GENR　W1=1/X^1.6743

根据 Gleiser 检验生成权数变量:GENR　W2=1/X^0.5

第7章 违背计量经济学经典假设的情况及其修正

另外生成:GENR　W3＝1/ABS(RESID)
　　　　GENR　W4＝1/RESID^2

2. 利用加权最小二乘法估计模型

在 EViews 命令窗口中依次键入命令：
LS(W＝W_i)　Y　C　X

或在方程窗口中点击 Estimate\Option 按钮，并在权数变量栏里依次输入 W1、W2、W3、W4，回归结果如图 7-14、7-15、7-16、7-17 所示。

```
Equation: UNTITLED    Workfile: UNTITLED
View|Procs|Objects|  Print|Name|Freeze|  Estimate|Forecast|Stats|Resids

Dependent Variable: Y
Method: Least Squares
Date: 01/15/05   Time: 22:41
Sample: 1 28
Included observations: 28
Weighting series: 1/X^1.6734

Variable      Coefficient   Std. Error   t-Statistic   Prob.

C             5.920655      3.883858     1.524426      0.1395
X             0.108587      0.009942     10.92228      0.0000
```

图 7-14　以 W1 为权数的回归结果

```
Equation: UNTITLED    Workfile: UNTITLED
View|Procs|Objects|  Print|Name|Freeze|  Estimate|Forecast|Stats|Resids

Dependent Variable: Y
Method: Least Squares
Date: 01/15/05   Time: 22:44
Sample: 1 28
Included observations: 28
Weighting series: 1/X^0.5

Variable      Coefficient   Std. Error   t-Statistic   Prob.

C             8.639271      11.18768     0.772213      0.4470
X             0.106153      0.007746     13.70430      0.0000
```

图 7-15　以 W2 为权数的回归结果

```
Equation: UNTITLED    Workfile: UNTITLED
View|Procs|Objects|  Print|Name|Freeze|  Estimate|Forecast|Stats|Resids

Dependent Variable: Y
Method: Least Squares
Date: 01/15/05   Time: 22:49
Sample: 1 28
Included observations: 28
Weighting series: 1/ABS(RESID)

Variable      Coefficient   Std. Error   t-Statistic   Prob.

C             4.168933      3.779755     1.102964      0.2801
X             0.109408      0.003533     30.96653      0.0000
```

图 7-16　以 W3 为权数的回归结果

```
Equation: UNTITLED    Workfile: UNTITLED
View|Procs|Objects| Print|Name|Freeze| Estimate|Forecast|Stats|Resids

Dependent Variable: Y
Method: Least Squares
Date: 01/15/05   Time: 22:50
Sample: 1 28
Included observations: 28
Weighting series: 1/RESID^2

Variable    Coefficient    Std. Error    t-Statistic    Prob.

C           5.168938       1.660316      3.113225       0.0045
X           0.111383       0.002056      54.16207       0.0000
```

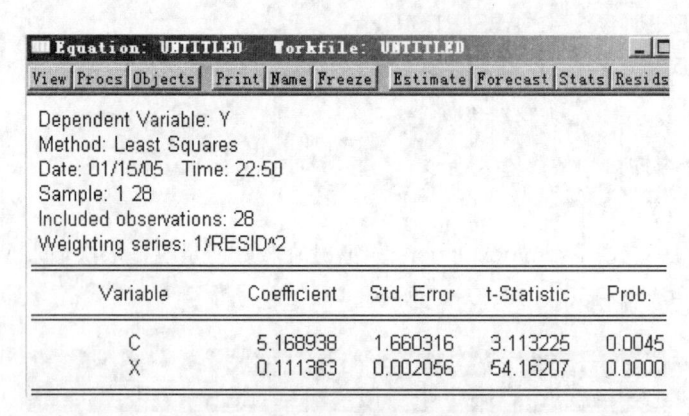

图 7-17　以 W4 为权数的回归结果

3. 对所估计的模型再进行 White 检验，观察异方差的调整情况

对所估计的模型再进行 White 检验，其结果分别对应图 7-14、7-15、7-16、7-17 的回归模型（如图 7-18、7-19、7-20、7-21 所示）。图 7-18、7-19、7-21 所对应的 White 检验显示，P 值较大，所以接收不存在异方差的原假设，即认为已经消除了回归模型的异方差性。图 7-20 对应的 White 检验没有显示 F 值和 nR^2 的值，这表示异方差性已经得到很好的解决。

```
Equation: UNTITLED    Workfile: XIAOSHOULIRUI
View|Procs|Objects| Print|Name|Freeze| Estimate|Forecast|Stats|Resids

White Heteroskedasticity Test:

F-statistic        2.667547    Probability    0.089111
Obs*R-squared      4.924417    Probability    0.085246
```

图 7-18　对图 7-14 中的模型的 White 检验

```
Equation: UNTITLED    Workfile: XIAOSHOULIRUI
View|Procs|Objects| Print|Name|Freeze| Estimate|Forecast|Stats|Resids

White Heteroskedasticity Test:

F-statistic        1.592302    Probability    0.223409
Obs*R-squared      3.163746    Probability    0.205590
```

图 7-19　对图 7-15 中的模型的 White 检验

```
Equation: UNTITLED    Workfile: XIAOSHOULIRUI
View|Procs|Objects| Print|Name|Freeze| Estimate|Forecast|Stats|Resids

White Heteroskedasticity Test:
```

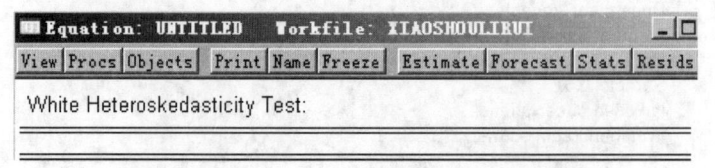

图 7-20　对图 7-16 中的模型的 White 检验

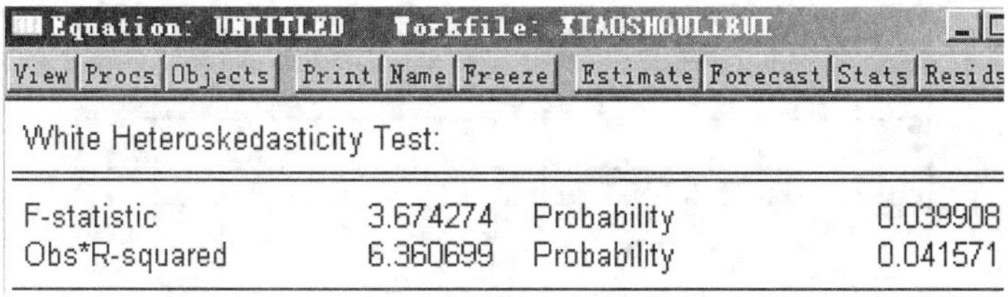

```
White Heteroskedasticity Test:
F-statistic        3.674274   Probability   0.039908
Obs*R-squared      6.360699   Probability   0.041571
```

图 7－21　对图 7－17 中的模型的 White 检验

实验二：异方差模型的 white 检验与调整

表 7－3 列出了我国部分城市国民收入 Y 和对外直接投资 FDI 的统计资料，并利用统计软件 EViews 建立异方差模型。

表 7－3　我国部分城市国民收入 Y 和对外直接投资 FDI 数据（单位：亿元）

地区	Y	FDI	地区	Y	FDI
北京	32 061	219 126	河南	7 570	53 903
天津	26 532	153 473	湖北	9 011	156 886
河北	10 513	96 405	湖南	7 554	101 835
山西	7 435	21 361	广东	17 213	782 294
内蒙古	8 975	8 854	广西	5 969	41 856
辽宁	14 258	282 410	海南	8 316	42 125
吉林	9 338	19 059	重庆	7 209	26 083
黑龙江	11 615	32 180	四川	6 418	41 231
上海	46 718	546 849	贵州	3 603	4 521
江苏	16 809	1 056 365	云南	5 662	8 384
浙江	20 147	498 055	陕西	6 480	33 190
安徽	6 455	36 720	甘肃	5 022	2 342
福建	14 979	259 903	青海	7 277	2 522
江西	6 678	161 202	宁夏	6 691	1 743
山东	13 661	601 617	新疆	9 700	1 534

【实验过程】

1. 启动 EViews6.0 软件，建立新的 workfile

在主菜单中选择【File】—【New】—【Workfile】，弹出 Workfile Create 对话框，在 Workfile structure typ 中选择 unstructured/undted，然后在 observations 中输入 30，在 WF 中输入 Work1，点击 OK 按钮。如图 7－22：

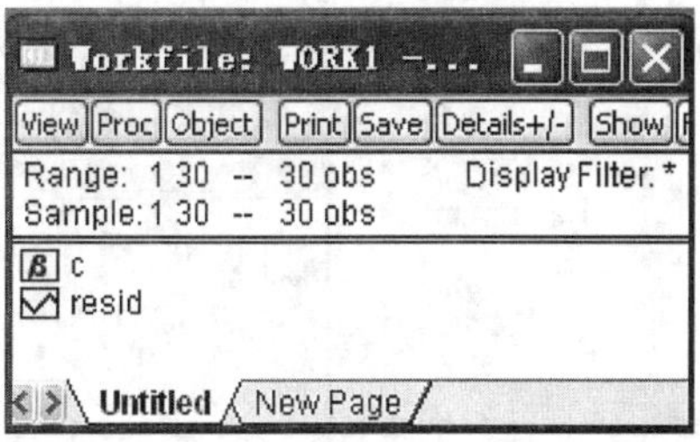

2. 数据导入且将要分析的数据复制粘贴

在主菜单的空白处输入 data x y 按下 enter。将国民收入 y 和对外直接投资 FDI 的统计资料数据复制粘贴。如图 7－23：

图 7－22　创建完成的工作文件

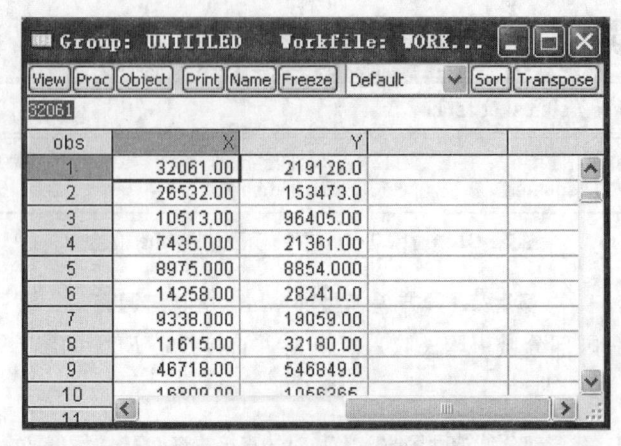

图 7-23　数据 X 和 Y 的复制粘贴

3. 定性分析异方差,利用散点图做初步判断。如图 7-24：

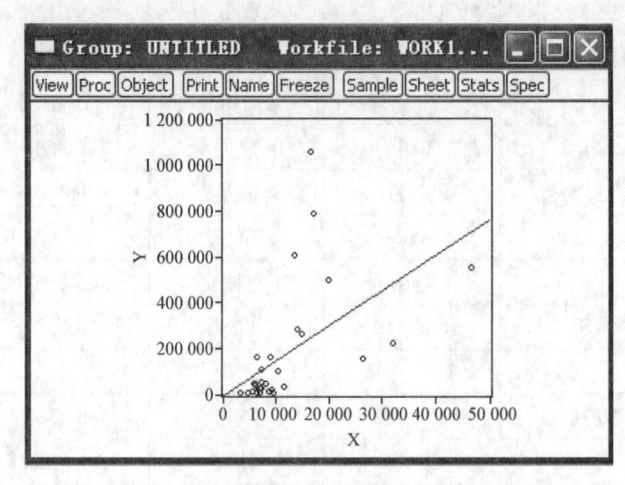

图 7-24　X 和 Y 的散点图

注:散点呈现递增型,说明存在异方差

4. 异方差 White 检验

(1) 建立回归模型:LS　Y　C　X,如图 7-25：

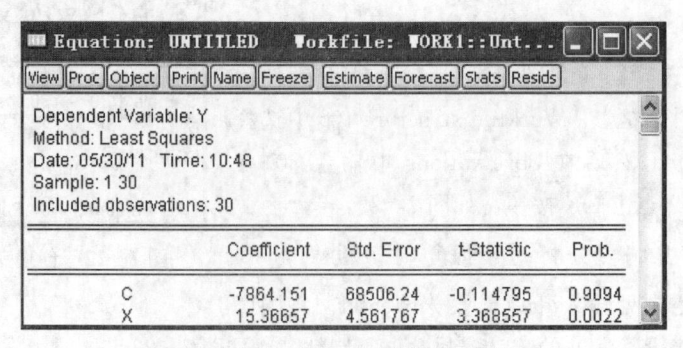

图 7-25　Y 和 X 的线性回归模型

(2) 在方程窗口上点击 View\Residual\Test\White Heteroskedastcity,如图 7 - 26：

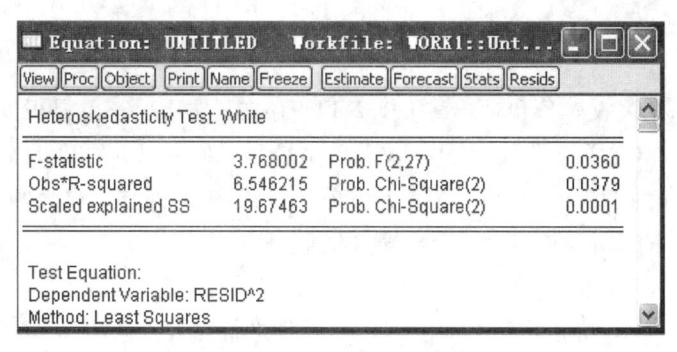

图 7 - 26　White 检验结果 1

其中 F 值为辅助回归模型的 F 统计量值。取显著水平 $\alpha=0.05$，由于 $\chi_{0.05}^{2}(2)=5.99<nR^2=6.546\ 215$，所以存在异方差性。实际应用中可以直接观察相伴概率 p 值的大小,若 p 值较小,则认为存在异方差性。反之,则认为不存在异方差性。

5. 调整异方差性

(1) 在 EViews 命令窗口中依次键入命令：

Series y1＝y/x

　　Series x1＝1/x

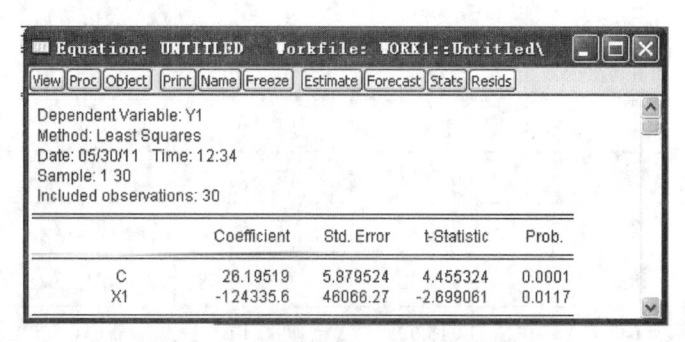

　　Ls y1 c x1　如图 7 - 27：

图 7 - 27　$Y1$ 和 $X1$ 的线性回归模型

(2) 对所估计得模型再进行 White 检验,观察异方差的调整情况。在方程窗口上点击 View\Residual\Test\White Heteroskedastcity,如图 7 - 28：

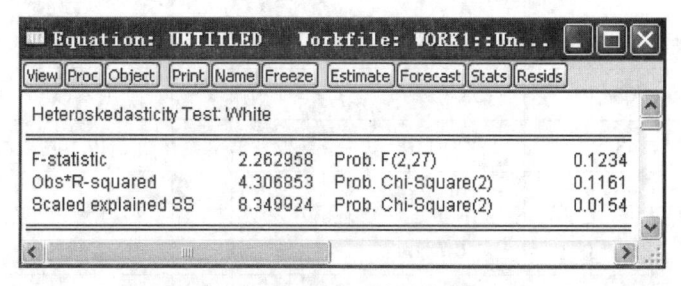

图 7 - 28　White 检验结果 2

其中 F 值为辅助回归模型的 F 统计量值。取显著水平 $\alpha=0.05$，由于 $\chi^2_{0.05}(2)=5.99 > nR^2=4.306\,853$，所以不存在异方差性。

【实验分析】

我国部分城市国民收入 Y 和对外直接投资 FDI 存在异方差。不管是根据散点图还是经过 White 检验，都能得出这样的结论。从 White 检验结果1，我们可以看到，取显著水平 $\alpha=0.05$，由于 $\chi^2_{0.05}(2)=5.99 < nR^2=6.546\,215$，存在异方差性。调整后，同样取显著水平 $\alpha=0.05$，由于 $\chi^2_{0.05}(2)=5.99 > nR^2=4.306\,853$，不存在异方差性。

【小结】

通过这次实验操作，知道了怎样运用 EViews 软件进行异方差性的 White 检验及处理方法。在操作过程中，我们小组先通过散点图对我国部分城市国民收入 Y 和对外直接投资 FDI 之间是否存在异方差做了定性的分析，然后进行了异方差 White 检验。在两者都表明存在异方差后。经过 Series y1=y/x，Series x1=1/x，命名给 y1、x1，这样调整后，我国部分城市国民收入 Y 和对外直接投资 FDI 之间不存在异方差。

实验三：异方差的检验与处理

某年份我国各省份农业种植面积与农业总产值数据统计情况如表 7-4：

表 7-4 我国各省份农业种植面积与农业总产值数据

地区	农业总产值（亿元）	农作物播种面积（千公顷）	地区	农业总产值（亿元）	农作物播种面积（千公顷）
北 京	115.48	295.01	湖 北	1 152.09	7 030.01
天 津	117.6	433.95	湖 南	1 243.15	7 390.71
河 北	1 639.07	8 652.7	广 东	1 328.7	4 363.05
山 西	322.65	3 653.15	广 西	970.55	5 594.4
内蒙古	620.42	6 761.47	海 南	224.17	754.32
辽 宁	837.5	3 703.88	重 庆	401.48	3 134.66
吉 林	641.5	4 943.99	四 川	1 316.6	9 278.24
黑龙江	971.94	11 898.48	贵 州	392.2	4 464.53
上 海	126.74	390.66	云 南	683.8	5 801.86
江 苏	1 542.53	7 407.73	西 藏	39.49	232.92
浙 江	735.92	2 462.82	陕 西	629.34	4 044.74
安 徽	1 054.01	8 853.9	甘 肃	458.73	3 759
福 建	685.3	2 191.18	青 海	49.16	516.68
江 西	621.26	5 245.13	宁 夏	111.12	1 189.83
山 东	2 604.07	10 724.4	新 疆	767	4 202.63
河 南	2 254.52	14 087.84			

一、检验异方差性

1. 图形分析检验

(1) 观察农业总产值(Y)与农作物播种面积(X)的散点图：在命令窗口输入 SCAT X Y；或者把 X、Y 以数据组(Group)的形式打开，然后点击 View/Graph/Scatter，如图 7-29 所示。得到散点图，见图 7-30。

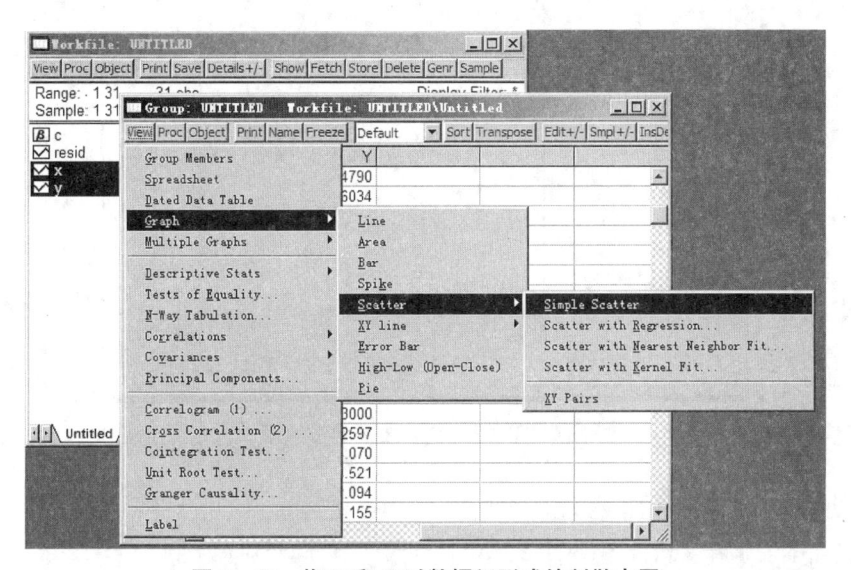

图 7-29 将 X 和 Y 以数据组形式绘制散点图

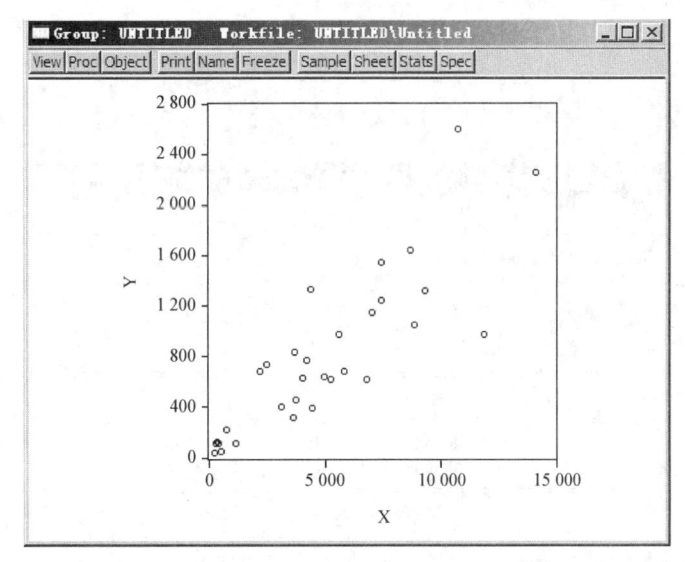

图 7-30 X 和 Y 的散点图

从图 7-30 中可以看出，随着农作物播种面积的增加，农业总产值不断提高，但离散程度也逐步扩大。这说明，变量之间可能存在递增的异方差性。

(2) 残差分析

首先将数据排序(命令格式为：SORT X；或打开 X 的数据表格，点击 Sort 按钮)，然后建立回归方程。在命令窗口输入 genre^2＝resid^2,然后以组的形式把 X 和 e^2 打开,作散点图(在组窗口中点 View/Graph/Scatter/Simple Scatter,如下图(图 7－31)。

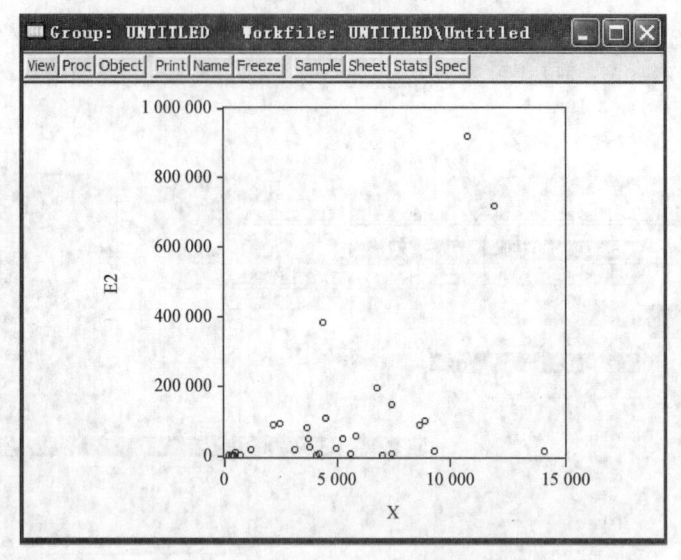

图 7－31 e2 和 x 之间的散点图

2. Goldfeld-Quant 检验

(1)将样本安解释变量排序(SORT X)并分成两部分(分别有 1 到 12 共 12 个数据(子样本 1),20 到 31 共 12 个数据(子样本 2))

(2)利用子样本 1 建立回归模型 1(回归结果如图 7－32),其残差平方和为 351 515.9。

```
SMPL    1    12
LS  Y  C  X
```

Dependent Variable: Y
Method: Least Squares
Date: 03/10/11   Time: 07:38
Sample: 1 12
Included observations: 12

Variable	Coefficient	Std. Error	t-Statistic	Prob.
C	54.41304	84.86311	0.641186	0.5358
X	0.164230	0.041372	3.969636	0.0026

R-squared	0.611771	Mean dependent var	313.8842
Adjusted R-squared	0.572948	S.D. dependent var	286.9012
S.E. of regression	187.4876	Akaike info criterion	13.45631
Sum squared resid	351515.9	Schwarz criterion	13.53713
Log likelihood	-78.73788	F-statistic	15.75801
Durbin-Watson stat	2.028614	Prob(F-statistic)	0.002645

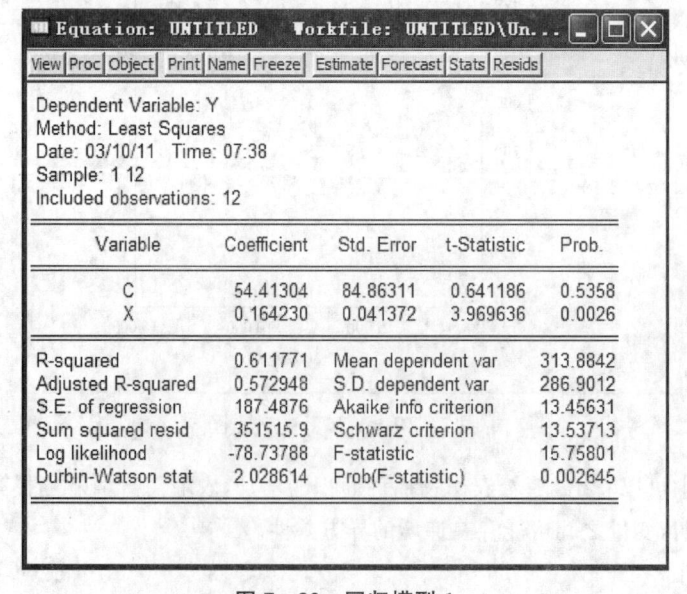

图 7－32 回归模型 1

(3) 利用样本 2 建立回归模型 2(回归结果如图 7-33),其残差平方和为 2 265 858。

$$\text{SMPL} \quad 20 \quad 31$$
$$\text{LS} \quad Y \quad C \quad X$$

```
Dependent Variable: Y
Method: Least Squares
Date: 03/10/11   Time: 07:39
Sample: 20 31
Included observations: 12

Variable        Coefficient   Std. Error    t-Statistic    Prob.
C               30.37728      504.1260      0.060257       0.9531
X               0.151604      0.056246      2.695365       0.0225

R-squared             0.420793    Mean dependent var    1337.729
Adjusted R-squared    0.362873    S.D. dependent var    596.3527
S.E. of regression    476.0103    Akaike info criterion 15.31977
Sum squared resid     2265858.    Schwarz criterion     15.40059
Log likelihood        -89.91861   F-statistic           7.264994
Durbin-Watson stat    2.746632    Prob(F-statistic)     0.022492
```

图 7-33　回归模型 2

(4) 计算 F 统计量：$F = \text{RSS}_2/\text{RSS}_1 = 2\,665\,858/3\,515\,159 = 6.45$，$\text{RSS}_1$ 和 RSS_2 分别是模型 1 和模型 2 的残差平方和。取 $F = 6.45 > F_{0.05} = 2.98$，

$$F_{0.05}(12-1-1, 12-1-1) = 2.98$$

所以存在异方差性。

3. White 检验

(1) 建立回归模型：LS　Y　C　X,回归结果如图 7-34。

```
Dependent Variable: Y
Method: Least Squares
Date: 04/13/03   Time: 22:49
Sample: 1 31
Included observations: 31

Variable        Coefficient   Std. Error    t-Statistic    Prob.
C               66.19498      102.5185      0.645688       0.5236
X               0.147305      0.016806      8.765070       0.0000

R-squared             0.725966    Mean dependent var    795.4223
Adjusted R-squared    0.716517    S.D. dependent var    626.4156
S.E. of regression    333.5233    Akaike info criterion 14.51964
Sum squared resid     3225895.    Schwarz criterion     14.61216
Log likelihood        -223.0545   F-statistic           76.82645
Durbin-Watson stat    1.950874    Prob(F-statistic)     0.000000
```

图 7-34　Y 和 X 的线性回归模型

(2) 在方程窗口上点击 View\Residual Test\White Heteroskedastcity(no cross terms)，检验结果如图 7 - 35。

White Heteroskedasticity Test:

F-statistic	4.404666	Probability	0.021717
Obs*R-squared	7.419024	Probability	0.024489

Test Equation:
Dependent Variable: RESID^2
Method: Least Squares
Date: 04/13/03 Time: 22:51
Sample: 1 31
Included observations: 31

Variable	Coefficient	Std. Error	t-Statistic	Prob.
C	-6657.890	76463.19	-0.087073	0.9312
X	13.80195	28.39386	0.486089	0.6307
X^2	0.001139	0.002211	0.515269	0.6104

R-squared	0.239323	Mean dependent var	104061.1
Adjusted R-squared	0.184989	S.D. dependent var	207567.9
S.E. of regression	187388.0	Akaike info criterion	27.21152
Sum squared resid	9.83E+11	Schwarz criterion	27.35029
Log likelihood	-418.7785	F-statistic	4.404666
Durbin-Watson stat	2.671757	Prob(F-statistic)	0.021717

图 7 - 35 White 异方差检验

直接观察相伴概率 p 值的大小，若 p 值较小，则认为存在异方差性。

4. Park 检验

(1) 建立回归模型(结果同图 7 - 34 所示)。

(2) 生成新变量序列：GENR LNE2=log(RESID^2)

GENR LNX=log(X)

(3) 建立新残差序列对解释变量的回归模型：LS LNE2 C LNX，回归结果如图 7 - 36 所示。

Equation: UNTITLED Workfile: UNTITLED\Untitled

View | Proc | Object | Print | Name | Freeze | Estimate | Forecast | Stats | Resids

Dependent Variable: LNE2
Method: Least Squares
Date: 04/13/03 Time: 22:59
Sample: 1 31
Included observations: 31

Variable	Coefficient	Std. Error	t-Statistic	Prob.
C	-2.953828	2.513234	-1.175310	0.2494
LNX	1.569647	0.308411	5.089460	0.0000

R-squared	0.471792	Mean dependent var	9.711682
Adjusted R-squared	0.453578	S.D. dependent var	2.645163
S.E. of regression	1.955315	Akaike info criterion	4.241320
Sum squared resid	110.8744	Schwarz criterion	4.333835
Log likelihood	-63.74046	F-statistic	25.90260
Durbin-Watson stat	2.133633	Prob(F-statistic)	0.000020

图 7 - 36 LNE2 和 LNX 的线性回归模型

从图 7-36 所示的回归结果中可以看出，LNX 的系数估计值不为 0 且能通过显著性检验，即随机误差项的方差与解释变量存在较强的相关关系，即认为存在异方差性。

5. Gleiser 检验（Gleiser 检验与 Park 检验原理相同）

（1）建立回归模型（结果同图 7-34 所示）。

（2）生成新变量序列：genr　E＝ABS(RESID)

（3）分别建立新残差序列（E）对各解释变量（X、X^2、$X^{(1/2)}$、$X^{(-1)}$、$X^{(-2)}$、$X^{(-1/2)}$）的回归模型：LS　E　C　X，回归结果如图 7-37、7-38、7-39、7-40、7-41、7-42 所示。

Dependent Variable: E
Method: Least Squares
Date: 04/13/03   Time: 23:05
Sample: 1 31
Included observations: 31

Variable	Coefficient	Std. Error	t-Statistic	Prob.
C	67.18774	61.65146	1.089800	0.2848
X	0.032820	0.010107	3.247350	0.0029

R-squared	0.266664	Mean dependent var		229.6594
Adjusted R-squared	0.241376	S.D. dependent var		230.2787
S.E. of regression	200.5705	Akaike info criterion		13.50255
Sum squared resid	1166627.	Schwarz criterion		13.59506
Log likelihood	-207.2895	F-statistic		10.54528
Durbin-Watson stat	2.488905	Prob(F-statistic)		0.002939

图 7-37　E 和 X 的线性模型

Dependent Variable: E
Method: Least Squares
Date: 04/13/03   Time: 23:06
Sample: 1 31
Included observations: 31

Variable	Coefficient	Std. Error	t-Statistic	Prob.
C	144.9159	48.13178	3.010815	0.0054
X^2	2.28E-06	8.16E-07	2.791167	0.0092

R-squared	0.211756	Mean dependent var		229.6594
Adjusted R-squared	0.184575	S.D. dependent var		230.2787
S.E. of regression	207.9437	Akaike info criterion		13.57475
Sum squared resid	1253977.	Schwarz criterion		13.66727
Log likelihood	-208.4087	F-statistic		7.790615
Durbin-Watson stat	2.408582	Prob(F-statistic)		0.009193

图 7-38　E 和 X^2 的线性模型

```
Dependent Variable: E
Method: Least Squares
Date: 04/13/03   Time: 23:07
Sample: 1 31
Included observations: 31
```

Variable	Coefficient	Std. Error	t-Statistic	Prob.
C	-42.55222	90.08888	-0.472336	0.6402
X^(1/2)	4.217932	1.280410	3.294205	0.0026
R-squared	0.272304	Mean dependent var		229.6594
Adjusted R-squared	0.247211	S.D. dependent var		230.2787
S.E. of regression	199.7977	Akaike info criterion		13.49483
Sum squared resid	1157655.	Schwarz criterion		13.58734
Log likelihood	-207.1698	F-statistic		10.85178
Durbin-Watson stat	2.500030	Prob(F-statistic)		0.002606

图 7－39 E 和 $X^{(1/2)}$ 的线性模型

```
Dependent Variable: E
Method: Least Squares
Date: 04/13/03   Time: 23:08
Sample: 1 31
Included observations: 31
```

Variable	Coefficient	Std. Error	t-Statistic	Prob.
C	290.5902	45.96244	6.322340	0.0000
X^(-1)	-87987.13	36489.36	-2.411309	0.0225
R-squared	0.167012	Mean dependent var		229.6594
Adjusted R-squared	0.138288	S.D. dependent var		230.2787
S.E. of regression	213.7641	Akaike info criterion		13.62996
Sum squared resid	1325158.	Schwarz criterion		13.72248
Log likelihood	-209.2645	F-statistic		5.814412
Durbin-Watson stat	2.353991	Prob(F-statistic)		0.022455

图 7－40 E 和 $X^{(-1)}$ 的线性模型

```
Dependent Variable: E
Method: Least Squares
Date: 04/13/03   Time: 23:09
Sample: 1 31
Included observations: 31
```

Variable	Coefficient	Std. Error	t-Statistic	Prob.
C	259.8964	42.76933	6.076702	0.0000
X^(-2)	-19057487	10056939	-1.894959	0.0681
R-squared	0.110180	Mean dependent var		229.6594
Adjusted R-squared	0.079497	S.D. dependent var		230.2787
S.E. of regression	220.9360	Akaike info criterion		13.69596
Sum squared resid	1415568.	Schwarz criterion		13.78848
Log likelihood	-210.2874	F-statistic		3.590870
Durbin-Watson stat	2.327888	Prob(F-statistic)		0.068107

图 7－41 E 和 $X^{(-2)}$ 的线性模型

```
Dependent Variable: E
Method: Least Squares
Date: 04/13/03   Time: 23:10
Sample: 1 31
Included observations: 31

    Variable        Coefficient    Std. Error    t-Statistic    Prob.

       C             372.9713      64.22223      5.807511      0.0000
     X^(-1/2)       -6705.626      2440.488     -2.747658      0.0102

R-squared              0.206558    Mean dependent var     229.6594
Adjusted R-squared     0.179198    S.D. dependent var     230.2787
S.E. of regression     208.6282    Akaike info criterion   13.58133
Sum squared resid      1262246.    Schwarz criterion       13.67384
Log likelihood        -208.5105    F-statistic             7.549626
Durbin-Watson stat     2.392020    Prob(F-statistic)       0.010213
```

图 7 - 42 E 和 $X^{\wedge}(-1/2)$ 的线性模型

由上述各回归结果可知，各回归模型中解释变量的系数估计值显著不为 0 且均能通过显著性检验，所以认为存在异方差性。

(4) 由 F 值或确定异方差类型

Gleiser 检验中可以通过 F 值或 R^2 值确定异方差的具体形式。本例中，图 7 - 39 所示的回归方程 F 值(R^2)最大，可以据此来确定异方差的形式。

2. 运用加权最小二乘法消除异方差

权数采用 $\dfrac{1}{|e|}$，如果仍然存在异方差，可以尝试其他权数。

在命令窗口输入 genr w1＝1/abs(resid)，回车，然后输入 LS(W＝W1) Y C X。

得到以下方程，如图 7 - 43：

```
Dependent Variable: Y
Method: Least Squares
Date: 03/10/11   Time: 07:49
Sample: 1 31
Included observations: 31
Weighting series: W1

    Variable        Coefficient    Std. Error    t-Statistic    Prob.

       C             68.24405       3.135653      21.76390      0.0000
       X              0.148885      0.003860      38.57107      0.0000

                      Weighted Statistics

R-squared              0.988255    Mean dependent var     290.0917
Adjusted R-squared     0.987850    S.D. dependent var     352.4638
S.E. of regression     38.85028    Akaike info criterion   10.21965
Sum squared resid      43770.99    Schwarz criterion       10.31216
Log likelihood        -156.4046    F-statistic             1487.727
Durbin-Watson stat     2.139624    Prob(F-statistic)       0.000000

                     Unweighted Statistics

R-squared              0.725626    Mean dependent var     795.4223
Adjusted R-squared     0.716165    S.D. dependent var     626.4156
S.E. of regression     333.7301    Sum squared resid       3229897.
Durbin-Watson stat     2.613749
```

图 7 - 43 以 $W1$ 为权数的关于 Y 和 X 的线性模型

在方程窗口点 View\Residual Test\White Heteroskedastcity(no cross terms)，进行 White 检验，发现异方差已经消除，如图 7-44：

```
White Heteroskedasticity Test:
F-statistic          1.092558    Probability       0.349231
Obs*R-squared        2.244106    Probability       0.325611

Test Equation:
Dependent Variable: STD_RESID^2
Method: Least Squares
Date: 03/10/11   Time: 07:57
Sample: 1 31
Included observations: 31

Variable      Coefficient   Std. Error    t-Statistic    Prob.
C              1221.326     180.8798      6.752143      0.0000
X              0.096360     0.067168      1.434620      0.1625
X^2           -7.70E-06     5.23E-06     -1.471472      0.1523

R-squared              0.072391    Mean dependent var    1411.968
Adjusted R-squared     0.006133    S.D. dependent var    444.6468
S.E. of regression     443.2813    Akaike info criterion 15.11805
Sum squared resid      5501952.    Schwarz criterion     15.25682
Log likelihood        -231.3298    F-statistic           1.092558
Durbin-Watson stat     1.949691    Prob(F-statistic)     0.349231
```

图 7-44 White 异方差检验

3. 在回归之前，对原序列均取对数，再对数序列进行回归，有时能消除异方差。

7.2 多重共线性

在多元线性回归模型经典假设中，其重要假定质疑是回归模型的解释变量之间不存在线性关系，也就是说，解释变量 $X_1, X_2, \cdots, X_k$ 中的任何一个都不能是其他解释变量的线性组合。如果违背这一假定，即线性回归模型中某一个解释变量与其他解释变量间存在线性关系，就称回归模型中存在多重共线性(Multicollinearity)。多重共线性违背了解释变量间不相关的古典假设，将给普通最小二乘法带来严重后果。

多重共线性(Multicollinearity)是指线性回归模型中的解释变量之间由于存在精确相关关系或高度相关关系而使模型估计失真或难以估计准确。一般来说，经济数据的限制使得模型设计不当，导致设计矩阵中解释变量间存在普遍的相关关系。

7.2.1 多重共线性的产生、原因以及后果

1. 多重共线性的产生

对于模型：

$$Y_i = \beta_0 + \beta_1 X_{i1} + \beta_2 X_{i2} + \cdots + \beta_k X_{ik} + \mu_i \tag{7.42}$$

其基本假设之一是解释变量 $X_1, X_2, \cdots, X_k$ 是相互独立的。如果某两个或多个解释变量之间出现了相关性,则称为存在多重共线性(Multicollinearity)。

如果存在:
$$c_1 X_{i1} + c_2 X_{i2} + \cdots + c_k X_{ik} = 0 \tag{7.43}$$

其中,c_i 不全为 0,即某一个解释变量可以用其他的解释变量的线性组合表示,则称为解释变量间存在完全共线性(perfect multicollinearity)。

如果存在:
$$c_1 X_{i1} + c_2 X_{i2} + \cdots + c_k X_{ik} + v_i = 0 \tag{7.44}$$

其中,c_i 不全为 0,v_i 为干扰项,则称为近似共线性(approximate multicollinearity)或者交互相关(intercorrelated)。

在矩阵表示的线性回归模型:
$$Y = X\beta + \mu \tag{7.45}$$

中,完全共线性指秩 $R(X) < k+1$,即矩阵:

$$X = \begin{pmatrix} 1 & X_{11} & X_{21} & \cdots & X_{k1} \\ 1 & X_{12} & X_{22} & \cdots & X_{k2} \\ \cdots & \cdots & \cdots & \cdots & \cdots \\ 1 & X_{1n} & X_{2n} & \cdots & X_{kn} \end{pmatrix}$$

$$|X'X| = 0$$

中,至少有一列向量可由其他列向量(不包括第一列)线性表出。例如,$X_2 = \lambda X_1$,这时 X_1 与 X_2 的相关系数为 λ,解释变量 X_2 对被解释变量的作用完全可由 X_1 代替。一般来说,解释变量之间的关系可概括为三种情况:

a) 情况是完全相关,即解释变量之间的相关系数为 1;
b) 情况是完全不相关,即解释变量之间的相关系数为 0;
c) 情况是不完全相关,即解释变量之间的相关系数介于 0 和 1 之间;

注意:完全共线性的情况并不多见,一般出现的是在一定程度上的共线性,即近似共线性。需要强调,解释变量之间不存在线性关系,并非不存在非线性关系;当解释变量之间存在非线性关系时,并不违反无多重共线性假定。

2. 多重共线性产生的原因

一般,产生多重共线性的主要原因有以下三个方面:

(1) 经济变量相关的共同趋势

时间序列样本中发生多重共线性的主要原因在于许多基本经济变量存在相关的共同趋势。例如,经济繁荣时期,各基本经济变量(收入、消费、投资、价格)都趋于增长;经济衰退时期,又同时区域下降,这些变量的样本数据往往呈现某些近似的比例关系。

截面数据也有可能产生多重共线性。例如,以某一行业的企业为样本建立企业生产函数模型,以产出量为被解释变量,选择资本、劳动力、技术等投入要素为解释变量,这些投入要素的数量往往与产出量成正比,产出量高的企业,投入的各种要素都比较多,这就使得投入要素之间出现线性相关性。如果以简单线性关系作为模型的数学形式,那么多重共线性是难以避免的。

(2) 滞后变量的引入

在计量经济学模型中,往往需要引入滞后经济变量来反映真实的经济关系。

例如,以相对收入假设为理论假设,则居民消费 C_t 的变动不仅受当期收入 Y_t 的影响,还受前期消费 C_{t-1} 的影响,于是建立如下模型:

$$C_t = \beta_0 + \beta_1 Y_t + \beta_2 C_{t-1} + \mu_t \tag{7.46}$$

显然,模型中引入的当期收入和前期消费之间有较强的线性相关性。

(3) 样本资料的限制

由于完全符合理论模型所要求的样本数据较难收集,在现有数据条件下,特定样本可能存在某种程度的多重共线性。

一般经验告诉我们,对于采用时间序列数据作样本,以简单线性形式建立的计量经济学模型,往往存在多重共线性;以截面数据作样本时,问题不那么严重,但仍然存在。

在模型参数的估计过程中,样本之间的相关是不可避免的,这是造成多重共线性的客观原因。

3. 多重共线性的后果

计量经济学模型一旦出现多重共线性,如果仍然采用普通最小二乘法估计模型参数,会产生下列不良后果:

(1) 完全共线性下参数估计量不存在

多元线性回归模型:

$$Y = X\beta + \mu \tag{7.47}$$

的普通最小二乘参数估计量为:

$$\hat{\beta} = (X'X)^{-1} X'Y \tag{7.48}$$

如果出现完全共线性,则 $(X'X)^{-1}$ 不存在,无法得到参数的估计量。

例如,对二元线性回归模型:

$$Y = \beta_0 + \beta_1 X_1 + \beta_2 X_2 + \mu \tag{7.49}$$

如果两个解释变量完全相关,如 $X_2 = \lambda X_1$,该二元线性回归模型退化为一元线性回归模型:

$$Y = \beta_0 + (\beta_1 + \lambda \beta_2) X_1 + \mu \tag{7.50}$$

这时,只能确定综合参数 $\beta_1 + \lambda \beta_2$ 的估计值

$$\beta_1 + \lambda \beta_2 = \frac{\sum x_{i1} y_i}{\sum x_{i1}^2} \tag{7.51}$$

却无法确定 β_1,β_2 各自的估计值。

(2) 近似共线性下普通最小二乘法参数估计量的方差变大

在近似共线性下,虽然可以得到普通最小二乘参数估计量,但是由于参数估计计量方差的表

达式：

$$\mathrm{Var}(\hat{\beta}) = \sigma^2 (X'X)^{-1} \tag{7.52}$$

可见，由于此时 $|X'X| \approx 0$，引起 $(X'X)^{-1}$ 主对角线元素较大，使得参数估计量的方差增大，从而不能对总体参数作出准确推断。

仍以二元线性回归模型(7.49)式为例。离差形式下容易推出 $\hat{\beta}_1$ 的方差为：

$$\mathrm{Var}(\hat{\beta}_1) = \frac{\sigma^2 \sum x_{i2}^2}{\sum x_{i1}^2 \sum x_{i2}^2 - (\sum x_{i1} x_{i2})^2}$$

$$= \frac{\dfrac{\sigma^2}{\sum x_{i1}^2}}{1 - \dfrac{(\sum x_{i1} x_{i2})^2}{\sum x_{i1}^2 \sum x_{i2}^2}} = \frac{\sigma^2}{\sum x_{i1}^2} \cdot \frac{1}{1-r^2} \tag{7.53}$$

其中，$\dfrac{(\sum x_{i1} x_{i2})^2}{\sum x_{i1}^2 \sum x_{i2}^2}$ 恰为 X_1 与 X_2 的线性相关系数的平方 r^2，由于 $r^2 \leqslant 1$，故 $\dfrac{1}{1-r^2} \geqslant 1$。

当完全不共线时，

$$r^2 = 0, \mathrm{Var}(\hat{\beta}_1) = \frac{\sigma^2}{\sum x_{i1}^2}$$

当近似共线时，

$$0 < r^2 < 1, \mathrm{Var}(\hat{\beta}_1) = \frac{\sigma^2}{\sum x_{i1}^2} \cdot \frac{1}{1-r^2} > \frac{\sigma^2}{\sum x_{i1}^2}$$

即多重共线性使参数估计量的方差增大，方差膨胀因子(variance inflation factor,VIF)为：

$$\mathrm{VIF}(\hat{\beta}_1) = \frac{1}{1-r^2} \tag{7.54}$$

其增大趋势如表 7-5 所示。

表 7-5 方差膨胀因子表

相关系数平方	0	0.5	0.8	0.9	0.95	0.96	0.97	0.98	0.99	0.999
方差膨胀因子	1	2	5	10	20	25	33	50	100	1 000

当完全共线时，$r^2 = 1$，$\mathrm{Var}(\hat{\beta}_1) = \infty$。

(3) 参数估计量经济含义不合理

如果模型中两个解释变量具有线性相关性，例如 X_1 和 X_2，那么它们中的一个变量可以由另一个变量表示。这时，X_1 和 X_2 前的参数并不反映各自与被解释变量之间的结构关系，而是反映它们对被解释变量的共同影响，所以各自的参数已经失去了应有的经济含义，于是经常表现出似乎反常的现象，例如估计结果本来应该是正的，结果却是负的。经验告诉我们，在多元线性回归模型的估计中，如果出现参数估计值的经济意义明显不合理的情况，应该首先怀疑是否存在多重共线性。

（4）变量的显著性检验和模型的预测功能失去意义

存在多重共线性时，参数估计值的方差与标准差变大，从而容易使通过样本计算的 t 值小于临界值，误导作出参数为零的推断，可能将重要的解释变量排除在模型之外。

变大的方差容易使预测的"区间"变大，使预测失去意义。

7.2.2 多重共线性的检验

由于多重共线性表现为解释变量之间具有相关关系，所以用于多重共线性的检验方法主要是统计方法，如判定系数检验法、逐步回归检验法等。多重共线性检验任务是：(1) 检验多重共线性是否存在；(2) 判明存在多重共线性的范围。

1. 检验多重共线性是否存在

（1）简单相关系数法

利用解释变量之间的线性相关程度去判断是否存在严重多重共线性的一种简便方法。一般而言，如果每两个解释变量的简单相关系数比较高，如大于 0.8，则可认为存在着较严重的多重共线性。

注意：较高的简单相关系数只是多重共线性存在的充分条件，而不是必要条件。特别是在多于两个解释变量的回归模型中，有时较低的简单相关系数也可能存在多重共线性。因此，并不能简单地依据相关系数进行多重共线性的准确判断。

（2）直观判断法

根据经验，通常以下情况的出现可能提示存在多重共线性的影响：

① 当增加或删除一个解释变量，或者改变一个观测值时，回归参数的估计值发生较大变化，回归方程可能存在严重的多重共线性。

② 从定性分析认为，一些重要的解释变量的回归系数的标准误差较大，在回归方程中没有通过显著性检验时，可初步判断可能存在严重的多重共线性。

③ 有些解释变量的回归系数所带正负号与定性分析结果违背时，可能存在多重共线性。

④ 解释变量的相关矩阵中，解释变量之间的相关系数较大时，可能会存在多重共线性问题。

（3）综合统计检验法

对于多个解释变量的模型，采用综合统计检验法，若在普通最小二乘法下，模型的 R^2 与 F 值较大，但各参数估计值的 t 检验值较小，说明各解释变量对 Y 的联合线性作用显著，但各解释变量间存在共线性使得它们对 Y 的独立作用不能分辨，故 t 检验不显著。

2. 估计多重共线性的范围

如果存在多重共线性，需进一步确定多重共线性究竟由哪些变量引起。

（1）判定系数检验法

使模型中每个解释变量分别以其余解释变量为解释变量进行回归计算，并计算相应的拟合优度，也称为判定系数。如果在某一形式中判定系数较大，则说明在该形式中作为被解释变量的 X_j 可以用其他解释变量的线性组合代替，即 X_j 与其他解释变量间存在共线性。

可进一步对上述出现较大判定系数的回归方程作 F 检验：

$$F_j = \frac{R^2/(k-1)}{(1-R_j^2)/(n-k)} \sim F(k-1, n-k) \tag{7.55}$$

其中 R_j^2 为第 j 个解释变量对其他解释变量的回归方程的决定系数。若存在较强的共线性,则 R_j^2 较大且接近于 1,这时 $1-R_j^2$ 较小,从而 F_j 的值较大。因此,可以给定显著的水平 α,通过计算的 F 值与相应的临界值比较来进行检验。此时,原假设为 X_j 与其他解释变量间不存在显著的线性关系。

另一等价的检验是:在模型中排除某个解释变量 X_j,估计模型,如果拟合优度与包含 X_j 时十分接近,则说明 X_j 与其他解释变量之间存在共线性。

(2) 行列式检验法

由于回归模型参数估计量的方差-协方差矩阵为:

$$\text{Cov}(\hat{\beta}) = \sigma^2 (X'X)^{-1} \tag{7.56}$$

而,$(X'X)^{-1} = \frac{1}{|X'X|}(X'X)^*$,所以,$\text{Cov}(\hat{\beta}) = \sigma^2 \frac{1}{|X'X|}(X'X)^*$,说明:

① 当 $|X'X|$ 较大时,$\text{Var}(\hat{\beta}_j)$ 较小,说明参数估计的精确度较高,因而多重共线性不严重。

② 当 $|X'X|$ 较小时,$\text{Var}(\hat{\beta}_j)$ 较大,说明参数估计的误差较大,因此表明模型的多重共线性严重。

③ 当 $|X'X| = 0$ 时,则 $\text{Var}(\hat{\beta}_j) \to \infty$,说明模型的解释变量之间完全相关,因而多重共线性最为严重,即存在完全多重共线性。

(3) 方差膨胀(扩大)因子法

对于多元线性回归模型来说,如果分别以每个解释变量作为被解释变量,做对其他解释变量的回归,这称为辅助回归。

以 X_j 为被解释变量做对其他解释变量辅助线性回归的可决系数,用 R_j 表示,则可以证明(证明过程从略),解释变量 X_j 参数估计量 $\hat{\beta}_j$ 的方差可表示为:

$$\text{Var}(\hat{\beta}_j) = \frac{\sigma^2}{\sum x_{ji}^2} \cdot \frac{1}{1-R_j^2} = \frac{\sigma^2}{\sum x_{ji}^2} \text{VIF}_j \tag{7.57}$$

其中,VIF_j 是变量 X_j 的方差膨胀因子,即:

$$\text{VIF}_j = \frac{1}{1-R_j^2} \tag{7.58}$$

由于 R_j 度量了 X_j 与其他解释变量的线性相关程度,这种相关程度越强,说明变量间多重共线性越严重,VIF_j 也就越大。

反之,X_j 与其他解释变量的线性相关程度越弱,说明变量间的多重共线性越弱,VIF_j 也就越接近于 1。

由此可见,VIF_j 的大小反映了解释变量之间是否存在多重共线性,可用它来度量多重共线性的严重程度。经验表明,$\text{VIF}_j \geqslant 10$ 时,说明解释变量 X_j 与其余解释变量之间有严重的多重共线性,且这种多重共线性可能会过度地影响最小二乘估计。

(4) 逐步回归法

以 Y 为被解释变量,逐个引入解释变量,构成回归模型,进行模型估计。根据拟合优度的变化决定新引入的变量是否可以用其他变量的线性组合代替,而不是作为独立的解释变量。如果拟合优度变化显著,则说明新引入的变量是一个独立解释变量;如果拟合优度变化根本不显著,则说明新引入的变量不是一个独立的解释变量,可以用其他变量的线性组合代替,也就是说,它与其他变量之间存在共线性的关系。

7.2.3 多重共线性的修正

1. 删除引起共线性的解释变量

找出引起多重共线性的解释变量,将其省略掉,是最为有效的修正多重共线问题的方法。所以,逐步回归法得到了最为广泛的应用。

逐步回归法的具体步骤是:

(1) 先用被解释变量对每一个所考虑的解释变量做简单回归;

(2) 以对被解释变量贡献最大的解释变量所对应的回归方程为基础;

(3) 逐个引入其余的解释变量;

逐步回归法的好处是,将统计上不显著的解释变量剔除,最后保留在模型中的解释变量之间多重共线性不明显,而且对被解释变量有较好的解释贡献。但是,在使用这类方法时,需要特别注意的是,当排除了某个或某些变量后,保留在模型中的变量的系数的经济意义将发生变化,其估计值也将发生变化。

下面我们来看一个直观的例子:在对数线性生产函数模型中,生产量(Y),当包含资本(X)、劳动(L)、技术(A)等投入要素时,资本的系数 β_1 表示资本的产出弹性;但是,当资本和劳动存在共线性因而排除劳动时,资本的系数所表示的经济意义就不是资本的产出弹性,其估计值也将大于资本的产出弹性。

原模型:

$$\text{Ln}\, Y = \beta_0 + \beta_1 \text{Ln}\, X + \beta_2 \text{Ln}\, L + \beta_3 \text{Ln}\, A + \mu \tag{7.59}$$

根据实际情况 β_1、β_2、β_3 均为正,由于 $\text{Ln}\, X$ 与 $\text{Ln}\, L$ 之间存在共线性,那么存在 $\lambda > 0$ 使得:

$$\text{Ln}\, L = (\lambda \beta_1 / \beta_2) \text{Ln}\, X \tag{7.60}$$

显然 $(\lambda \beta_1 / \beta_2)$ 是正的,令:

$$b_1 = \beta_1 + (\lambda \beta_1 / \beta_2) \tag{7.61}$$

则,原模型变为:

$$\text{Ln}\, Y = \beta_0 + b_1 \text{Ln}\, X + \beta_3 \text{Ln}\, A + \mu \tag{7.62}$$

这里资本的系数的经济意义已经发生了改变,估计值也变大了。

这种方法虽然简单,但是当解释变量较多时,往往很难选准在模型中比较次要的解释变量以便省略。因此,在用这种方法克服多重共线问题时,又可能会犯遗漏重要解释变量的错误,以致使模型出现新的问题。所以,在从模型中去掉某一解释变量时,一定要全面考虑、慎重从事,避免顾此失彼。

2. 差分法

对于以时间序列数据为样本,以直接线性关系为模型关系形式的计量经济学模型,将原模型变换为差分模型:

$$\Delta Y_i = \beta_i \Delta X_{i1} + \beta_2 \Delta X_{i2} + \cdots + \beta_k \Delta X_{ik} + \mu_i - \mu_{i-1} \quad i = 2, \cdots, n \tag{7.63}$$

可以有效地消除存在于原模型中的多重共线性。这是由经济时间序列数据的内在性质决定的。一般讲,增量之间的线性关系远比总量之间的线性关系弱一些。下面以1978—2000年中国GDP与居民消费C的总量与增量数据加以说明。

由表7-6中的比值可以直观地看到,增量的线性关系弱于总量之间的线性关系。进一步分析:Y与C之间的判定系数为0.9988,ΔY与ΔC之间的判定系数为0.9567。一般认为,两个变量之间的判定系数大于0.8时,二者之间存在线性关系。

表7-6 1978—2000年中国GDP与居民消费C的总量与增量数据(单位:亿元)

年份	C	Y	C/Y	ΔC	ΔY	ΔC/ΔY
1978	1 759.1	3 605.6	0.488			
1979	2 005.4	4 074.0	0.492	246.3	468.4	0.526
1980	2 317.1	4 551.3	0.509	311.7	477.3	0.653
1981	2 604.1	4 901.4	0.531	287.0	350.1	0.820
1982	2 867.9	5 489.2	0.522	263.8	587.8	0.449
1983	3 182.5	6 076.3	0.524	314.6	587.1	0.536
1984	3 674.5	7 164.4	0.513	492.0	1 088.1	0.452
1985	4 589.0	8 792.1	0.522	914.5	1 627.7	0.562
1986	5 175.0	10 132.8	0.511	586.0	1 340.7	0.437
1987	5 961.2	11 784.7	0.506	786.2	1 651.9	0.476
1988	7 633.1	14 704.0	0.519	1 671.9	2 919.3	0.573
1989	8 523.5	16 466.0	0.518	890.4	1 762.0	0.505
1990	9 113.2	18 319.5	0.497	589.7	1 853.6	0.318
1991	10 315.9	21 280.4	0.485	1 202.7	2 960.9	0.406
1992	12 459.8	25 863.7	0.482	2 143.9	4 583.3	0.468
1993	15 682.4	34 500.7	0.455	3 222.6	8 637.0	0.373
1994	20 809.8	46 690.7	0.446	5 127.4	12 190.0	0.421
1995	26 944.5	58 510.5	0.461	6 134.7	11 819.8	0.519
1996	32 152.3	68 330.4	0.471	5 207.8	9 819.9	0.530

(续表)

年份	C	Y	C/Y	ΔC	ΔY	ΔC/ΔY
1997	34 854.6	74 894.2	0.465	2 702.3	6 563.8	0.412
1998	36 921.1	79 003.3	0.467	2 066.5	4 109.1	0.503
1999	39 334.4	82 673.1	0.476	2 413.3	3 669.8	0.658
2000	42 911.9	89 112.5	0.482	3 577.5	6 439.4	0.556

3. 利用先验信息改变模型

先验信息法是指根据经济理论或者其他已有研究成果事前确定回归模型参数间的某种关系,将这种约束条件与样本信息综合考虑,进行最小二乘估计。运用参数间的先验信息可以消除多重共线性。

对于建立的对数线性回归模型:

$$\mathrm{Ln}\, Y_i = \beta_0 + \beta_1 \mathrm{Ln}\, X_{1i} + \beta_2 \mathrm{Ln}\, X_{2i} + \mu_i \tag{7.64}$$

其中,解释变量 X_1 和 X_2 之间存在严重的多重共线性。如果大量的统计检验表明其中解释变量 X_1 对 Y 的弹性影响系数是常数 β_1,则可以将原模型变换形式为:

$$\mathrm{Ln}\, Y_i - \beta_1 \mathrm{Ln}\, X_{1i} = \beta_0 + \beta_2 \mathrm{Ln}\, X_{2i} + \mu_i \tag{7.65}$$

令:

$$z_i = \mathrm{Ln}\, Y_i - \beta_1 \mathrm{Ln}\, X_{1i} + \mu_i \tag{7.66}$$

这时,方程就成了一元线性回归模型,显然已不存在多重共线性。

4. 减少参数估计量的方差

多重共线性的主要后果是参数估计量具有较大的方差。若采取适当方法减小参数估计量的方差,虽然没有消除模型中的多重共线性,却能消除多重共线性造成的后果。例如,增加样本容量,可使参数估计量的方差减小。

20 世纪 70 年代发展的岭回归法(ridge regression),引入参数估计量为:

$$\hat{\beta} = (X'X + D)^{-1} X'X \tag{7.67}$$

矩阵 D 一般选择为主对角矩阵,即:

$$D = lI \tag{7.68}$$

其中,l 为大于 0 的常数。显然,与普通最小二乘估计量相比,(7.67)式的估计量有较小的方差。

如何选择 l 是一个复杂的问题,何瑞尔(Hoerl)和肯纳德(Kennard)于 1975 年提出一种估计方法。首先对原模型的解释变量与被解释变量的离差形式进行标准化处理:

$$x_{ik}^* = \frac{x_{ik}}{\sqrt{\sum x_{ik}^2}},\quad y_{ik}^* = \frac{y_{ik}}{\sqrt{\sum y_{ik}^2}} \tag{7.69}$$

得到下列模型:

$$y_i^* = \beta_1^* x_{i1}^* + \beta_2^* x_{i2}^* + \cdots + \beta_k^* x_{ik}^* + \mu_i^*, \quad i=1,2,\cdots,n \tag{7.70}$$

用普通最小二乘法估计该模型,得到参数与随机干扰项方差的估计值 $\hat{\beta}_1^*, \hat{\beta}_2^*, \cdots \hat{\beta}_k^*$ 和 $\hat{\sigma}^2$。选择

$$\hat{l} = \frac{(k-1)\hat{\sigma}^2}{\sum_{j=1}^{k}(\hat{\beta}_j^*)^2} \tag{7.71}$$

作为(7.68)式中 l 的估计值。

最后需指出的是,多重共线性是一种样本现象。同一个模型在一个样本下可能表现出多重共线性,而在另一个样本下可能就不存在多重共线性,因此增加样本容量就有可能消除多重共线性。

另外,多重共线性的主要问题在于使参数估计量的方差变大,而从(7.53)式中可知,随机干扰项的方差、变量的变异程度与方差膨胀因子一起决定着参数估计量的方差。如果存在多重共线性,而随机干扰项的方差很小,或变量的变异程度很大,都可能得到较小的参数估计量的方差。这时,即使有较严重的多重共线性,也不会带来不良后果。因此,只要回归方程估计得参数标准差较小,t 统计值较大,就没有必要过于关心是否存在多重共线性的问题。

7.2.4 案例分析

【案例一】

影响国内旅游市场收入的主要因素,除了国内旅游人数和旅游支出以外,还可能与相关基础设施有关。为此,考虑的影响因素主要有国内旅游人数 X_1,城镇居民人均旅游支出 X_2,农村居民人均旅游支出 X_3,并以公路里程 X_4 和铁路里程 X_5 作为相关基础设施的代表。为此设定了如下对数形式的计量经济模型:

$$Y_t = \beta_1 + \beta_2 X_{1t} + \beta_3 X_{2t} + \beta_4 X_{3t} + \beta_5 X_{4t} + \beta_6 X_{5t} + u_t$$

其中:

Y_t——第 t 年全国旅游收入

X_1——国内旅游人数(万人)

X_2——城镇居民人均旅游支出(元)

X_3——农村居民人均旅游支出(元)

X_4——公路里程(万公里)

X_5——铁路里程(万公里)

为估计模型参数,收集旅游事业发展最快的 1994—2003 年的统计数据如下:

表 7-7 旅游业发展 1994—2003 年的统计数据

年份	国内旅游收入(亿元)	国内旅游人数(万人次)	城镇居民人均旅游支出(元)	农村居民人均旅游支出(元)	公路里程(万公里)	铁路里程(万公里)
	Y	X_1	X_2	X_3	X_4	X_5
1994	1 023.5	52 400	414.7	54.9	111.78	5.90
1995	1 375.7	62 900	464.0	61.5	115.70	5.97

(续表)

年份	国内旅游收入（亿元）Y	国内旅游人数（万人次）X_1	城镇居民人均旅游支出（元）X_2	农村居民人均旅游支出（元）X_3	公路里程（万公里）X_4	铁路里程（万公里）X_5
1996	1 638.4	63 900	534.1	70.5	118.58	6.49
1997	2 112.7	64 400	599.8	145.7	122.64	6.60
1998	2 391.2	69 450	607.0	197.0	127.85	6.64
1999	2 831.9	71 900	614.8	249.5	135.17	6.74
2000	3 175.5	74 400	678.6	226.6	140.27	6.87
2001	3 522.4	78 400	708.3	212.7	169.80	7.01
2002	3 878.4	87 800	739.7	209.1	176.52	7.19
2003	3 442.3	87 000	684.9	200.0	180.98	7.30

数据来源：《中国统计年鉴2004》。

利用 EViews 软件，输入 Y、X1、X2、X3、X4、X5 等数据，采用这些数据对模型进行 OLS 回归，如图 7-45。

ls y c x1 x2 x3 x4 x5

```
Dependent Variable: Y
Method: Least Squares
Date: 05/22/13   Time: 07:07
Sample: 1994 2003
Included observations: 10

Variable      Coefficient   Std. Error    t-Statistic   Prob.

C             -274.3773     1316.690      -0.208384     0.8451
X1            0.013088      0.012692      1.031172      0.3607
X2            5.438193      1.380395      3.939591      0.0170
X3            3.271773      0.944215      3.465073      0.0257
X4            12.98624      4.177929      3.108296      0.0359
X5            -563.1077     321.2830      -1.752685     0.1545

R-squared            0.995406    Mean dependent var    2539.200
Adjusted R-squared   0.989664    S.D. dependent var    985.0327
S.E. of regression   100.1433    Akaike info criterion 12.33479
Sum squared resid    40114.74    Schwarz criterion     12.51634
Log likelihood       -55.67396   Hannan-Quinn criter.  12.13563
F-statistic          173.3525    Durbin-Watson stat    2.311565
Prob(F-statistic)    0.000092
```

图 7-45　线性回归模型

由此可见，该模型 $R^2=0.9954$，$\bar{R}^2=0.9897$，可决系数很高，F 检验值 173.3525，明显显著。但是当 $\alpha=0.05$ 时 $t_{\alpha/2}(n-k)=t_{0.025}(10-6)=2.776$，不仅 X1、X5 系数的 t 检验不显著，而且 X5 系数的符号与预期的相反，这表明很可能存在严重的多重共线性。

计算相关系数，选择 y x1 x2 x3 x4 x5 数据，点"view/correlations"得相关系数矩阵，如表 7-8：

cor y x1 x2 x3 x4 x5

表 7-8 相关系数矩阵

	Y	X1	X2	X3	X4	X5
Y	1.000 000	0.950 646	0.977 673	0.878 330	0.916 214	0.951 509
X1	0.950 646	1.000 000	0.918 851	0.751 960	0.947 977	0.941 681
X2	0.977 673	0.918 851	1.000 000	0.865 145	0.859 191	0.963 313
X3	0.878 330	0.751 960	0.865 145	1.000 000	0.664 946	0.818 137
X4	0.916 214	0.947 977	0.859 191	0.664 946	1.000 000	0.897 708
X5	0.951 509	0.941 681	0.963 313	0.818 137	0.897 708	1.000 000

由相关系数矩阵可以看出:各解释变量相互之间的相关系数较高,证实确实存在严重多重共线性。

采用逐步回归的办法,去检验和解决多重共线性问题。分别作 Y 对 X1、X2、X3、X4、X5 的一元回归,汇总后的结果如表 7-9：

表 7-9 Y 对 X1、X2、X3、X4、X5 的一元回归结果

变量	X1	X2	X3	X4	X5
参数估计值	0.084 2	9.052 3	11.667 3	34.332 4	2 014.146
t 统计量	8.665 9	13.159 8	5.196 7	6.467 5	8.748 7
R^2	0.903 7	0.955 8	0.771 5	0.839 4	0.905 4

按 R^2 的大小排序为:X2、X5、X1、X4、X3。

以 X2 为基础,顺次加入其他变量逐步回归。首先加入 X5 回归结果如图 7-46：

```
Variable        Coefficient   Std. Error    t-Statistic   Prob.
C               -4109.639     2582.991      -1.591039     0.1556
X2               7.850632     2.699155       2.908552     0.0227
X5             285.1784      617.0820        0.462140     0.6580

R-squared              0.957152    Mean dependent var    2539.200
Adjusted R-squared     0.944910    S.D. dependent var     985.0327
S.E. of regression     231.1992    Akaike info criterion  13.96776
Sum squared resid      374171.5    Schwarz criterion      14.05854
Log likelihood        -66.83881    Hannan-Quinn criter.   13.86818
F-statistic            78.18479    Durbin-Watson stat      1.105990
Prob(F-statistic)      0.000016
```

图 7-46 Y 对 X2、X5 的回归结果

取 $\alpha=0.05$ 时,$t_{\alpha/2}(n-k)=t_{0.025}(10-3)=2.365$,X5 参数 t 检验不显著,予以剔除,加入 X1 回归结果如图 7-47：

Variable	Coefficient	Std. Error	t-Statistic	Prob.
C	-3326.393	394.5101	-8.431704	0.0001
X2	6.194241	1.445930	4.283915	0.0036
X1	0.029761	0.013835	2.151159	0.0685
R-squared	0.973418	Mean dependent var		2539.200
Adjusted R-squared	0.965823	S.D. dependent var		985.0327
S.E. of regression	182.1036	Akaike info criterion		13.49035
Sum squared resid	232132.1	Schwarz criterion		13.58113
Log likelihood	-64.45177	Hannan-Quinn criter.		13.39077
F-statistic	128.1669	Durbin-Watson stat		1.119990
Prob(F-statistic)	0.000003			

图 7-47　Y 对 X2、X1 的回归结果

X1 参数的 t 检验不显著，予以剔除，加入 X4 回归结果如图 7-48：

Variable	Coefficient	Std. Error	t-Statistic	Prob.
C	-3059.972	321.4909	-9.518069	0.0000
X2	6.736535	1.013840	6.644575	0.0003
X4	10.90789	4.103112	2.658444	0.0325
R-squared	0.978028	Mean dependent var		2539.200
Adjusted R-squared	0.971751	S.D. dependent var		985.0327
S.E. of regression	165.5601	Akaike info criterion		13.29987
Sum squared resid	191871.1	Schwarz criterion		13.39065
Log likelihood	-63.49936	Hannan-Quinn criter.		13.20029
F-statistic	155.7951	Durbin-Watson stat		1.318762
Prob(F-statistic)	0.000002			

图 7-48　Y 对 X2、X4 的回归结果

X2、X4 参数的 t 检验显著，保留 X4，再加入 X3 回归结果如图 7-49：

Variable	Coefficient	Std. Error	t-Statistic	Prob.
C	-2441.161	296.0388	-8.246086	0.0002
X2	4.215884	1.068670	3.944983	0.0076
X4	13.62909	2.904156	4.692961	0.0034
X3	3.221965	1.050297	3.067670	0.0220
R-squared	0.991445	Mean dependent var		2539.200
Adjusted R-squared	0.987168	S.D. dependent var		985.0327
S.E. of regression	111.5822	Akaike info criterion		12.55658
Sum squared resid	74703.57	Schwarz criterion		12.67761
Log likelihood	-58.78288	Hannan-Quinn criter.		12.42380
F-statistic	231.7935	Durbin-Watson stat		1.952587
Prob(F-statistic)	0.000001			

图 7-49　Y 对 X2、X3、X4 的回归结果

取 $\alpha=0.05$ 时，$t_{\alpha/2}(n-k)=t_{0.025}(10-4)=2.447$，X2、X4、X3 系数 t 检验都显著，多重共线性消除。

在其他因素不变的情况下，当城镇居民人均旅游支出 X2 和农村居民人均旅游支出 X3 分别增长 1 元时，国内旅游收入 Y 将分别增长 4.21 亿元和 3.22 亿元。在其他因素不变的情况下，作为旅游设施的代表，公路里程 X4 每增加 1 万公里时，国内旅游收入 Y 将增长 13.63 亿元。

【案例二】 多重共线性的检验和处理

影响粮食生产(Y)的主要因素有农业化肥施用量(X1)、粮食播种面积(X2)、成灾面积(X3)、农业机械总动力(X4)和农业劳动力(X5)，下表给出了 1983—2000 年中国粮食生产的相关数据：

表 7-10　1983—2000 年中国粮食生产的相关数据

年份	Y	X1	X2	X3	X4	X5
1983	38 728	1 660	114 047	16 209	18 022	31 151
1984	40 731	1 740	112 884	15 264	19 497	30 868
1985	37 911	1 776	108 845	22 705	20 913	31 130
1986	39 151	1 931	110 933	23 656	22 950	31 254
1987	40 208	1 999	111 268	20 393	24 836	31 663
1988	39 408	2 142	110 123	23 945	26 575	32 249
1989	40 755	2 357	112 205	24 449	28 067	33 225
1990	44 624	2 590	113 466	17 819	28 708	38 914
1991	43 529	2 806	112 314	27 814	29 389	39 098
1992	44 264	2 930	110 560	25 895	30 308	38 669
1993	45 649	3 152	110 509	23 133	31 817	37 680
1994	44 510	3 318	109 544	31 383	33 802	36 628
1995	46 662	3 594	110 060	22 267	36 118	35 530
1996	50 454	3 828	112 548	21 233	38 547	34 820
1997	49 417	3 981	112 912	30 309	42 016	34 840
1998	51 230	4 084	113 787	25 181	45 208	35 177
1999	50 839	4 124	113 161	26 731	48 996	35 768
2000	46 218	4 146	108 463	34 374	52 574	36 043
2001	45 264	4 254	106 080	31 793	55 172	36 513
2002	45 706	4 339	103 891	27 319	57 930	36 870
2003	43 070	4 412	99 410	32 516	60 387	36 546
2004	46 947	4 637	101 606	16 297	64 028	35 269
2005	48 402	4 766	104 278	19 966	68 398	33 970

(续表)

年份	Y	X1	X2	X3	X4	X5
2006	49 804	4 928	104 958	24 632	72 522	32 561
2007	50 160	5 108	105 638	25 064	76 590	31 444

(一) 新建工作文件并保存

打开 EViews 软件,在主菜单栏点击 File\new\workfile,输入 start date 1983 和 end date 2007 并点击确认,点击 save 键,输入文件名进行保存。

(二) 输入并编辑数据

在主菜单栏点击 Quick 键,选择 empty\group 新建空数据栏,根据理论和经验分析,影响粮食生产(Y)的主要因素有农业化肥施用量(X1)、粮食播种面积(X2)、成灾面积(X3)、农业机械总动力(X4)和农业劳动力(X5),其中成灾面积的符号为负,其余均应为正。点击 name 键进行命名,选择默认名称 Group01,保存文件。

(三) 用普通最小二乘法估计模型参数

用最小二乘法估计模型参数。分别对 y、x1、x2、x3、x4、x5 取对数,克服序列相关性以及成为线性关系,建立 y 对所有解释变量的回归模型:

$$\text{Ln} Y = \beta_0 + \beta_1 \ln X1 + \beta_2 \ln X2 + \beta_3 \ln X3 + \beta_4 \ln X4 + \beta_5 \ln X5 + \mu$$

在主菜单栏点击 Quick\Estimate Equation,出现对话框,输入 "ln y C ln x1 ln x2 ln x3 ln x4 ln x5",默认使用最小二乘法进行回归分析,得到多元线性方程模型参数,如表 7-11。

表 7-11 回归结果

Dependent Variable: LNY			
Method: Least Squares			
Date: 12/19/13 Time: 08:49			
Sample: 1983 2007			
Included observations: 25			
Variable	Coefficient	Std. Error	t-Statistic	Prob.
C	−4.169 757	1.923 113	−2.168 233	0.043 0
LNX1	0.381 247	0.050 227	7.590 497	0.000 0
LNX2	1.222 210	0.135 132	9.044 585	0.000 0
LNX3	−0.081 101	0.015 299	−5.301 032	0.000 0
LNX4	−0.047 302	0.044 750	−1.057 021	0.303 8
LNX5	−0.101 427	0.057 713	−1.757 447	0.094 9
R-squared	0.981 607	Mean dependent var		10.709 05
Adjusted R-squared	0.976 767	S. D. dependent var		0.093 396
S. E. of regression	0.014236	Akaike info criterion		−5.460 540

(续表)

Dependent Variable：LNY			
Sum squared resid	0.003 851	Schwarz criterion	−5.168 010
Log likelihood	74.256 75	F-statistic	202.800 6
Durbin-Watson stat	1.792 233	Prob(F-statistic)	0.000 000

$\text{Ln}\hat{Y} = -4.16 + 0.382\ln X1 + 1.222\ln X2 - 0.081\ln X3 - 0.048\ln X4 - 0.102\ln X5$ 从计算结果看，$R^2 = 0.981\,607$，较大并接近于 1，$F = 202.800\,6 > F_{0.05}(5,19) = 2.74$ 故认为粮食生产量与上述所有解释变量间总体线性相关显著。一般的，t 的绝对值大于 2，则解释变量对被解释变量关系显著，但是 $X4$、$X5$ 前参数未通过 t 检验，而且符号的经济意义也不合理，故认为解释变量间存在多重共线性。为了进一步检验多重共线性，进行下面操作。

（四）多重共线性检验

计算解释变量间的两两相关系数，得到简单相关系数矩阵如表 7 - 12：

表 7 - 12　变量间的两两相关系数

	LnX1	LnX2	LnX3	LnX4	LnX5
LnX1	1	−0.568 744	0.451 700	0.964 357	0.440 576
LnX2	−0.568 744	1	−0.214 097	−0.697 625	−0.073 448
LnX3	0.451 700	−0.214 097	1	0.398 780	0.411 377
LnX4	0.964 357	−0.697 625	0.398 780	1	0.279 918
LnX5	0.440 576	−0.073 448	0.411 377	0.279 918	1

从相关分析结果来看，部分解释变量间确实存在相关，尤其 X1 与 X4 之间相关性达 0.964 357，高度相关。为了处理多重共线性，正确选择解释变量，进行逐步回归，首先选择最优的基本方程。

（五）多重共线性检验

1. 找出最简单的回归形式，分别做粮食生产量对各个解释变量的回归，得

① Y 对 X1 回归结果如表 7 - 13：

表 7 - 13　Y 对 X1 的回归结果

Dependent Variable：LNY				
Method：Least Squares				
Date：12/19/13　Time：09：15				
Sample：1983 2007				
Included observations：25				
Variable	Coefficient	Std. Error	t-Statistic	Prob.
C	8.902 008	0.206 034	43.206 57	0.000 0

(续表)

Dependent Variable: LNY			
LNX1	0.224 005	0.025 515	8.779 293	0.000 0
R-squared	0.770 175	Mean dependent var	10.709 05
Adjusted R-squared	0.760 182	S. D. dependent var	0.093 396
S. E. of regression	0.045 737	Akaike info criterion	−3.255 189
Sum squared resid	0.048 114	Schwarz criterion	−3.157 679
Log likelihood	42.689 86	F-statistic	77.075 99
Durbin-Watson stat	0.939 435	Prob(F-statistic)	0.000 000

② Y 对 X2 回归结果如表 7-14：

表 7-14　Y 对 X2 的回归结果

Dependent Variable: LNY
Method: Least Squares
Date: 12/19/13　Time: 09:15
Sample: 1983 2007
Included observations: 25

Variable	Coefficient	Std. Error	t-Statistic	Prob.
C	15.157 48	5.912 971	2.563 429	0.017 4
LNX2	−0.383 434	0.509 669	−0.752 321	0.459 5
R-squared	0.024 017	Mean dependent var	10.709 05
Adjusted R-squared	−0.018 417	S. D. dependent var	0.093 396
S. E. of regression	0.094 252	Akaike info criterion	−1.809 063
Sum squared resid	0.204 321	Schwarz criterion	−1.711 553
Log likelihood	24.613 29	F-statistic	0.565 986
Durbin-Watson stat	0.335 219	Prob(F-statistic)	0.459 489

③ Y 对 X3 回归结果如表 7-15：

表 7-15　Y 对 X3 的回归结果

Dependent Variable: LNY
Method: Least Squares
Date: 12/19/13　Time: 09:16
Sample: 1983 2007
Included observations: 25

(续表)

Dependent Variable：LNY				
Variable	Coefficient	Std. Error	t-Statistic	Prob.
C	9.619 722	0.859 744	11.189 05	0.000 0
LNX3	0.108 067	0.085 271	1.267 335	0.217 7
R-squared	0.065 274	Mean dependent var		10.709 05
Adjusted R-squared	0.024 634	S. D. dependent var		0.093 396
S. E. of regression	0.092 239	Akaike info criterion		−1.852 255
Sum squared resid	0.195 684	Schwarz criterion		−1.75 4745
Log likelihood	25.153 19	F-statistic		1.606 139
Durbin-Watson stat	0.597 749	Prob(F-statistic)		0.217 717

④ Y 对 X4 回归结果如表 7-16：

表 7-16 Y 对 X4 回归结果

Dependent Variable：LNY				
Method：Least Squares				
Date：12/19/13 Time：09:17				
Sample：1983 2007				
Included observations：25				
Variable	Coefficient	Std. Error	t-Statistic	Prob.
C	8.949 090	0.298 255	30.004 79	0.000 0
LNX4	0.166 976	0.028 274	5.905 670	0.000 0
R-squared	0.602 605	Mean dependent var		10.709 05
Adjusted R-squared	0.585 327	S. D. dependent var		0.093 396
S. E. of regression	0.060 143	Akaike info criterion		−2.707 578
Sum squared resid	0.083 194	Schwarz criterion		−2.610 068
Log likelihood	35.844 72	F-statistic		34.876 93
Durbin-Watson stat	0.625 528	Prob(F-statistic)		0.000 005

⑤ Y 对 X5 回归结果如表 7-17：

表 7-17 Y 对 X5 回归结果

Dependent Variable：LNY
Method：Least Squares
Date：12/19/13   Time：09:18

(续表)

Dependent Variable：LNY				
Sample：1983 2007				
Included observations：25				
Variable	Coefficient	Std. Error	t-Statistic	Prob.
C	5.593 785	2.453 373	2.280 039	0.032 2
LNX5	0.489 398	0.234 718	2.085 048	0.048 4
R-squared	0.158 970	Mean dependent var		10.709 05
Adjusted R-squared	0.122 404	S.D. dependent var		0.093 396
S. E. of regression	0.087 494	Akaike info criterion		−1.957 881
Sum squared resid	0.176 068	Schwarz criterion		−1.860 371
Log likelihood	26.473 52	F-statistic		4.347 423
Durbin-Watson stat	0.328 025	Prob(F-statistic)		0.048 355

可见，X1 与 Y 的 $R^2=0.770\ 175$，粮食生产受农业化肥施用量的影响最大，与经验相符合，因此选①为初始的回归模型。

2. 逐步回归

① Y 对 X1、X2 的回归结果如表 7-18。

表 7-18 Y 对 X1 和 X2 的回归结果

Dependent Variable：LNY				
Method：Least Squares				
Date：12/19/13 Time：09：19				
Sample：1983 2007				
Included observations：25				
Variable	Coefficient	Std. Error	t-Statistic	Prob.
C	−6.295 682	1.814 941	−3.468 809	0.002 2
LNX1	0.297 854	0.015 482	19.239 29	0.000 0
LNX2	1.258 622	0.150 066	8.387 127	0.000 0
R-squared	0.945 246	Mean dependent var		10.709 05
Adjusted R-squared	0.940 269	S. D. dependent var		0.093 396
S. E. of regression	0.022 826	Akaike info criterion		−4.609 666
Sum squared resid	0.011 463	Schwarz criterion		−4.463 401
Log likelihood	60.620 83	F-statistic		189.900 2

$R^2=0.945\ 246$ 变化显著，t 的绝对值大于 2，所以可作为独立解释变量保留在模型中。

② Y 对 X1、X2、X3 的回归结果如表 7-19：

表 7-19 Y 对 X1、X2 和 X3 的回归结果

\multicolumn{5}{c}{Dependent Variable：LNY}
\multicolumn{5}{c}{Method：Least Squares}
\multicolumn{5}{c}{Date：12/19/13 Time：09：21}
\multicolumn{5}{c}{Sample：1983 2007}
\multicolumn{5}{c}{Included observations：25}
Variable	Coefficient	Std. Error	t-Statistic	Prob.
C	−5.999 638	1.162 078	−5.162 852	0.000 0
LNX1	0.323 385	0.010 861	29.775 52	0.000 0
LNX2	1.290 729	0.096 153	13.423 65	0.000 0
LNX3	−0.086 754	0.015 155	−5.724 484	0.000 0
R-squared	0.978 616	Mean dependent var		10.709 05
Adjusted R-squared	0.975 561	S. D. dependent var		0.093 396
S. E. of regression	0.014 601	Akaike info criterion		−5.469 854
Sum squared resid	0.004 477	Schwarz criterion		−5.274 834
Log likelihood	72.373 18	F-statistic		320.343 8
Durbin-Watson stat	1.412 8 83	Prob(F-statistic)		0.000 000

$R^2 = 0.978\,616$ 变化显著，t 的绝对值大于 2，所以可作为独立解释变量保留在模型中。

③ Y 对 X1、X2、X3、X4 的回归结果如表 7-20：

表 7-20 Y 对 X1、X2、X3、X4 的回归结果

\multicolumn{5}{c}{Dependent Variable：LNY}
\multicolumn{5}{c}{Method：Least Squares}
\multicolumn{5}{c}{Date：12/19/13 Time：09：23}
\multicolumn{5}{c}{Sample：1983 2007}
\multicolumn{5}{c}{Included observations：25}
Variable	Coefficient	Std. Error	t-Statistic	Prob.
C	−6.041 554	1.682 783	−3.590 215	0.001 8
LNX1	0.322 061	0.039 161	8.223 957	0.000 0
LNX2	1.294 001	0.135 368	9.559 117	0.000 0
LNX3	−0.086 665	0.015 730	−5.509 509	0.000 0
LNX4	0.001 303	0.036 972	0.035 251	0.972 2
R-squared	0.978 617	Mean dependent var		10.709 05

(续表)

Dependent Variable：LNY			
Adjusted R-squared	0.974 341	S. D. dependent var	0.093 396
S. E. of regression	0.014 961	Akaike info criterion	−5.389 916
Sum squared resid	0.004 476	Schwarz criterion	−5.146 141
Log likelihood	72.373 95	F-statistic	228.831 6
Durbin-Watson stat	1.413 284	Prob(F-statistic)	0.000 000

$R^2 = 0.978\,617$ 变化不太显著，t 的绝对值小于 2，Prob=0.972 2，所以不可作为独立解释变量保留在模型中。

④ Y 对 X1、X2、X3、X5 的回归结果如表 7-21：

表 7-21 Y 对 X1、X2、X3、X5 的回归结果

Dependent Variable：LNY				
Method：Least Squares				
Date：12/19/13　Time：09:24				
Sample：1983 2007				
Included observations：25				
Variable	Coefficient	Std. Error	t-Statistic	Prob.
C	−5.805 757	1.144 765	−5.071 570	0.000 1
LNX1	0.329 558	0.011 499	28.660 23	0.000 0
LNX2	1.322 299	0.096 690	13.675 62	0.000 0
LNX3	−0.081 185	0.015 344	−5.291 084	0.000 0
LNX5	−0.063 725	0.045 504	−1.400 427	0.176 7
R-squared	0.980 525	Mean dependent var		10.709 05
Adjusted R-squared	0.976 631	S. D. dependent var		0.093 396
S. E. of regression	0.014 278	Akaike info criterion		−5.483 399
Sum squared resid	0.004 077	Schwarz criterion		−5.239 624
Log likelihood	73.542 49	F-statistic		251.745 1
Durbin-Watson stat	1.635 719	Prob(F-statistic)		0.000 000

$R^2 = 0.980\,525$，变化不太显著，t 的绝对值小于 2，Prob=0.176 7，且参数符号与经济意义不符，所以不可作为独立解释变量保留在模型中。

因此，最终的粮食生产函数应以 $Y=f(X1,X2,X3)$ 最优，拟合的结果如下：

$$\text{Ln}\hat{Y} = -5.996 + 0.323\ln X1 + 1.290\ln X2 - 0.087\ln X3$$

【案例三】 多重共线性的检验和处理

表 7-22 变量 Y,X1,X2,X3,X4,X5 的数据

年份	Y	X1	X2	X3	X4	X5
1974	98.45	560.2	153.20	6.53	1.23	1.89
1975	100.70	603.11	190.00	9.12	1.30	2.03
1976	102.80	668.05	240.30	8.10	1.80	2.71
1977	133.95	715.47	301.12	10.10	2.09	3.00
1978	140.13	724.27	361.00	10.93	2.39	3.29
1979	143.11	736.13	420.00	11.85	3.90	5.24
1980	146.15	748.91	491.76	12.28	5.13	6.83
1981	144.60	760.32	501.00	13.50	5.47	8.36
1982	148.94	774.92	529.20	15.29	6.09	10.07
1983	158.55	785.30	552.72	18.10	7.97	12.57
1984	169.68	795.50	771.16	19.61	10.18	15.12
1985	162.14	804.80	811.80	17.22	11.79	18.25
1986	170.09	814.94	988.43	18.60	11.54	20.59
1987	178.69	828.73	1 094.65	23.53	11.68	23.37

资料来源:《天津统计年鉴》1988。

用 1974—1987 年数据建立天津市粮食需求模型如下:

$$Y = -3.49 + 0.13X_1 + 0.07X_2 + 2.67X_3 + 3.44X_4 - 4.49X_5$$
$$(-0.11) \quad (2.12) \quad (1.95) \quad (2.13) \quad (1.41) \quad (-2.03)$$
$$R^2 = 0.97, F = 52.59, T = 14, t_{0.05(8)} = 2.31, (1974—1987)$$

其中,Y:粮食销售量(万吨/年),X_1:市常住人口数(万人),X_2:人均收入(元/年),X_3:肉销售量(万吨/年),X_4:蛋销售量(万吨/年),X_5:鱼虾销售量(万吨/年)。

一、多重共线性的检验

$R^2 = 0.97$,而每个回归参数的 t 检验在统计上不够显著,这说明模型中存在严重的多重共线性。

解释变量间的简单相关系数矩阵为:

表 7-23 解释变量间的简单相关系数矩阵

	Y	X_1	X_2	X_3	X_4	X_5
Y	1.000 0					
X_1	0.961 7	1.000 0				
X_2	0.969 7	0.866 6	1.000 0			
X_3	0.928 8	0.882 3	0.945 9	1.000 0		
X_4	0.892 2	0.852 4	0.964 8	0.940 5	1.000 0	
X_5	0.865 5	0.821 3	0.982 5	0.948 4	0.982 0	1.000 0

显然两两简单相关系数均很高,X_2 与 X_5、X_4 与 X_5 之间的系数达到了 98% 以上,比回归方

程的样本可决系数还要高,因此可以肯定模型存在严重的多重共线性。

二、用逐步回归法检验和克服多重共线性

1. 用每个解释变量分别对被解释变量做简单回归,从而决定解释变量的重要程度,为解释变量排序。

$$\hat{Y} = -90.9 + 0.32 X_1$$
$$(12) \quad R^2 = 0.92, F = 147.6, T = 14, (1974—1987)$$

$$\hat{Y} = 99.6 + 0.08 X_2$$
$$(7.6) \quad R^2 = 0.82, F = 57.6, T = 14, (1974—1987)$$

$$\hat{Y} = 74.6 + 4.89 X_3$$
$$(8.6) \quad R^2 = 0.86, F = 75.4, T = 14, (1974—1987)$$

$$\hat{Y} = 108.8 + 5.74 X_4$$
$$(6.8) \quad R^2 = 0.79, F = 46.8, T = 14, (1974—1987)$$

$$\hat{Y} = 113.4 + 3.08 X_2$$
$$(6.0) \quad R^2 = 0.75, F = 36.1, T = 14, (1974—1987)$$

解释变量的重要程度依次为 X_1, X_3, X_2, X_4, X_5。

2. 以 $Y = -90.9 + 0.32X_1$ 为基础,依次引入 X_3, X_2, X_4, X_5。

(1) 首先把 X_3 引入模型,

$$\hat{Y} = -39.78 + 0.21 X_1 + 1.91 X_3$$
$$(4.6) \quad (2.6)$$
$$R^2 = 0.95, F = 114, T = 14, (1974—1987)$$

因为 R^2 从 0.92 增至 0.95,且 X_3 的系数通过显著性检验,所以在模型中保留 X_3。

(2) 再把 X_2 引入模型,

$$\hat{Y} = 1.45 + 0.21 X_1 + 0.009 X_2 + 1.45 X_3$$
$$(4.3) \quad (0.5) \quad (1.2)$$
$$R^2 = 0.95, F = 70.8, T = 14, (1974—1987)$$

因为 X_2 的引入没有使 R^2 得到改善,同时还使得各回归系数的 t 值下降,所以应剔除 X_2。

(3) 把 X_4 引入模型,

$$\hat{Y} = -37.98 + 0.21 X_1 + 1.75 X_3 + 0.23 X_4$$
$$(4.4) \quad (1.5) \quad (0.18)$$
$$R^2 = 0.95, F = 69, T = 14, (1974—1987)$$

同理,应剔除 X_4。

(4) 把 X_5 引入模型,

$$\hat{Y} = -40.8 + 0.21 X_1 + 2.14 X_3 - 0.16 X_5$$
$$(4.4) \quad (1.6) \quad (-0.2)$$
$$R^2 = 0.95, F = 69, T = 14, (1974—1987)$$

同理，应剔除 X_5。最后确定的模型是

$$\hat{Y} = 0.14\,X_1 + 2.8\,X_3$$
$$(14.0) \quad (5.8)$$
$$R^2 = 0.94, F = 119.8, T = 14, (1974—1987)$$

7.3 序列相关性

7.3.1 序列相关性及其产生的后果

对于线性回归模型：

$$y_t = \beta_0 + \beta_1 x_{1t} + \beta_2 x_{2t} + \cdots + \beta_k x_{kt} + u_t, \quad t = 1, 2, \cdots, T \tag{7.72}$$

随机误差项之间不相关，即无序列相关的基本假设为：

$$\mathrm{cov}(u_t, u_{t-s}) = 0, s \neq 0, t = 1, 2, \cdots, T \tag{7.73}$$

如果扰动项序列 u_t 表现为：

$$\mathrm{cov}(u_t, u_{t-s}) \neq 0, s \neq 0, t = 1, 2, \cdots, T \tag{7.74}$$

即对于不同的样本点，随机扰动项之间不再是完全独立的，而是存在某种相关性，则认为出现了序列相关性(serial correlation)。由于通常假设随机扰动项都服从均值为 0，同方差的正态分布，则序列相关性也可以表示为：

$$E(u_t u_{t-s}) \neq 0, s \neq 0, t = 1, 2, \cdots, T \tag{7.75}$$

如果仅存在：

$$E(u_t u_{t-1}) \neq 0, t = 1, 2, \cdots, T \tag{7.76}$$

称为一阶序列相关，这是一种最常见的序列相关问题。

如果回归方程的扰动项存在序列相关，那么运用最小二乘法得到的参数估计量的方差将被高估或者低估。因此，检验参数显著水平的 t 统计量将不再可信。换言之，由于序列相关的存在，最小二乘估计得到的参数估计量将不再有效。我们可将序列相关可能引起的后果归纳为：

(1) 在线性估计中 OLS 估计量不再是有效的；
(2) 使用 OLS 公式计算出的标准差不正确；
(3) 回归得到的参数估计量 $\hat{\beta}$ 的显著性水平的检验不再可信；
(4) 如果在方程右边有滞后因变量，OLS 估计是有偏的且不一致。

7.3.2 序列相关性的检验方法

EViews 提供了检测序列相关和估计方法的工具，但首先必须排除虚假序列相关。虚假序列相关是指模型的序列相关是由省略的显著解释变量而引起的。例如，在生产函数模型中，如果

省略了资本这个重要的解释变量,资本对产出的影响就被归入随机误差项。由于资本在时间上的连续性,以及对产出影响的连续性,必然导致随机误差项的序列相关。所以在这种情况下,要把显著的变量引入到解释变量中。

1. D.W.统计量检验

Durbin-Watson统计量(简称D.W.统计量)用于检验一阶序列相关,还可估算回归模型邻近残差的线性联系。对于扰动项u_t建立一阶自回归方程:

$$u_t = \rho u_{t-1} + \varepsilon_t, t=1,2,\cdots,T \tag{7.77}$$

D.W.统计量检验的原假设:$\rho=0$,备选假设是$\rho \neq 0$。

$$D.W. = \frac{\sum_{t=2}^{T}(\hat{u}_t - \hat{u}_{t-1})^2}{\sum_{t=1}^{T}\hat{u}_t^2} \approx 2(1-\hat{\rho}) \tag{7.78}$$

如果序列不相关,D.W.值在2附近。如果存在正序列相关,D.W.值将小于2。如果存在负序列相关,D.W.值将在2~4之间。其中正序列相关最为普遍,根据经验,对于有大于50个观测值和较少解释变量的方程,如果D.W.值小于1.5的情况,则说明残差序列存在强的正一阶序列相关。

D.W.统计量检验序列相关有3个主要不足:

(1) D.W.统计量的扰动项在原假设下依赖于系数矩阵X;

(2) 回归方程右边如果存在滞后因变量,D.W.检验不再有效;

(3) 仅仅检验是否存在一阶序列相关。

因此,引进Q统计量和Breush-Godfrey LM检验两种方法,这两种方法克服了上述不足,可以应用于扰动序列相关的检验,以及在方程中存在滞后因变量情况下的序列相关检验。

2. 相关图和Q统计量检验序列相关

我们还可以应用估计回归方程残差序列的自相关系数和偏自相关系数来检验序列相关。

(1) 自相关系数

时间序列u_t滞后k阶的自相关系数由下式估计:

$$r_k = \frac{\sum_{t=k+1}^{T}(u_t - \bar{u})(u_{t-k} - \bar{u})}{\sum_{u=1}^{T}(u_t - \bar{u})^2} \tag{7.79}$$

其中,$\bar{u}$是序列的样本均值,这是相距k期值的相关系数。称r_k为时间序列u_t的自相关系数,自相关系数可以部分地刻画一个随机过程的性质。它告诉我们在序列的u_t临近数据之间存在多大程度的自相关性。

(2) 偏自相关系数

偏自相关系数是指在给定$u_{t-1},u_{t-2},\cdots u_{t-k}$的条件下,$u_t$与$u_{t-k}$之间的条件相关性。其相关程度用偏自相关系数$\varphi_{k,k}$度量。在$k$阶滞后下估计偏相关系数的计算公式如下:

$$\varphi_{k,k} = \begin{cases} r_1, & k=1 \\ \dfrac{r_k - \sum_{j=1}^{k-1} \varphi_{k-1,j} r_{k-1}}{1 - \sum_{j=1}^{k-1} \varphi_{k-1,j} r_{k-1}}, & k>1 \end{cases} \qquad (7.80)$$

其中，r_k 是在 k 阶滞后时的自相关系数估计值，

$$\phi_{k,j} = \varphi_{k-1,j} - \varphi_{k,k} \varphi_{k-1,k-j} \qquad (7.81)$$

这是偏相关系数的一致估计。要得到 $\varphi_{k,k}$ 更确切的估计，则需要进行回归：

$$u_t = \alpha_0 + \alpha_1 u_{t-1} + \cdots + \alpha_{k-1} u_{t-(k-1)} + \varphi_{k,k} u_{t-k} + \varepsilon_t, t=1,2,\cdots,T \qquad (7.82)$$

因此，滞后 k 阶的偏相关系数是当 u_t 对 $u_{t-1}, u_{t-2}, \cdots u_{t-k}$ 作回归时 u_{t-k} 的系数。称之为偏相关是因为它度量了 k 期间距的相关而不考虑 $k-1$ 期的相关。

除了回归方程残差序列的自相关系数和偏自相关系数，我们还可以应用 Ljung-Box Q 统计量来检验序列相关。Q 统计量的表达式为：

$$Q_{LB} = T(T+2) \sum_{j=1}^{p} \frac{r_j^2}{T-j} \qquad (7.83)$$

其中，r_j 是残差序列的 j 阶自相关系数，T 是观测值的个数，p 是设定的滞后阶数。p 阶滞后的 Q 统计量的原假设是序列不存在 p 阶自相关；备选假设为序列存在 p 阶自相关。如果 Q 统计量在某一滞后阶数显著不为零，则说明序列存在某种程度上的序列相关。在实际的检验中，通常会计算出不同滞后阶数的 Q 统计量、自相关系数和偏自相关系数。如果各阶 Q 统计量都没有超过由设定的显著性水平决定的临界值，则接受原假设，即不存在序列相关，并且，此时各阶的自相关和偏自相关系数都接近于 0。如果在某一滞后阶数 p，Q 统计量超过设定的显著性水平的临界值，则拒绝原假设，说明残差序列存在 p 阶自相关。由于 Q 统计量的 p 值要根据自由度 p 来估算，因此，一个较大的样本容量是保证 Q 统计量有效的重要因素。

在 EViews 软件中的操作方法是：在方程工具栏选择 View/Residual Tests/correlogram-Q-statistics。EViews 将显示残差的自相关和偏自相关函数以及对应于高阶序列相关的 Ljung-Box Q 统计量。如果残差不存在序列相关，在各阶滞后的自相关和偏自相关值都接近于零。所有的 Q 统计量不显著，并且有大的 P 值。

【例 7.5】 利用相关图检验残差序列的相关性

考虑美国的一个投资方程：

美国的 GNP 和国内私人总投资 INV 是单位为 10 亿美元的名义值，价格指数 P 为 GNP 的平减指数（1972=100），利息率 R 为半年期商业票据利息。回归方程所采用的变量都是实际 GNP 和实际投资；它们是通过将名义变量除以价格指数得到的，分别用 GDP_P, INV_P 表示。实际利息率的近似值 R_P 则是通过贴现率 R 减去价格指数变化率（用 PR 表示。注意：变化率怎么算？）得到的。样本区间：1963—1984 年，建立如下线性回归方程：

$$\ln(inv_t) = \beta_1 r_{t-1} + \beta_2 \ln(gnp_t) + u_t, t=1,2,\cdots,T$$

最小二乘法得到的估计方程如图 7-50：

ls log(inv_p) r_p(−1) log(gnp_p)

Dependenl Variable：LOG(INV_P)
Melhod: Least Squares
Date：12/21/05 Time：10：43
Sample：1963 1984
Included observations：22

Variable	Coefficienl	Std.Error	t−Statistic	Prob.
R_P(-1)	−0.016260	0.012345	−1.317126	0.2027
LOG(GNP_P)	0.734444	0.004761	154.2521	0.0000
R-squared	0.804042	Mean dependent var		5.061585
Adjusted R-squared	0.794244	S.D. dependent var		0.242460
S.E. of regression	0.109981	Akaike info criterion		−1.490514
Sum squared resid	0.241916	Schwarz criterion		−1.391328
Log likelihood	18.39565	Durbin-Watson stat		0.940743

图 7-50 线性回归方程

$$\ln(inv_t) = -0.016 r_{t-1} + 0.734 \ln(gnp_t) + \hat{u}_t$$

$$t = (-1.32)(154.25)$$

$$R^2 = 0.80 \quad D.W. = 0.94$$

选择 View/Residual test/Correlogram-Q-statistice 会产生如图 7-51 所示的结果：

Correlogram of Residuals

Date: 05/13/13 Time: 03:10
Sample: 1963 1984
Included observations: 22

Autocorrelation	Partial Correlation		AC	PAC	Q-Stat	Prob
		1	0.506	0.506	6.4419	0.011
		2	0.059	−0.265	6.5345	0.038
		3	−0.004	0.134	6.5349	0.088
		4	0.056	0.017	6.6271	0.157
		5	0.243	0.278	8.4664	0.132
		6	0.232	−0.063	10.237	0.115
		7	0.193	0.205	11.544	0.117
		8	−0.101	−0.456	11.926	0.155
		9	−0.414	−0.167	18.875	0.026
		10	−0.327	−0.172	23.581	0.009
		11	−0.182	−0.080	25.175	0.009
		12	−0.067	−0.077	25.413	0.013

图 7-51 自相关和偏自相关图

虚线之间的区域是自相关中正负两倍于估计标准差所夹成的。如果自相关值在这个区域内,则在显著水平为5%的情形下与零没有显著区别。本例中1阶的自相关系数和偏自相关系数都超出了虚线,说明存在1阶序列相关。1阶滞后的 Q 统计量的 P 值很小,拒绝原假设,残差序列存在一阶序列相关。

3. 序列相关的 LM 检验

与 D.W. 统计量仅检验扰动项是否存在一阶自相关不同,Breush-Godfrey LM 检验(Lagrange multiplier,拉格朗日乘数检验)也可应用于检验回归方程的残差序列是否存在高阶自相关,而且在方程中存在滞后因变量的情况下,LM 检验仍然有效。

LM 检验原假设为:直到 p 阶滞后不存在序列相关,p 为预先定义好的整数;备选假设是存在 p 阶自相关。检验统计量由如下辅助回归计算:

(1) 估计回归方程,并求出残差 e_t:

$$e_t = y_t - \hat{\beta}_0 - \hat{\beta}_1 x_{1t} - \hat{\beta}_2 x_{2t} - \cdots - \hat{\beta}_k x_{kt}, t = 1, 2, \cdots, T \tag{7.84}$$

(2) 检验统计量可以基于如下回归得到:

$$e_t = X_t \gamma + \alpha_1 e_{t-1} + \cdots + \alpha_p e_{t-p} + v_t \tag{7.85}$$

这是对原始回归因子 X_t 和直到 p 阶的滞后残差的回归。LM 检验通常给出两个统计量:F 统计量和 $T \times R^2$ 统计量。F 统计量是对式(7.85)所有滞后残差联合显著性的一种检验。$T \times R^2$ 统计量是 LM 检验统计量,是观测值个数 T 乘以回归方程(7.85)的 R^2。一般情况下,$T \times R^2$ 统计量服从渐进的 $\chi^2(p)$ 分布。

在给定的显著性水平下,如果这两个统计量小于设定显著性水平下的临界值,说明序列在设定的显著性水平下不存在序列相关;反之,如果这两个统计量大于设定显著性水平下的临界值,则说明序列存在序列相关性。

在 EView 软件中的操作方法是:选择 View/Residual Tests/Serial correlation LM Test。一般地对高阶的,含有 ARMA 误差项的情况执行 Breush-Godfrey LM。在滞后定义对话框,输入要检验序列的最高阶数(一般采取默认值)。

7.3.3 扰动项存在序列相关的线性回归方程的估计与修正

线性回归模型扰动项序列相关的存在,会导致模型估计结果的失真。因此,必须对扰动项序列的结构给予正确的描述,以期消除序列相关对模型估计结果带来的不利影响。

通常用 AR(p) 模型来描述一个平稳序列的自相关的结构,定义如下:

$$y_t = \beta_0 + \beta_1 x_{1t} + \beta_2 x_{2t} + \cdots + \beta_k x_{kt} + u_t, t = 1, 2, \cdots, T \tag{7.86}$$

$$u_t = \phi_1 u_{t-1} + \phi_2 u_{t-2} + \cdots + \phi_p u_{t-p} + \varepsilon_t \tag{7.87}$$

其中,u_t 是无条件残差,它是回归方程(7.86)的残差,参数 $\beta_0, \beta_1, \beta_2, \cdots, \beta_k$ 是回归模型的系数。式(7.87)是残差 u_t 的 p 阶自回归模型的系数,ε_t 是残差的扰动项,并且是均值为0。方差为常数的白噪声序列,它是因变量真实值和以解释变量以及前预测误差为基础的预测值之差。下面将讨论,如何利用 AR(p) 模型修正扰动项的序列相关,以及用什么方法来估计消除扰动项后方程的未知参数。

1. 修正一阶序列相关

最简单且最常用的序列相关模型是一阶自回归 AR(1) 模型。为了便于理解,先讨论一元线性回归模型,并且具有一阶序列相关的情形,即 $p=1$ 的情形:

$$y_t = \beta_0 + \beta_1 x_t + u_t, t=1,2,\cdots,T \tag{7.88}$$

$$u_t = \phi u_{t-1} + \varepsilon_t \tag{7.89}$$

把式(7.89)代入式(7.88)中得到:

$$y_t = \beta_0 + \beta_1 x_t + \phi u_{t-1} + \varepsilon_t \tag{7.90}$$

然而,由式(7.88)可得:

$$u_{t-1} = y_{t-1} - \beta_0 - \beta_1 x_{t-1} \tag{7.91}$$

再把式(7.91)代入式(7.90)中,并整理得:

$$y_t - \phi y_{t-1} = \beta_0(1-\phi) + \beta_1(x_t - \phi x_{t-1}) + \varepsilon_t \tag{7.92}$$

令 $y_t^* = y_t - \phi y_{t-1}$,$x_t^* = x_t - \phi x_{t-1}$,代入式(7.92)中有:

$$y_t^* = \beta_0(1-\phi) + \beta_1 x_t^* + \varepsilon_t, t=1,2,\cdots,T \tag{7.93}$$

如果已知 ϕ 的具体值,可以直接使用 OLS 方法进行估计。如果 ϕ 的值未知,通常可以采用 Gauss-Newton 迭代法求解,同时得到 ϕ,β_0,β_1 的估计量。

2. 修正高阶序列相关

通常如果残差序列存在 p 阶序列相关,误差形式可以由 AR(p) 过程给出。对于高阶自回归过程,可以采取与一阶序列相关类似的方法,把滞后误差逐项代入,最终得到一个误差项为白噪声序列,参数为非线性的回归方程,并且采用 Gauss-Newton 迭代法求得非线性回归方程的参数。

例如,仍讨论一元线性回归模型,并且扰动项序列具有 3 阶序列相关的情形,即 $p=3$ 的情形:

$$y_t = \beta_0 + \beta_1 x_t + u_t, t=1,2,\cdots,T \tag{7.94}$$

$$u_t = \phi_1 u_{t-1} + \phi_2 u_{t-2} + \phi_3 u_{t-3} + \varepsilon_t \tag{7.95}$$

按照上面处理 AR(1) 的方法,把扰动项的滞后项代入原方程中去,得到如下表达式:

$$y_t = \beta_0 + \beta_1 x_t + \phi_1(y_{t-1} - \beta_0 - \beta_1 x_{t-1}) + \phi_2(y_{t-2} - \beta_0 - \beta_2 x_{t-2}) + \phi_3(y_{t-3} - \beta_0 - \beta_3 x_{t-3}) + \varepsilon_t \tag{7.96}$$

通过一系列的化简后,仍然可以得到参数为非线性,误差项 ε_t 为白噪声序列的回归方程。运用非线性最小二乘法,可以估计出回归方程的未知参数 $\beta_0,\beta_1,\phi_1,\phi_2,\phi_3$。

我们可以将上述讨论引申到更一般的情形:对于非线性形式为 $f(x_t,\beta)$ 的非线性模型,且 $x_t=(1,x_{1t},x_{2t},\cdots,x_{kt})$,$\beta=(\beta_0,\beta_1,\cdots,\beta_k)$ 若残差序列存在 p 阶序列相关,

$$y_t = f(x,\beta) + u_t, t=1,2,\cdots,T \tag{7.97}$$

$$u_t = \phi_1 u_{t-1} + \phi_2 u_{t-2} + \phi_p u_{t-p} + \varepsilon_t \tag{7.98}$$

也可用类似方法转换成误差项 ε_t 为白噪声序列的非线性回归方程,以 $p=1$ 为例,有:

$$y_t = \phi y_{t-1} + f(x,\beta) - \phi_1 f(x_{t-1},\beta) + \varepsilon_t \tag{7.99}$$

使用 Gauss-Newton 算法来估计参数。

7.3.4 平稳时间序列建模

本节将不再仅仅以一个回归方程的扰动项序列为研究对象,而是直接讨论一个平稳时间序列的建模问题。在现实中很多问题,如利率波动、收益率变化及汇率变化等通常是一个平稳序列,或者通过差分等变换可以化成一个平稳序列。本节中,ARMA 模型(autoregressive moving average models)可以用来研究这些经济变量的变化规律,这样一种建模方式属于时间序列分析的研究范畴。

1. 平稳时间序列的概念

经济时间序列不同于横截面数据存在重复抽样的情况,它是一个随机事件的唯一记录。如中国 1980—2004 年的进出口总额是唯一的实际发生的历史记录。从经济的角度看,这个过程是不可重复的。横截面数据中的随机变量可以非常方便地通过其均值、方差或生成数据的概率分布加以描述,但是在时间序列中,这种描述很不清楚。因此,经济时间序列需要对均值和方差给出明晰的定义。

如果随机过程 u_t 的均值和方差、自协方差都不取决于时刻 t,则称时间序列 u_t 是协方差平稳的或弱平稳的,即满足下列三个性质:

$$E(u_t) = \mu, \qquad 对于所有 t \tag{7.100}$$

$$\text{Var}(u_t) = \sigma^2, \qquad 对于所有 t \tag{7.101}$$

$$\text{cov}(u_t, u_{t-s}) = \gamma_s, \qquad 对于所 t 和 s \tag{7.102}$$

注意:如果一个随机过程是弱平稳的,则 u_t 与 u_{t-s} 之间的协方差仅取决于 s,即仅与观测值之间的间隔长度 s 有关,而与时期 t 无关。一般所说的"平稳性"含义就是上述的弱平稳定义。

2. ARMA 模型

(1) 自回归模型 AR(p)

p 阶自回归模型记作 AR(p),满足下面的方程:

$$u_t = c + \phi_1 u_{t-1} + \phi_2 u_{t-2} + \cdots + \phi_p u_{t-p} + \varepsilon_t, t=1,2,\cdots,T \tag{7.103}$$

其中,参数 c 为常数;$\varphi_1, \varphi_2, \cdots, \varphi_p$ 是自回归模型系数;p 为自回归模型阶数;ε_t 是均值为 0,方差为 σ^2 的白噪声序列。

(2) 移动平均模型 MA(q)

q 阶移动平均模型记作 MA(q),满足下面的方程:

$$u_t = \mu + \varepsilon_t + \theta_1 \varepsilon_{t-1} + \cdots + \theta_q \varepsilon_{t-q}, t=1,2,\cdots,T \tag{7.104}$$

其中,参数 μ 为常数;参数 $\theta_1,\theta_2,\cdots,\theta_q$ 是 q 阶移动平均模型的系数;ε_t 是均值为 0,方差为 σ^2 的白噪声序列。

(3) ARMA(p,q)模型

$$u_t = c + \phi_1 u_{t-1} + \cdots + \phi_p u_{t-p} + \varepsilon_t + \theta_1 \varepsilon_{t-1} + \cdots + \theta_q \varepsilon_{t-q}, t=1,2,\cdots,T \tag{7.105}$$

显然,此模型是模型(7.103)和(7.104)的组合形式,称为混合模型,常记作 ARMA(p,q)。当 $p=0$ 时,ARMA$(0,q)=$MA(q);当 $q=0$ 时,ARMA$(p,0)=$AR(p)。

3. ARMA 模型的平稳性

(1) AR(p)模型的平稳性条件

为了理解 AR(p)、MA(q)和 ARMA(p,q)模型的理论结构,简单的算子理论是必不可少的。对于 AR(p)模型:

$$u_t = c + \phi_1 u_{t-1} + \phi_2 u_{t-2} + \cdots + \phi_p u_{t-p} + \varepsilon_t, t=1,2,\cdots,T \tag{7.106}$$

设 L 为滞后算子,则有 $Lu_t = u_{t-1}$,$L^p u_t = u_{t-p}$,特别地 $L^0 u_t = u_t$。则式(7.106)可以改写为:

$$(1 - \phi_1 L - \phi_2 L^2 - \cdots - \phi_p L^p) u_t = c + \varepsilon_t, t=1,2,\cdots,T \tag{7.107}$$

若设 $\Phi(L) = 1 - \phi_1 L - \phi_2 L^2 - \cdots - \phi_p L^p$,令

$$\Phi(z) = 1 - \phi_1 z - \phi_2 z^2 - \cdots - \phi_p z^p = 0 \tag{7.108}$$

则 $\Phi(z)$ 是一个关于 z 的 p 次多项式,AR(p)模型平稳的充要条件是 $\Phi(z)$ 的根全部在单位圆之外。式(7.107)可以改写为滞后算子多项式的形式

$$\Phi(L) u_t = c + \varepsilon_t, t=1,2,\cdots,T \tag{7.109}$$

可以证明如果 AR(p)模型满足平稳性条件,则式(7.109)可以表示为 MA(∞)的形式,从而可以推导出来任何一个 AR(p)模型均可以表示为白噪声序列的线性组合。

(2) MA(q)模型的可逆性

考察 MA(q)模型:

$$u_t - \mu = (1 + \theta_1 L + \theta_2 L^2 + \cdots + \theta_q L^q) \varepsilon_t, t=1,2,\cdots,T \tag{7.110}$$

$$E(\varepsilon_t, \varepsilon_\tau) = \begin{cases} \sigma^2 & t=\tau \\ 0 & t \neq \tau \end{cases} \tag{7.111}$$

若 $1 + \theta_1 z + \theta_2 z^2 + \cdots + \theta_q z^q = 0$ 的根全部落在单位圆之外,则式(7.110)的 MA 算子称为可逆的。尽管不可逆时也可以表征任何给定的数据,但是一些参数估计和预测算法只有在使用可逆表示时才有效。

(3) ARMA(p,q)模型的平稳性条件

ARMA(p,q)模型包括了一个自回归模型 AR(p)和一个移动平均模型 MA(q)

$$u_t = c + \phi_1 u_{t-1} + \cdots + \phi_p u_{t-p} + \varepsilon_t + \theta_1 \varepsilon_{t-1} + \cdots + \theta_q \varepsilon_{t-q}, t=1,2,\cdots,T \tag{7.112}$$

或者以滞后算子多项式的形式表示:

$$(1 - \phi_1 L - \phi_2 L^2 - \cdots - \phi_p L^p) u_t = c + (1 + \theta_1 L + \theta_2 L^2 + \cdots + \theta_q L^q) \varepsilon_t \tag{7.113}$$

若令

$$\Phi(z) = 1 - \phi_1 z - \phi_2 z^2 - \cdots - \phi_p z^p = 0 \qquad (7.114)$$

则 ARMA(p,q)模型(7.112)平稳的充要条件是 $\Phi(z)$ 的根全部落在单位圆之外。在式(7.113)的两边除以 $(1-\phi_1 L-\phi_2 L^2-\cdots-\phi_p L^p)$，可以得到：

$$u_t = \mu + \psi(L)\varepsilon_t, \; t=1,2,\cdots,T \qquad (7.115)$$

其中：

$$\psi(L) = \frac{(1+\theta_1 L+\theta_2 L^2+\cdots+\theta_q L^q)}{(1-\phi_1 L-\phi_2 L^2-\cdots-\phi_p L^p)} \qquad (7.116)$$

$$\sum_{j=0}^{\infty} |\phi_j| < \infty \qquad (7.117)$$

$$\mu = c/(1-\phi_1-\phi_2-\cdots-\phi_p) \qquad (7.118)$$

ARMA 模型构造了一种更为复杂的白噪声序列的线性组合，近似逼近一个平稳序列。可以看出 ARMA 模型的平稳性完全取决于自回归模型的参数 $(1-\phi_1-\phi_2-\cdots-\phi_p)$，而与移动平均模型参数 $(\theta_1,\theta_2,\cdots,\theta_q)$ 无关。

【例 7.6】 利用 AR(1)模型描述上证指数的变化规律

本例取我国上证收盘指数(时间期间：1991 年 1 月—2002 年 12 月，见表 7-24)的月度时间序列 S 作为研究对象，用 AR(1)模型描述其变化规律。

表 7-24　上证收盘指数

时间	1(7)	2(8)	3(9)	4(10)	5(11)	6(12)
1991	129.97	133.01	120.19	113.94	114.83	137.56
1991	143.8	178.43	180.92	218.6	259.6	292.75
1992	313.24	364.66	381.24	445.38	1234.7	1191.2
1992	1052.1	823.27	702.32	507.25	724.6	780.39
1993	1198.5	1339.9	925.91	1358.8	935.48	1007.1
1993	881.07	895.68	890.27	814.82	984.93	833.8
1994	770.25	770.98	704.46	592.56	556.26	469.29
1994	333.92	785.33	791.15	654.98	683.59	647.87
1995	562.59	549.26	646.92	579.93	700.51	630.58
1995	695.55	723.87	722.43	717.32	641.14	555.29
1996	537.35	602.02	556.39	681.16	643.65	804.25
1996	822.48	809.94	875.53	976.71	1033	917.02
1997	964.74	1040	1234.6	1393.8	1285.2	1250.3
1997	1189.8	1221.1	1097.4	1180.4	1139.6	1194.1
1998	1222.9	1206.5	1243	1343.5	1411.2	1339.2

(续表)

时间	1(7)	2(8)	3(9)	4(10)	5(11)	6(12)
1998	1 316.9	1 150.2	1 242.9	1 217.3	1 247.4	1 146.7
1999	1 134.7	1 090.1	1 158.1	1 120.9	1 279.3	1 689.4
1999	1 601.5	1 627.1	1 570.7	1 504.6	1 435	1 366.6
2000	1 535	1 714.6	1 800.2	1 836.3	1 894.6	1 928.1
2000	2 023.5	2 021.2	1 910.2	1 961.3	2 070.6	2 073.5
2001	2 065.6	1 959.2	2 112.8	2 119.2	2 214.3	2 218
2001	1 920.3	1 834.1	1 764.4	1 689.2	1 748	1 646
2002	1 491.7	1 524.7	1 603.9	1 667.7	1 515.7	1 732.8
2002	1 651.6	1 666.6	1 581.6	1 507.5	1 434.2	1 357.7

首先对其做变化率：$sr_t = 100(S_t - S_{t-1})/S_{t-1}$（$t=1,2,\cdots,T$），这样便得到了变化率序列。一般来讲，股价指数序列并不是一个平稳的序列，而通过变换后的变化率数据是一个平稳序列，可以作为我们研究、建模的对象。记上证股价指数变化率序列为 sr，建立如下模型：

$$sr_t = c + \phi \cdot sr_{t-1} + u_t, t=1,2,\cdots,T$$

估计输出结果显示如图 7-52：

```
Dependent Variable: SR
Method: Least Squares
Date: 05/13/13   Time: 05:19
Sample (adjusted): 1991M02 2003M03
Included observations: 146 after adjustments
```

Variable	Coefficient	Std. Error	t-Statistic	Prob.
C	3.502076	1.863774	1.879024	0.0623
SR(-1)	-0.060552	0.083186	-0.727913	0.4678

R-squared	0.003666	Mean dependent var	3.301367
Adjusted R-squared	-0.003253	S.D. dependent var	22.23611
S.E. of regression	22.27225	Akaike info criterion	9.058164
Sum squared resid	71431.66	Schwarz criterion	9.099035
Log likelihood	-659.2460	Hannan-Quinn criter.	9.074771
F-statistic	0.529858	Durbin-Watson stat	2.001538
Prob(F-statistic)	0.467849		

图 7-52 模型输出结果

$$sr_t = 3.502 - 0.060\,6 sr_{t-1} + \hat{u}_t$$
$$t = (1.897)(-0.728)$$
$$R^2 = 0.003\,67 \quad \text{D.W.} = 2.001\,5$$

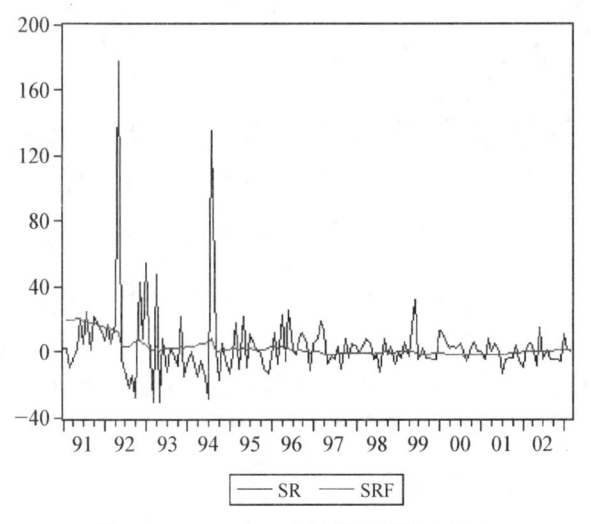

图 7-53 SR 表示上证股价指数变化率

图 7-53 中，SR 表示上证股价指数变化率，其中 SRF 是 AR(1)模型的拟合值。

从图 7-53 可以看出，我国上证股价指数变化率序列在 1992—1994 年之间变化很大，而后逐渐变小，基本在 3%上下波动。近年来波动平缓，并且大多在 3%下面波动。拟合曲线基本代表了这一时期的均值。

7.3.5 非平稳时间序列建模

前述的 AR(p)、MA(q)和 ARMA(p,q)三个模型只适用于刻画一个平稳序列的自相关性。一个平稳序列的数字特征，如均值、方差和协方差等是不随时间的变化而变化的，时间序列在各个时间点上的随机性服从一定的概率分布。也就是说，对于一个平稳的时间序列可以通过过去时间点上的信息，建立模型拟合过去信息，进而预测未来的信息，然而对于一个非平稳时间序列而言，时间序列的数字特征是随着时间的变化而变化的，也就是说，非平稳时间序列在各个时间点上的随机规律是不同的，难以通过序列已知的信息去掌握时间序列整体上的随机性。因此，对于一个非平稳序列去建模，预测是困难的。而在实践中遇到的经济和金融数据大多是非平稳的时间序列。如图 7-54，中国 1978—2002 年的 GDP 序列就具有很强的上升趋势。

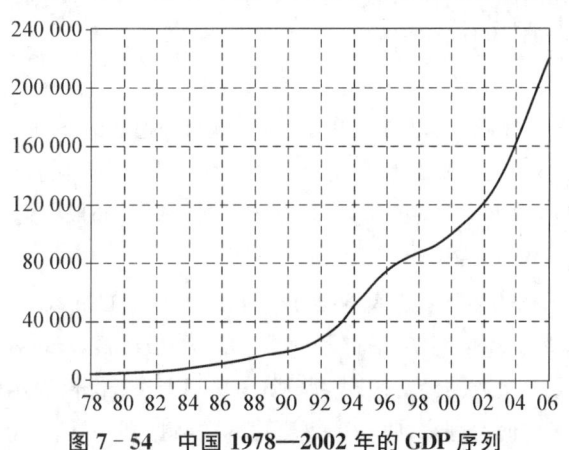

图 7-54 中国 1978—2002 年的 GDP 序列

1. 非平稳序列和单整

(1) 确定性时间趋势

描述类似图 7-54 形式的非平稳经济时间序列有两种方法，一种方法是包含一个确定性时间趋势：

$$y_t = a + \delta t + u_t, t = 1, 2, \cdots, T \tag{7.119}$$

其中 u_t 是平稳序列；$a + \delta t$ 是线性趋势函数。这种过程也称为趋势平稳的，因为如果从式 (7.119) 中减去 $a + \delta t$ 结果是一个平稳过程。注意到如图 7-54 一类的经济时间序列常呈指数趋势增长，但是指数趋势取对数就可以转换为线性趋势。

另一种方法是设定为单位根过程，非平稳序列中有一类序列可以通过差分运算，得到具有平稳性的序列，考虑下式：

$$y_t = a + y_{t-1} + u_t, t = 1, 2, \cdots, T \tag{7.120}$$

也可写成：

$$\Delta y = (1 - L) y_t = a + u_t \tag{7.121}$$

其中，a 是常数，u_t 是平稳序列，若 $u_t = \varepsilon_t$，且 ε_t 是一个白噪声序列，则该过程称为含位移 a 的随机游走。若令 $y_0 = 0$，则由式(7.120)生产成的序列 y_t，有 $\mathrm{var}(y_t) = t\sigma^2$，显然违背了时间序列平稳性的假设。而其差分序列 Δy 是平稳序列。

如果残差序列是一个非平稳序列，则说明因变量除了能被解释变量解释的部分以外，其余的部分变化仍然不规则，随着时间的变化有越来越大的偏离因变量均值的趋势，这样的模型是不能够用来预测未来信息的。残差序列是一个非平稳序列的回归被称为伪回归，这样的一种回归有可能拟合优度、显著性水平等指标都很好，但由于残差序列是一个非平稳序列，说明了这种回归关系不能够真实地反映因变量和解释变量之间存在的均衡关系，而仅仅是一种数字上的巧合而已。伪回归的出现说明模型的设定出现了问题，有可能需要增加解释变量或者减少解释变量，抑或是把原方程进行差分，以使残差序列达到平稳。非平稳序列的各期的均值、方差及协方差是随着时间的变化而变化的，因此，很难利用其已知的信息建立模型去预测未来的信息。一个可行的办法是，先把一个非平稳时间序列通过某种变换化成一个平稳序列，然后去建立模型，并利用变量之间的相关信息，描述经济时间序列的变化规律。

(2) 单整

像前述 y_t 这种非平稳序列，可以通过差分运算，得到平稳性的序列称为单整(integration)序列。定义如下：如果序列 y_t 通过 d 次差分成为一个平稳序列，而这个序列差分 $d-1$ 次时却不平稳，那么称序列 y_t 为 d 阶单整序列，记为 $y_t \sim I(d)$。特别的，如果序列 y_t 本身是平稳的，则为零阶单整序列，记为 $y_t \sim I(0)$。

单整阶数是使序列中单位根个数，或者是序列平稳而差分的阶数。对于上面的随机游走过程，有一个单位根，所以是 $I(1)$，同样，平稳序列 $I(0)$。一般而言，表示存量的数据，如以不变价格资产总值、储蓄余额等存量数据经常表现为 2 阶单整；以不变价格表示的消费额、收入等流量数据经常表现为 1 阶单整；而像利率、收益率等变化率的数据则经常表现为 0 阶单整。

2. 非平稳序列的单位根检验

检查序列平稳性的标准方法是单位根检验。有 6 种单位根检验方法：DF 检验、ADF 检验、PP 检验、KPSS 检验、ERS 检验和 NP 检验，本节将介绍 DF 检验、ADF 检验、PP 检验。

(1) DF 检验

为说明 DF 检验，先考虑 3 种形式的回归模型：

$$y_t = \rho y_{t-1} + u_t, t = 1, 2, \cdots, T \tag{7.122}$$

$$y_t = \rho y_{t-1} + a + u_t, t = 1, 2, \cdots, T \tag{7.123}$$

$$y_t = \rho y_{t-1} + a + \delta t + u_t, t = 1, 2, \cdots, T \tag{7.124}$$

其中，a 是常数，δt 是线性趋势函数，$u_t \sim i.i.d.N(0,\sigma^2)$。如果 $-1 < \rho < 1$，则 y_t 平稳。如果 $\rho = 1$，y_t 序列是一阶单整非平稳序列。如果 $|\rho| > 1$，则序列发散。因此，判断一个序列是否平稳，可以通过检验 ρ 是否严格小于 1 来实现。也就是说，原假设为 $H_0: \rho = 1$，备选假设为 $H_1: \rho < 1$。

从方程两边同时减去 y_{t-1} 得，

$$\Delta y_t = \gamma y_{t-1} + u_t, t = 1, 2, \cdots, T \tag{7.125}$$

$$\Delta y_t = \gamma y_{t-1} + a + u_t, t = 1, 2, \cdots, T \tag{7.126}$$

$$\Delta y_t = \gamma y_{t-1} + a + \delta t + u_t, t = 1, 2, \cdots, T \tag{7.127}$$

其中，$\gamma = \rho - 1$，所以原假设和备选假设可以改写为：

$$\begin{cases} H_0: \gamma = 0 \\ H_1: \gamma < 0 \end{cases} \tag{7.128}$$

可以通过最小二乘法得到 γ 的估计值 $\hat{\gamma}$，并对其进行显著性检验的方法，构造检验显著性水平的 t 统计量。但是，Dickey-Fuller 研究了 t 统计量在原假设下已经不再服从 t 分布，它依赖于回归的形式(是否引进了常数项和趋势项)和样本长度 T。Mackinnon 进行了大规模的模拟，给出了不同回归模型、不同样本数以及不同显著性水平下的临界值。这样，就可以根据需要，选择适当的显著性水平，通过 t 统计量来决定是否接受或拒绝原假设。这一检验被称为 Dickey-Fuller 检验 (DF 检验)。

上面描述的单位根检验只有当序列为 AR(1) 时才有效。如果序列存在高阶滞后相关，这就违背了扰动项是独立同分布的假设。在这种情况下，可以使用增广的 DF 检验方法 (augmented Dickey-Fuller test) 来检验含有高阶序列相关的序列的单位根。

(2) ADF 检验

ADF 检验 (augmented Dickey-Fuller test) 方法通过在回归方程右边加入因变量 y_t 的滞后差分项来控制高阶序列相关：

$$\Delta y_t = \gamma y_{t-1} + \sum_{i=1}^{p} \beta_i \Delta y_{t-i} + u_t, t=1,2,\cdots,T \qquad (7.129)$$

$$\Delta y_t = \gamma y_{t-1} + a + \sum_{i=1}^{p} \beta_i \Delta y_{t-i} + u_t, t=1,2,\cdots,T \qquad (7.130)$$

$$\Delta y_t = \gamma y_{t-1} + a + \delta t + \sum_{i=1}^{p} \beta_i \Delta y_{t-i} + u_t, t=1,2,\cdots,T \qquad (7.131)$$

扩展定义将检验：

$$\begin{cases} H_0: \gamma = 0 \\ H_1: \gamma < 0 \end{cases} \qquad (7.132)$$

也就是说，原假设为序列存在一个单位根；备选假设为不存在单位根序列 y_t，可能还包含常数项和时间趋势项。判断 γ 的估计值 $\hat{\gamma}$ 是接受原假设或者接受备选假设，进而判断一个高阶自相关序列 AR(p) 过程是否存在单位根。类似于 DF 检验，Mackinnon 通过模拟也得出在不同回归模型及不同样本容量下检验 $\hat{\gamma}$ 在 I 设定显著水平下的 t 统计量的临界值。这使我们能够很方便地在设定的显著水平下判断高阶自相关序列是否存在单位根。

但是，在进行 ADF 检验时，必须注意以下两个问题：

① 必须为回归定义合理的滞后阶数，通常采用 AIC 准则来确定给定时间序列模型的滞后阶数。在实际应用中，还需要兼顾其他的因素，如系统的稳定性、模型的拟合优度等。

② 可以选择常数和线性时间趋势，选择哪种形式很重要，因为检验显著性水平的 t 统计量在原假设下的渐近分布依赖于关于这些项的定义。

（ⅰ）若原序列中不存在单位根，则检验回归形式选择含有常数，意味着所检验的序列其均值不为 0；若原序列中存在单位根，则检验回归形式选择含有常数，意味着所检验的序列具有线性趋势。一个简单易行的办法是画出检验序列的曲线图，通过图形观察原序列是否在一个偏离 0 的位置随机变动或具有一个线性趋势，进而决定是否在检验时添加常数项。

（ⅱ）若原序列中不存在单位根，则检验回归形式选择含有常数和趋势，意味着所检验的序列具有线性趋势；若原序列中存在单位根，则检验回归形式选择含有常数和趋势，意味着所检验的序列具有二次趋势。同样，决定是否在检验中添加时间趋势项，也可以通过画出原序列的曲线图来观察。如果图形中大致显示了被检验序列的波动趋势呈非线性变化，那么可以添加时间趋势项。

(3) PP 检验

类似于 DF 检验的作用，Philips 和 Perron(1988) 提出一种非参数方法来检验一阶自回归过程 AR(1) 的平稳性，对于方程：

$$\Delta y_t = \gamma y_{t-1} + a + u_t, t=1,2,\cdots,T \qquad (7.133)$$

原假设和备选假设为：

$$\begin{cases} H_0: \gamma = 0 \\ H_1: \gamma < 0 \end{cases} \qquad (7.134)$$

接受原假设，意味着存在单位根；反之，接受备选假设，意味着不存在单位根。PP 检验

(Philips-Perron Test)也是通过构造一个具有 t 分布的统计量 $t_{p.p}$ 来检验 $\hat{\gamma}$ 的取值情况，只是此时 t 统计量构造相对于 DF 检验的统计量更为稳健。

PP 统计量 $t_{p.p}$ 的具体构造形式如下：

$$t_{p.p} = \frac{\hat{\gamma}_0^{0.5} t_r}{\omega} - \frac{T(\omega^2 - \hat{\gamma}_0)s_{\hat{\gamma}}}{2\omega\hat{\sigma}} \tag{7.135}$$

其中，$\hat{\gamma}_0$ 是(7.133)回归残差方差的一直估计量，即

$$\hat{\gamma}_0 = \frac{T-k}{T}\hat{\sigma}^2 \tag{7.136}$$

其中，k 是解释变量的个数。

$$\omega^2 = \hat{\gamma}_0 + 2\sum_{j=1}^{q}(1 - \frac{j}{q+1})\hat{\gamma}_j \tag{7.137}$$

$$\hat{\gamma}_j = \frac{1}{T}\sum_{t=j+1}^{T} \hat{u}_t \hat{u}_{t-j} \tag{7.138}$$

其中，q 是截断滞后因子，t_r 是 t 统计量，$s_{\hat{\gamma}}$ 是 $\hat{\gamma}$ 的标准差，$\hat{\sigma}$ 是回归标准差，$\hat{\gamma}_j$ 是残差序列的 j 阶自协方差的估计值。

同 ADF 检验的 t 统计量一样，通过模拟可以给出 PP 统计量在不同显著性水平下的临界值，使得我们能够很容易地实施检验。使用 PP 检验，还必须定义截断滞后因子 q，即要包括需修正的序列相关阶数，这种修正方法是非参数的。选择的滞后阶数可以通过原序列的自相关和偏自相关系数图的大致确定，也可以通过 AIC 准则来确定。PP 检验也可以包括常数项和实践趋势项，这里也可以通过画出被检验序列的图形来判断是否在检验中包含常数项或者时间趋势项。

7.3.6 ARIMA 模型

1. ARIMA 模型的形式

我们已经介绍了对于单整序列能够 d 次差分将非平稳序列转化为平稳序列。设 y_t 是 d 阶单整序列，即 $y_t \sim I(d)$，则：

$$\omega_t = \Delta^d y_t = (1-L)^d y_t \tag{7.139}$$

ω_t 为平稳序列，即 $\omega_t \sim I(0)$，于是可以对 ω_t 建立 ARMA(p,q) 模型：

$$\omega_t = c + \phi_1 \omega_{t-1} + \cdots + \phi_p \omega_{t-p} + \varepsilon_t + \theta_1 \varepsilon_{t-1} + \cdots + \theta_q \varepsilon_{t-q} \tag{7.140}$$

用滞后算子表示，则：

$$\Phi(L)\omega_t = c + \Theta(L)\varepsilon_t \tag{7.141}$$

其中，

$$\Phi(L) = 1 - \phi_1 L - \phi_2 L^2 - \cdots - \phi_p L^p \tag{7.142}$$

$$\Theta(L) = 1 + \theta_1 L + \theta_2 L^2 + \cdots + \theta_q L^q \tag{7.143}$$

经过 d 阶差分变换后的 ARMA(p,q) 模型称为 ARIMA(p,d,q) 模型(autoregressive integrated moving average models),式(7.141)等价于下式:

$$\Phi(L)(1-L)^d y_t = c + \Theta(L)\varepsilon_t \qquad (7.144)$$

估计 ARIMA(p,d,q) 模型同估计 ARMA(p,q) 具体的步骤相同,唯一不同的是在估计之前要确定原序列的差分阶数 d,对 y_t 进行 d 阶差分。因此,ARIMA(p,d,q) 模型区别于 ARMA(p,q) 之处就在于前者的自回归部分的特征多项式含有 d 个单位根。因此,对一个序列建模之前,我们应当首先确定该序列是否具有平稳性,这就首先需要对序列的平稳性进行检验,特别是要检验其是否含有单位根及所含有的单位根的个数。

2. 应用 ARIMA(p,d,q) 模型建模的过程

Box-Jenkins 提出了具有广泛影响的建模思想,能够对实际建模起到指导作用。Box-Jenkins 的建模思想可分为如下 4 个步骤:

(1) 对原序列进行平稳性检验,如果序列不满足平稳性条件,可以通过差分变换(单整阶数为 d,则进行 d 阶差分)或者其他变换,如对数差分变换使序列满足平稳性条件;

(2) 通过计算能够描述序列特征的一些统计量(如自相关系数和偏自相关系数),来确定 ARMA 模型的阶数 p 和 q,并在初始估计中选择尽可能少的参数;

(3) 估计模型的未知参数,并检验参数的显著性,以及模型本身的合理性;

(4) 进行诊断分析,以证实所得模型确实与所观察到的数据特征相符;

对于 Box-JenKins 建模思想的第 3、4 步,需要一些统计量和检验来分析在第 2 步中的模型形式选择是否合适,所需要的统计量和检验如下:

(1) 检验模型参数显著性水平的 t 统计量;

(2) 为保证 ARIMA(p,d,q) 模型的平稳性,模型的特征根的倒数皆小于 1;

(3) 模型的残差序列应当是一个白噪声序列,可用 7.3.2 节中的检验序列相关的方法检验。

7.3.7 协整和误差修正模型

在前面介绍的 ARMA 模型中要求经济时间序列是平稳的,但是由于实际应用中大多数时间序列是非平稳的,通常采用差分法消除序列中含有的非平稳趋势,使得序列平稳化后建立模型,这就是上节介绍的 ARIMA 模型。但是变换后的序列限制了所讨论经济问题的范围,并且有时变换后的序列由于不具有直接的经济意义,使得化为平稳序列后所建立的时间序列模型不便于解释。

1987 年 Engle 和 Granger 提出的协整理论及其方法,为非平稳序列的建模提供了另一种途径。虽然一些经济变量的本身是非平稳序列,但是它们的线性组合却有可能是平稳序列。这种平稳的线性组合被称为协整方程,且可解释为变量之间长期稳定的均衡关系。例如,消费和收入都是非平稳时间序列,但是具有协整关系,假如它们不具有,那么长时期消费就可能比收入高或低,于是消费者便会非理性地消费或累积储蓄。这一节将介绍协整理论的概念、检验方法及根据协整理论而广泛应用的误差修正模型理论。

1. 协整关系

假定一些经济指标被某经济系统联系在一起,那么从长远看来,这些变量应该具有均衡关

系,这是建立和检验模型的基本出发点。在短期内,因为季节的影响或随机干扰,这些变量有可能偏离均值。如果这种偏离是暂时的,那么随着时间的推移将会回到均衡状态;如果这种偏离是持久的,就不能说这些变量之间存在均衡关系,协整可被看作这种均衡关系性质的统计表示。

协整概念是一个强有力的概念。因为协整允许我们刻画两个或多个序列之间的平衡或平稳关系。对于每一个序列单独来说可能是非平稳的,这些序列的矩,如均值、方差和协方差随时间变化而变化,而这些时间序列的线性组合序列却可能有不随时间变化的性质。Engle 和 Granger 指出两个或多个非平稳时间序列的线性组合可能是平稳的。假如这种平稳的或 $I(0)$ 的线性组合存在,这些非平稳(有单位根)时间序列之间被认为具有协整关系,下面给出协整的定义:k 维向量 $y_t = (y_{1t}, y_{2t}, \cdots, y_{kt})'$ 的分量间被称为 d, b 阶协整,记为 $y_t \sim CI(d, b)$,如果满足:

(1) $y_t \sim I(d)$,要求 y_t 的每个分量 $y_{it} \sim I(d)$;

(2) 存在非零列向量 β,使得 $\beta' y_t \sim I(d-b)$,$0 < b \leqslant d$。

简称 y_t 是协整的,向量 β 又称为协整向量。

需要注意的是:第一,作为对非平稳变量之间关系的描述,协整向量是不唯一的;第二,协整变量必须具有相同的单整阶数;第三,最多可能存在 $k-1$ 个线性无关的协整向量(y_t 的维数是 k);第四,协整变量之间具有共同的趋势成分,在数量上成比例。

2. 协整检验

协整检验从检验的对象上可以分为两种:一种是基于回归系数的协整检验;另一种是基于回归残差的协整检验,如 DF 检验、ADF 检验。

本节将主要介绍 Engle 和 Granger 提出的协整检验方法。这种协整检验方法是对回归方程的残差进行单位根检验。从协整理论的思想来看,自变量和因变量之间存在协整关系。也就是说,因变量能被自变量的线性组合所解释,两者之间存在稳定的均衡关系,因变量不能被自变量所解释的部分构成一个残差序列,这个残差序列应该是平稳的。因此,检验一组变量(因变量和解释变量)之间是否存在协整关系,等价于检验回归方程的残差序列是否是一个平稳序列。通常地,可以应用 ADF 检验来判断残差序列的平稳性,进而判断因变量和解释变量之间的协整关系是否存在。

检验的主要步骤如下:

(1) 若 k 个序列 y_{1t} 和 $y_{2t}, y_{3t} \cdots, y_{kt}$ 都是 1 阶单整序列,建立回归方程:

$$y_{1t} = \beta_1 + \beta_2 y_{2t} + \beta_3 y_{3t} + \cdots + \beta_k y_{kt} + u_t \tag{7.145}$$

模型估计的残差为:

$$\hat{u}_t = y_{1t} - \hat{\beta}_1 - \hat{\beta}_2 y_{2t} - \hat{\beta}_3 y_{3t} - \cdots - \hat{\beta}_k y_{kt} \tag{7.146}$$

(2) 检验残差序列 $\hat{u}_t$ 是否平稳,也就是判断序列 $\hat{u}_t$ 是否含有单位根。通常用 ADF 检验来判断残差序列 $\hat{u}_t$ 是否平稳。

(3) 如果残差序列是平稳的,则可以确定回归方程中的 k 个变量($y_{1t}, y_{2t}, \cdots, y_{kt}$)之间存在协整关系,并且协整向量为 $(\hat{\beta}_1, \hat{\beta}_2, \cdots \hat{\beta}_{k-1}, \hat{\beta}_k)'$;否则 $(y_{1t}, y_{2t}, \cdots, y_{kt})$ 之间不存在协整关系。

协整检验的目的是决定一组非稳定序列的线性组合是否具有协整关系,也可以通过协整检验来判断线性回归方程设定是否合理,这两者的检验思想和过程是完全相同的。利用 ADF 的协整检验方法来判断残差序列是否平稳,进而确定回归方程的变量之间是否存在协整关系,同时还可以判断模型设定是否正确。如果残差序列是平稳的,则回归方程的设定是合理的,说明回归方程的因变量和解释变量之间存在稳定的均衡关系。反之,说明回归方程的因变量和解释变量之间不存在稳定均衡的关系,即便参数估计的结果很理想,一个这样的回归也是没有意义的;模型本身的设定出现了问题,这样的回归是一个伪回归。

3. 误差修正模型(ECM)

误差修正这个术语最早是由 Sargen(1964)提出的,但是误差修正模型基本形式的形成是在 1978 年由 Davidson、Hendry 等提出的。传统的经济模型通常表述的是变量之间的一种"长期均衡"关系,而实际经济数据由"非均衡过程"生成。因此,建模时需要用数据的动态非均衡过程来逼近经济理论的长期均衡过程。最一般的模型是自回归分布滞后模型(autoregressive distributed lag, ADL)。

如果一个内生变量 y_t 只被表示成同一时点的外生变量 x_t 的函数,x_t 对 y_t 的长期影响很容易求出。然而,如果每个变量的滞后也出现在模型之中,其长期影响将通过分布滞后的函数反映,这就是 ADL 模型。

先考虑一阶自回归分布滞后模型,记为 ADL(1,1):

$$y_t = \beta_0 + \beta_1 y_{t-1} + \beta_2 x_t + \beta_3 x_{t-1} + u_t \tag{7.147}$$

其中,$u_t \sim i.i.d.(0, \sigma^2)$,记为 $y^* = E(y_t)$,$x^* = E(x_t)$,由于 $E(u_t) = 0$,在式(7.147)两边取期望得:

$$y^* = \beta_0 + \beta_1 y^* + \beta_2 x^* + \beta_3 x^* \tag{7.148}$$

进而有:

$$y^* = \frac{\beta_0 + (\beta_2 + \beta_3)x^*}{1 - \beta_1} = \frac{\beta_0}{1 - \beta_1} + \frac{(\beta_2 + \beta_3)}{1 - \beta_1} x^* \tag{7.149}$$

记 $k_0 = \beta_0 / 1 - \beta_1$,$k_1 = (\beta_2 + \beta_3)/(1 - \beta_1)$,则式(7.149)可写为:

$$y^* = k_0 + k_1 x^* \tag{7.150}$$

其中,k_1 度量了 y_t 与 x_t 的长期均衡关系,也是 y_t 关于 x_t 的长期乘数。

在式(7.147)两端减去 y_{t-1},在右边加减 $\beta_2 x_{t-1}$ 得到:

$$\Delta y_t = \beta_0 + (\beta_1 - 1)y_{t-1} + \beta_2 \Delta x_t + (\beta_2 + \beta_3)x_{t-1} + u_t \tag{7.151}$$

利用 $\beta_2 + \beta_3 = k_1(1 - \beta_1)$,式(7.151)又可改写成:

$$\Delta y_t = \beta_0 + (\beta_1 - 1)(y_{t-1} - k_1 x_{t-1}) + \beta_2 \Delta x_t + u_t \tag{7.152}$$

令 $\alpha = \beta_1 - 1$,则式(7.152)可写成:

$$\Delta y_t = \beta_0 + \alpha(y_{t-1} - k_1 x_{t-1}) + \beta_2 \Delta x_t + u_t \tag{7.153}$$

式(7.147)和(7.153)包含相同的关系,它们是等价的。根据不同的需要使用这两种模型来分析、研究经济现象或经济系统,但每个方程都有不同的解释与含义,特别的式(7.153)被称为误差修

正模型(error correction model,简称 ECM)。当长期平衡关系是 $y^* = k_0 + k_1 x^*$ 时,误差修正项是如 $(y_t - k_0 - k_1 x_t)$ 的形式,它反映了 y_t 关于 x_t 在第 t 时点的短期偏离。一般地,由于式 (7.147)中 $|\beta_1| < 1$,所以误差项的系数 $\alpha = (\beta_1 - 1) < 0$,通常称为调整系数,表示在 $t-1$ 期 y_{t-1} 关于 $k_0 - k_1 x_{t-1}$ 之间的偏差的调整速度。

原始模型(7.147)的右端除解释变量 x_t 外还含有 y_t 与 x_t 的滞后项,y_t 与 x_t 之间有长期均衡关系,对经济数据而言,x_t 与 x_{t-1} 也高度相关,因此这三个解释变量之间存在着较强的多重共线性。由于 y_t 的滞后项作为解释变量,也增强了模型的扰动项的序列相关性。因此,误差修正模型除了以上介绍的性质外,还可以削弱原模型的多重共线性,以及扰动项的序列相关性。

最常用的 ECM 模型的估计方法是 Engle 和 Granger 两步法,其基本思想如下:

第一步是求模型:

$$y_t = k_1 x_t + u_t, t = 1, 2, \cdots, T \tag{7.154}$$

的 OLS 估计,又称为协整回归,得到的 $\hat{k}_1$ 及残差序列:

$$\hat{u}_t = y_t - \hat{k}_1 x_t, t = 1, 2, \cdots, T \tag{7.155}$$

第二步是用 $\hat{u}_{t-1}$ 替换式(7.151)中的 $y_t - \hat{k}_1 x_t$,即对

$$\Delta y_t = \beta_0 + \alpha \hat{u}_{t-1} + \beta_2 \Delta x_t + \varepsilon_t \tag{7.156}$$

再用 OLS 方法估计其参数。

注意:误差修正模型不再单纯地使用变量的水平值(指变量的原始值)或变量的差分建模,而是把两者有机地结合在一起,充分利用这两者所提供的信息。从短期看,被解释变量的变动是由较稳定的长期趋势和短期波动所决定的,短期内系统对于均衡状态的偏离程度的大小直接导致波动振幅的大小。从长期看,协整关系式起到引力线的作用,将非均衡状态拉回到均衡状态。

7.3.8 实验

实验一:杜宾两步法

经济理论指出,商品进口主要由进口国的经济发展水平,以及商品进口价格指数与国内价格指数对比因素决定的。由于无法取得价格指数数据,我们主要研究中国商品进口与国内生产总值的关系。

以 1978—2001 年中国商品进口额与国内生产总值数据为例,见表 7-25,练习检查和克服模型的序列相关性的操作方法。

表 7-25 1978—2001 年中国商品进口额与国内生产总值表

1978—2001 年中国商品进口与国内生产总值					
年份	国内生产总值 GDP(亿元)	商品进口 M(亿美元)	年份	国内生产总值 GDP(亿元)	商品进口 M(亿美元)
1978	3 624.1	108.9	1990	18 547.9	533.5

(续表)

1978—2001 年中国商品进口与国内生产总值					
年份	国内生产总值 GDP(亿元)	商品进口 M(亿美元)	年份	国内生产总值 GDP(亿元)	商品进口 M(亿美元)
1979	4 038.2	156.7	1991	21 617.8	637.9
1980	4 517.8	200.2	1992	26 638.1	805.9
1981	4 862.4	220.2	1993	34 634.4	1 039.6
1982	5 294.7	192.9	1994	46 759.4	1 156.1
1983	5 934.5	213.9	1995	58 478.1	1 320.8
1984	7 171.0	274.1	1996	67 884.6	1 388.3
1985	8 964.4	422.5	1997	74 462.6	1 423.7
1986	10 202.2	429.1	1998	78 345.2	1 402.4
1987	11 962.5	432.1	1999	82 067.5	1 657.0
1988	14 928.3	552.7	2000	89 442.2	2 250.9
1989	16 909.2	591.4	2001	95 933.3	2 436.1

【实验步骤】

1. 建立线性回归模型

利用表中数据建立 M 关于 GDP 的散点图(SCAT GDP M)。如图 7-55：

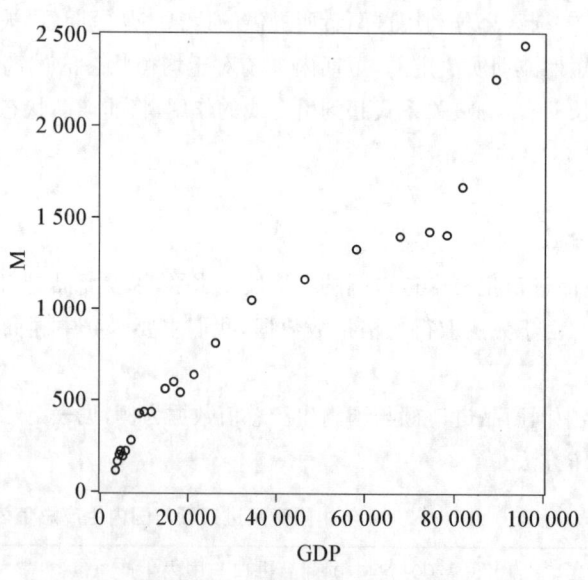

图 7-55 M 和 GDP 的散点图

可以看到 M 与 GDP 呈接近线性的正相关关系。

建立一个线性回归模型(LS M C GDP)，如图 7-56。

```
Dependent Variable: M
Method: Least Squares
Date: 12/08/11   Time: 16:50
Sample: 1 24
Included observations: 24
```

Variable	Coefficient	Std. Error	t-Statistic	Prob.
C	152.9058	46.07849	3.318376	0.0031
GDP	0.020394	0.001014	20.11680	0.0000

R-squared	0.948440	Mean dependent var		826.9542
Adjusted R-squared	0.946096	S.D. dependent var		667.4365
S.E. of regression	154.9601	Akaike info criterion		13.00387
Sum squared resid	528277.7	Schwarz criterion		13.10204
Log likelihood	-154.0464	Hannan-Quinn criter.		13.02991
F-statistic	404.6858	Durbin-Watson stat		0.627922
Prob(F-statistic)	0.000000			

图 7-56　线性回归模型

即得到的回归式为：

$$M = 152.9058 + 0.0204 \text{GDP}$$

$$(3.32) \quad\quad (20.1) \quad\quad \bar{R}^2 = 0.9461 \quad D.W. = 0.63 \quad F = 405$$

二、进行序列相关性检验

1. 观察残差图

做出残差项与时间以及与滞后一期的残差项的折线图和散点图，如图 7-57、7-58。可以看出随机项存在正序列相关性。

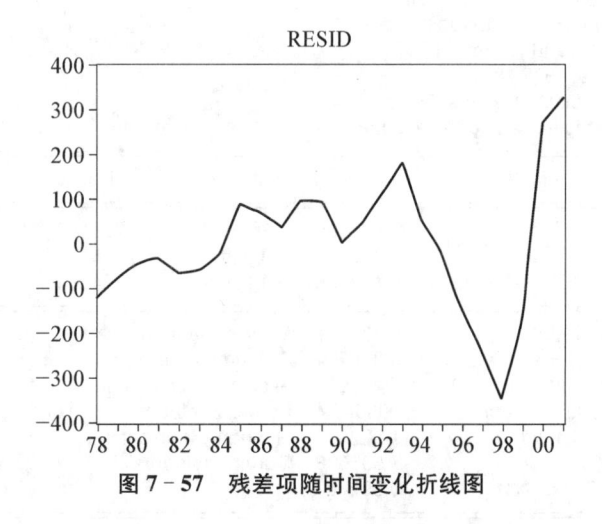

图 7-57　残差项随时间变化折线图

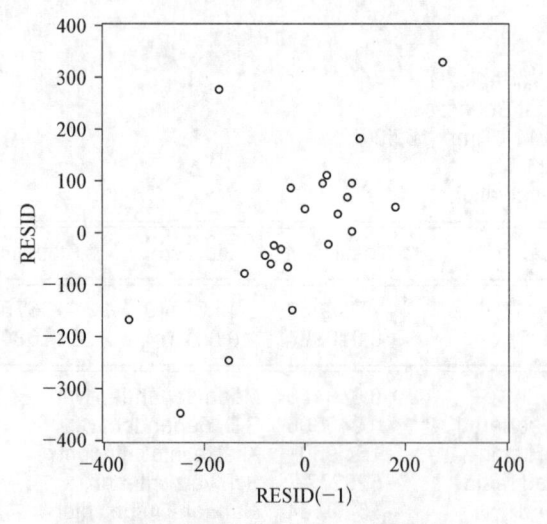

图 7-58 残差和滞后一期残差的散点图

2. 用 D.W.检验判断

由回归结果输出 D.W.＝0.628。若给定 $\alpha=0.05$，已知 $n=24, k=2$，查 D.W.检验上下界表可得，$d_L=1.27, d_U=1.45$。由于 D.W.＝0.628＜1.27＝d_L，故存在正自相关。

3. 用 LM 检验判断

在估计窗口中选择 Serial Correlation LM Test，设定滞后期 Lag＝1，得到 LM 检验结果。如图 7-59。

```
Breusch-Godfrey Serial Correlation LM Test:

F-statistic         15.87516   Prob. F(1,21)        0.0007
Obs*R-squared       10.33226   Prob. Chi-Square(1)  0.0013


Test Equation:
Dependent Variable: RESID
Method: Least Squares
Date: 12/08/11   Time: 17:17
Sample: 1978 2001
Included observations: 24
Presample missing value lagged residuals set to zero.

Variable        Coefficient   Std. Error   t-Statistic   Prob.

C                -10.22005    35.68351     -0.286408    0.7774
GDP                0.000619    0.000798     0.775727    0.4466
RESID(-1)          0.752830    0.188946     3.984364    0.0007

R-squared           0.430511   Mean dependent var     -4.26E-14
Adjusted R-squared  0.376274   S.D. dependent var      151.5539
S.E. of regression  119.6917   Akaike info criterion   12.52418
Sum squared resid   300848.4   Schwarz criterion       12.67144
Log likelihood     -147.2902   Hannan-Quinn criter.    12.56325
F-statistic         7.937578   Durbin-Watson stat       1.164221
Prob(F-statistic)   0.002708
```

图 7-59 序列相关 LM 检验

由于 P 值为 0.000 7,可以拒绝原假设,表明存在自相关。

4. 用回归检验法判断

对初始估计结果得到的残差序列定义为 E1,首先做一阶自回归(LS E1 E1(-1))。回归结果如图 7-60。

```
Dependent Variable: E1
Method: Least Squares
Date: 12/08/11   Time: 17:29
Sample (adjusted): 1979 2001
Included observations: 23 after adjustments
```

Variable	Coefficient	Std. Error	t-Statistic	Prob.
E1(-1)	0.716652	0.179219	3.998753	0.0006

R-squared	0.420219	Mean dependent var	5.126813
Adjusted R-squared	0.420219	S.D. dependent var	152.8173
S.E. of regression	116.3602	Akaike info criterion	12.39376
Sum squared resid	297873.2	Schwarz criterion	12.44313
Log likelihood	-141.5283	Hannan-Quinn criter.	12.40618
Durbin-Watson stat	1.088518		

图 7-60 E1 的一阶自回归结果

采用 LM 检验其自相关性,设定滞后期 Lag=1,结果表明仍然存在自相关。如图 7-61。

Breusch-Godfrey Serial Correlation LM Test:

F-statistic	15.86229	Prob. F(1,21)	0.0007
Obs*R-squared	9.655776	Prob. Chi-Square(1)	0.0019

图 7-61 LM 自相关性检验

用残差项的二阶自回归形式重新建立模型[LS E1 E1(-1) E1(-2)]。如图 7-62。

```
Dependent Variable: E1
Method: Least Squares
Date: 12/08/11   Time: 17:31
Sample (adjusted): 1980 2001
Included observations: 22 after adjustments
```

Variable	Coefficient	Std. Error	t-Statistic	Prob.
E1(-1)	1.110007	0.172520	6.434089	0.0000
E1(-2)	-0.750850	0.187114	-4.012795	0.0007

R-squared	0.674211	Mean dependent var	8.930848
Adjusted R-squared	0.657921	S.D. dependent var	155.2949
S.E. of regression	90.82813	Akaike info criterion	11.94232
Sum squared resid	164995.0	Schwarz criterion	12.04151
Log likelihood	-129.3656	Hannan-Quinn criter.	11.96569
Durbin-Watson stat	1.857279		

图 7-62 E1 的二阶自回归结果

再次用 LM 检验，此时 P 值达到 0.7，落在接受域，认为误差项不存在自相关。如图 7-63。

```
Breusch-Godfrey Serial Correlation LM Test:

F-statistic        0.096871    Prob. F(1,19)          0.7590
Obs*R-squared      0.108484    Prob. Chi-Square(1)    0.7419
```

图 7-63 LM 自相关性检验

可以得到残差的二阶回归式为：

$$\hat{\mu}_t = 1.1100\,\hat{\mu}_{t-1} - 0.7509\,\hat{\mu}_{t-2} + \nu_t$$
$$(6.43) \qquad (-4.01) \qquad R^2 = 0.66, s.e. = 90.83$$

三、克服自相关

用广义最小二乘法估计回归参数。根据残差二阶回归式的系数，对变量 GDP 和 M 做二阶广义差分，生成新变量序列：

GENR GDGDP＝GDP－1.1100＊GDP(－1)＋0.7509＊GDP(－2)
GENR GDM＝M－1.1100＊M(－1)＋0.7509＊M(－2)

以 GDGDP、GDM 为样本再次回归(LS GDM C GDGDP)，得到结果如图 7-64：

```
Dependent Variable: GDM
Method: Least Squares
Date: 12/08/11   Time: 17:49
Sample (adjusted): 1980 2001
Included observations: 22 after adjustments

Variable        Coefficient   Std. Error   t-Statistic   Prob.

C               107.3024      29.11758     3.685142      0.0015
GDGDP           0.019912      0.001018     19.56054      0.0000

R-squared           0.950325   Mean dependent var    534.5345
Adjusted R-squared  0.947841   S.D. dependent var    395.4624
S.E. of regression  90.31710   Akaike info criterion 11.93104
Sum squared resid   163143.6   Schwarz criterion     12.03022
Log likelihood      -129.2414  Hannan-Quinn criter.  11.95440
F-statistic         382.6148   Durbin-Watson stat    1.881941
Prob(F-statistic)   0.000000
```

图 7-64 GDM 关于 GDGDP 的线性回归模型

LM 检验结果如图 7-65，已经很好地克服了自相关性。

```
Breusch-Godfrey Serial Correlation LM Test:

F-statistic        0.015155    Prob. F(1,19)          0.9033
Obs*R-squared      0.017534    Prob. Chi-Square(1)    0.8947
```

图 7-65 LM 自相关性检验

残差图如图 7-66 和图 7-67：

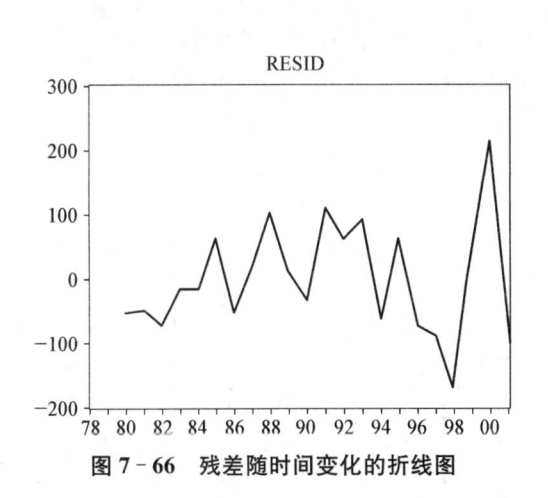

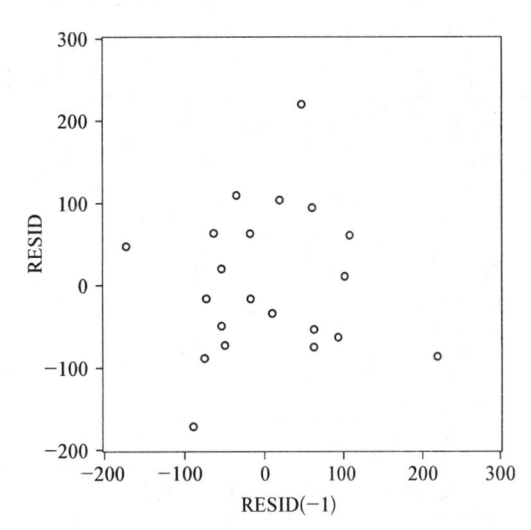

图 7-66 残差随时间变化的折线图

图 7-67 残差和滞后一期残差的散点图

广义最小二乘回归结果为：

$$GDM = 107.302 + 0.020\, GDGDP$$
$$(3.69) \qquad (19.6)$$
$$R^2 = 0.948, s.e. = 90.32, D.W. = 1.88$$

由于

$$\beta_0(1 - 1.1100 + 0.7509) = 107.302$$

得到：

$$\beta_0 - 164.852$$

故原模型的广义最小二乘估计为：

$$M = 164.852 + 0.020\, GDP$$

【案例二】 ARMA 模型

选取民生股份开盘价的历史数据，时间区间为 2012/7/2 至 2012/12/31，共计 126 个样本，数据见表 7-26，下面旨在利用 ARMA 模型的建模理论结合 EViews 6 进行 ARMA 模型的建立和预测。

表 7-26　2012/7/2 至 2012/12/31 民生股份开盘价（单位：元/股）

日期	x	日期	x	日期	x	日期	x
2012/7/2	6.01	2012/8/15	6.06	2012/9/28	5.55	2012/11/20	6.1
2012/7/3	5.98	2012/8/16	5.95	2012/10/8	5.63	2012/11/21	6.07
2012/7/4	6.08	2012/8/17	5.93	2012/10/9	5.65	2012/11/22	6.09

（续表）

日期	x	日期	x	日期	x	日期	x
2012/7/5	6.08	2012/8/20	5.93	2012/10/10	5.74	2012/11/23	6.14
2012/7/6	5.98	2012/8/21	5.91	2012/10/11	5.7	2012/11/26	6.1
2012/7/9	6.01	2012/8/22	5.9	2012/10/12	5.74	2012/11/27	6.14
2012/7/10	5.85	2012/8/23	5.86	2012/10/15	5.8	2012/11/28	6.18
2012/7/11	5.87	2012/8/24	5.9	2012/10/16	5.78	2012/11/29	6.28
2012/7/12	5.87	2012/8/27	5.87	2012/10/17	5.84	2012/11/30	6.24
2012/7/13	5.89	2012/8/28	5.86	2012/10/18	5.86	2012/12/3	6.29
2012/7/16	5.99	2012/8/29	5.95	2012/10/19	5.95	2012/12/4	6.18
2012/7/17	5.93	2012/8/30	5.95	2012/10/22	5.97	2012/12/5	6.29
2012/7/18	6.02	2012/8/31	5.99	2012/10/23	6.09	2012/12/6	6.56
2012/7/19	5.95	2012/9/3	5.83	2012/10/24	6	2012/12/7	6.62
2012/7/20	5.93	2012/9/4	5.78	2012/10/25	5.96	2012/12/10	6.87
2012/7/23	5.87	2012/9/5	5.67	2012/10/26	5.98	2012/12/11	6.99
2012/7/24	5.8	2012/9/6	5.5	2012/10/29	5.96	2012/12/12	6.89
2012/7/25	5.8	2012/9/7	5.66	2012/10/30	6.02	2012/12/13	6.99
2012/7/26	5.82	2012/9/10	5.82	2012/10/31	5.98	2012/12/14	6.88
2012/7/27	5.79	2012/9/11	5.73	2012/11/1	6.02	2012/12/17	7.53
2012/7/30	5.86	2012/9/12	5.76	2012/11/2	6.03	2012/12/18	7.47
2012/7/31	5.93	2012/9/13	5.69	2012/11/5	6.1	2012/12/19	7.52
2012/8/1	6.01	2012/9/14	5.71	2012/11/6	6.15	2012/12/20	7.45
2012/8/2	6	2012/9/17	5.72	2012/11/7	6.14	2012/12/21	7.44
2012/8/3	6.03	2012/9/18	5.61	2012/11/8	6.1	2012/12/24	7.34
2012/8/6	6	2012/9/19	5.54	2012/11/9	6.1	2012/12/25	7.35
2012/8/7	5.99	2012/9/20	5.5	2012/11/12	6.11	2012/12/26	7.76
2012/8/8	6	2012/9/21	5.45	2012/11/13	6.22	2012/12/27	7.75
2012/8/9	6.02	2012/9/24	5.45	2012/11/14	6.12	2012/12/28	7.63
2012/8/10	6.07	2012/9/25	5.51	2012/11/15	6.13	2012/12/31	7.71
2012/8/13	6.06	2012/9/26	5.47	2012/11/16	6.11	2012/12/31	7.71
2012/8/14	6.05	2012/9/27	5.49	2012/11/19	6.08		

1. 原始数据的平稳化处理

由于股市的波动比较大，通常是不平稳的，需要对原始数据进行处理才能平稳。首先，通过 EViews6 对原始数据进行平稳性检验如下图 7-68、图 7-69、图 7-70。

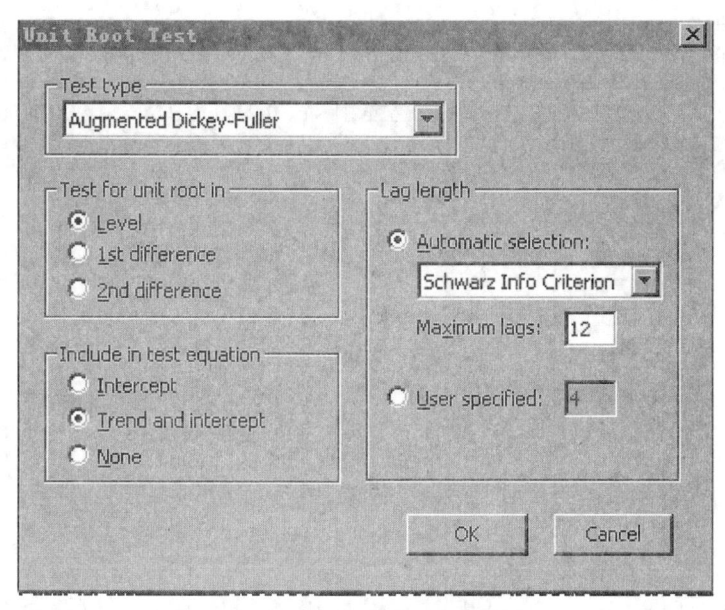

图 7-68 单位根检验对话框

```
Null Hypothesis: X has a unit root
Exogenous: Constant, Linear Trend
Lag Length: 0 (Automatic based on SIC, MAXLAG=12)

                                        t-Statistic    Prob.*

Augmented Dickey-Fuller test statistic  -0.435395      0.9852
Test critical values:   1% level        -4.033727
                        5% level        -3.446464
                        10% level       -3.148223

*MacKinnon (1996) one-sided p-values.


Augmented Dickey-Fuller Test Equation
Dependent Variable: D(X)
Method: Least Squares
Date: 05/16/13   Time: 02:19
Sample (adjusted): 2 125
Included observations: 124 after adjustments

Variable         Coefficient   Std. Error   t-Statistic   Prob.

X(-1)            -0.009933     0.022813     -0.435395     0.6641
C                 0.032858     0.128264      0.256177     0.7982
@TREND(1)         0.000650     0.000312      2.085818     0.0391

R-squared           0.043006   Mean dependent var      0.013065
Adjusted R-squared  0.027188   S.D. dependent var      0.100221
S.E. of regression  0.098849   Akaike info criterion  -1.766552
Sum squared resid   1.182305   Schwarz criterion      -1.698319
Log likelihood    112.5262     Hannan-Quinn criter.   -1.738834
F-statistic         2.718768   Durbin-Watson stat      2.249024
Prob(F-statistic)   0.069987
```

图 7-69 单位根检验结果

Autocorrelation	Partial Correlation		AC	PAC	Q-Stat	Prob
		1	0.944	0.944	114.00	0.000
		2	0.884	-0.055	214.96	0.000
		3	0.821	-0.068	302.68	0.000
		4	0.779	0.167	382.39	0.000
		5	0.740	-0.010	454.90	0.000
		6	0.691	-0.134	518.68	0.000
		7	0.642	0.005	574.06	0.000
		8	0.575	-0.172	618.94	0.000
		9	0.509	-0.067	654.45	0.000
		10	0.444	-0.017	681.71	0.000
		11	0.409	0.203	705.06	0.000
		12	0.369	-0.118	724.16	0.000
		13	0.326	-0.044	739.20	0.000
		14	0.279	0.045	750.36	0.000
		15	0.235	-0.021	758.34	0.000
		16	0.202	0.011	764.28	0.000
		17	0.176	0.074	768.84	0.000
		18	0.163	0.024	772.76	0.000
		19	0.156	0.057	776.38	0.000
		20	0.142	-0.057	779.45	0.000
		21	0.130	0.068	782.03	0.000
		22	0.117	-0.054	784.13	0.000
		23	0.107	-0.041	785.92	0.000
		24	0.102	0.026	787.55	0.000
		25	0.095	-0.046	788.99	0.000
		26	0.087	-0.033	790.20	0.000
		27	0.081	0.061	791.26	0.000
		28	0.076	0.013	792.22	0.000
		29	0.073	0.008	793.10	0.000
		30	0.069	-0.040	793.91	0.000
		31	0.064	0.020	794.60	0.000
		32	0.057	-0.028	795.15	0.000
		33	0.046	-0.047	795.52	0.000
		34	0.033	-0.000	795.71	0.000
		35	0.023	0.010	795.80	0.000
		36	0.014	-0.022	795.83	0.000

图 7-70 Q 统计量检验

单位根检验中原假设存在一个单位根,而图 7-69 的概率值(Prob=0.985 2)大于 0.10,故存在一个单位根,原序列不平稳,用图 7-70 Q 统计量检验的结果也表明该序列是不平稳。因此,需要对一阶差分后的序列进行平稳性检验。

生成变量 x 的一阶差分:genr dx=d(x)

对一阶差分后的序列进行平稳性检验,结果如图 7-71、7-72:

从图 7-72 可以看出,一阶差分不存在单位根,是平稳的。至此,完成数据平稳性检验。

2. 模型识别和建立

一阶差分是平稳的,故生成一阶差分序列 dx,观察一阶差分序列的自相关和偏自相关如图 7-73:

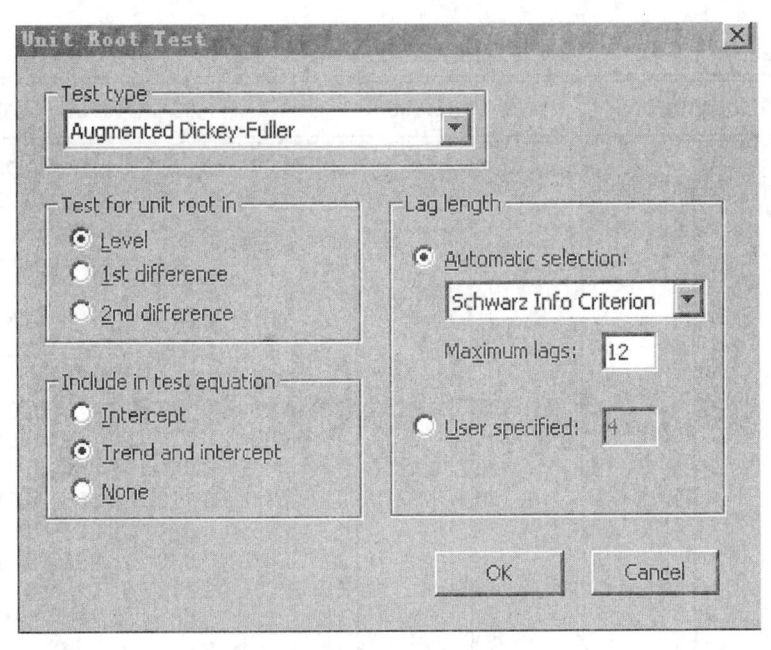

图 7-71 单位根检验对话框

```
Null Hypothesis: DX has a unit root
Exogenous: Constant, Linear Trend
Lag Length: 0 (Automatic based on SIC, MAXLAG=12)
```

		t-Statistic	Prob.*
Augmented Dickey-Fuller test statistic		-12.57450	0.0000
Test critical values:	1% level	-4.034356	
	5% level	-3.446765	
	10% level	-3.148399	

*MacKinnon (1996) one-sided p-values.

Augmented Dickey-Fuller Test Equation
Dependent Variable: D(DX)
Method: Least Squares
Date: 05/16/13   Time: 02:30
Sample (adjusted): 3 125
Included observations: 123 after adjustments

Variable	Coefficient	Std. Error	t-Statistic	Prob.
DX(-1)	-1.149512	0.091416	-12.57450	0.0000
C	-0.026041	0.018197	-1.431070	0.1550
@TREND(1)	0.000660	0.000256	2.575898	0.0112

R-squared	0.568652	Mean dependent var	-0.000732
Adjusted R-squared	0.561463	S.D. dependent var	0.148358
S.E. of regression	0.098246	Akaike info criterion	-1.778599
Sum squared resid	1.158270	Schwarz criterion	-1.710009
Log likelihood	112.3839	Hannan-Quinn criter.	-1.750738
F-statistic	79.09887	Durbin-Watson stat	1.954916
Prob(F-statistic)	0.000000		

图 7-72 单位根检验结果

Autocorrelation	Partial Correlation		AC	PAC	Q-Stat	Prob
		1	-0.095	-0.095	1.1391	0.286
		2	0.083	0.075	2.0312	0.362
		3	-0.069	-0.055	2.6425	0.450
		4	-0.075	-0.094	3.3811	0.496
		5	0.116	0.114	5.1541	0.397
		6	-0.016	0.013	5.1885	0.520
		7	0.326	0.307	19.345	0.007
		8	0.027	0.101	19.447	0.013
		9	-0.113	-0.147	21.173	0.012
		10	0.024	0.022	21.249	0.019
		11	-0.003	0.080	21.250	0.031
		12	0.178	0.128	25.665	0.012
		13	-0.055	-0.074	26.088	0.017
		14	0.080	-0.038	26.997	0.019
		15	0.012	0.013	27.018	0.029
		16	-0.135	-0.061	29.670	0.020
		17	0.011	-0.044	29.689	0.029
		18	-0.041	-0.076	29.933	0.038
		19	0.014	-0.118	29.961	0.052
		20	0.043	0.069	30.243	0.066
		21	-0.034	0.022	30.417	0.084
		22	0.031	-0.029	30.560	0.105
		23	-0.065	-0.004	31.211	0.118
		24	0.089	0.135	32.461	0.116
		25	-0.032	0.020	32.618	0.141
		26	0.015	0.017	32.654	0.172
		27	-0.027	-0.053	32.773	0.205
		28	-0.074	-0.055	33.653	0.213
		29	0.042	0.056	33.948	0.241
		30	0.004	0.067	33.950	0.283
		31	-0.001	-0.096	33.950	0.327
		32	0.114	0.074	36.142	0.281
		33	-0.080	-0.003	37.241	0.280
		34	0.047	0.032	37.619	0.307
		35	-0.020	0.023	37.688	0.347
		36	0.009	-0.053	37.703	0.391

图 7-73 一阶差分的自相关偏自相关图

从图 7-73 可以看出：一阶差分的自相关和偏自相关都没有明显的截尾性，故需要用 ARMA 进行建模，可以选取相关滞后项，使 AIC 尽可能小，t 检验也都能通过，从图 7-73 可得到用 AR(7), MA(7), MA(12) 表示 dx, 用 OLS 对数据进行回归分析, ls dx ar(7) ma(7) ma(12)

回归后得到图 7-74：

```
Dependent Variable: DX
Method: Least Squares
Date: 05/16/13   Time: 02:40
Sample (adjusted): 9 125
Included observations: 117 after adjustments
Convergence achieved after 10 iterations
MA Backcast: -3 8
```

Variable	Coefficient	Std. Error	t-Statistic	Prob.
AR(7)	0.426997	0.240409	1.776127	0.0784
MA(7)	-0.063953	0.253146	-0.252633	0.8010
MA(12)	0.218089	0.123574	1.764847	0.0803

R-squared	0.152806	Mean dependent var		0.015043
Adjusted R-squared	0.137943	S.D. dependent var		0.100958
S.E. of regression	0.093736	Akaike info criterion		-1.871358
Sum squared resid	1.001658	Schwarz criterion		-1.800533
Log likelihood	112.4744	Hannan-Quinn criter.		-1.842604
Durbin-Watson stat	2.193828			

Inverted AR Roots	.89	.55-.69i	.55+.69i	-.20-.86i
	-.20+.86i	-.80-.38i	-.80+.38i	
Inverted MA Roots	.85+.22i	.85-.22i	.62-.63i	.62+.63i
	.23-.84i	.23+.84i	-.23-.86i	-.23+.86i
	-.62+.61i	-.62-.61i	-.85+.24i	-.85-.24i

图 7-74　模型 1 的 OLS 回归

将 MA(7)去掉,用 AR(7),MA(12)表示 dx,ls dx ar(7) ma(12)

回归结果如图 7-75：

```
Dependent Variable: DX
Method: Least Squares
Date: 05/16/13   Time: 02:38
Sample (adjusted): 9 125
Included observations: 117 after adjustments
Convergence achieved after 10 iterations
MA Backcast: -3 8
```

Variable	Coefficient	Std. Error	t-Statistic	Prob.
AR(7)	0.369671	0.094581	3.908531	0.0002
MA(12)	0.219206	0.121066	1.810629	0.0728

R-squared	0.152401	Mean dependent var		0.015043
Adjusted R-squared	0.145031	S.D. dependent var		0.100958
S.E. of regression	0.093350	Akaike info criterion		-1.887974
Sum squared resid	1.002137	Schwarz criterion		-1.840757
Log likelihood	112.4465	Hannan-Quinn criter.		-1.868804
Durbin-Watson stat	2.201830			

Inverted AR Roots	.87	.54-.68i	.54+.68i	-.19-.85i
	-.19+.85i	-.78-.38i	-.78+.38i	
Inverted MA Roots	.85-.23i	.85+.23i	.62-.62i	.62+.62i
	.23-.85i	.23+.85i	-.23-.85i	-.23+.85i
	-.62+.62i	-.62-.62i	-.85+.23i	-.85-.23i

图 7-75　模型 2 的 OLS 回归

从图 7-75 可以看出，变量 t 检验都通过了，具有明显的统计意义，说明模型都是合理的。

3. 残差检验

参数估计后，还需要对模型的残差序列进行白噪声检验，若残差序列不是白噪声序列，则残差序列还存在着有用的信息没被提取，需要改进模型，如果残差序列的样本自相关系数都落入随机区间内，则说明残差序列是白噪声序列，对模型 2 的残差序列进行检查，结果如图 7-76：

Autocorrelation	Partial Correlation		AC	PAC	Q-Stat	Prob
		1	-0.118	-0.118	1.6768	
		2	0.109	0.096	3.1038	
		3	-0.058	-0.036	3.5129	0.061
		4	-0.042	-0.063	3.7271	0.155
		5	0.025	0.024	3.8021	0.284
		6	0.071	0.087	4.4362	0.350
		7	-0.021	-0.016	4.4937	0.481
		8	0.077	0.058	5.2475	0.512
		9	-0.160	-0.136	8.5356	0.288
		10	0.002	-0.038	8.5359	0.383
		11	0.037	0.068	8.7116	0.464
		12	0.004	0.007	8.7139	0.559
		13	-0.095	-0.133	9.9327	0.536
		14	0.052	0.034	10.292	0.590
		15	-0.018	0.049	10.336	0.666
		16	-0.063	-0.095	10.875	0.696
		17	-0.050	-0.072	11.217	0.737
		18	-0.041	-0.042	11.449	0.781
		19	-0.020	-0.023	11.504	0.829
		20	0.061	0.068	12.032	0.846
		21	-0.004	0.023	12.034	0.884
		22	0.016	-0.041	12.072	0.914
		23	-0.068	-0.054	12.752	0.917
		24	0.118	0.174	14.825	0.870
		25	-0.066	-0.060	15.485	0.876
		26	0.082	-0.015	16.512	0.869
		27	-0.114	-0.086	18.529	0.819
		28	-0.067	-0.097	19.229	0.827
		29	-0.006	0.004	19.235	0.861
		30	0.014	0.030	19.265	0.890
		31	-0.005	-0.043	19.269	0.914
		32	0.093	0.037	20.671	0.898
		33	-0.120	-0.019	23.061	0.847
		34	0.007	-0.042	23.070	0.876
		35	-0.020	-0.017	23.136	0.899
		36	-0.014	-0.029	23.170	0.920

图 7-76 残差序列的白噪声检验

因为图 7-76 右侧一列的概率值都大于 0.05，说明所有 Q 值都小于检验水平为 0.05 的卡方分布临界值，即模型的随机误差项是一个白噪声序列，因此，该模型的建立是合理的。

练习

1. 居民储蓄 Y 与个人收入 X 之间的关系，如下表：

表 7-27 居民储蓄 Y 与个人收入 X（单位：元）

序号	居民储蓄	个人收入
1	264	8 777
2	105	9 210
3	90	9 954
4	131	10 508
5	122	10 979
6	107	11 912
7	406	12 747
8	503	13 499
9	431	14 269
10	588	15 522
11	898	16 730
12	950	17 663
13	779	18 575
14	819	19 635
15	1 222	21 163
16	1 702	22 880
17	1 578	24 127
18	1 654	25 604
19	1 400	26 500
20	1 829	27 670
21	2 200	28 300
22	2 017	27 430
23	2 105	29 560
24	1 600	28 150
25	2 250	32 100
26	2 420	32 500
27	2 570	35 250
28	1 720	33 500
29	1 900	36 000
30	2 100	36 200
31	2 300	38 200

(1) 以残差序列图检验异方差的存在性。

(2) 以残差与解释变量之间的变化趋势观察异方差的存在性。

(3) white 检验法以及其他方法检验异方差性。

(4) 思考用什么方法,设法消除异方差性。

2. 下表是北京市 19 年来城镇居民家庭收入与支出数据表 7-28。

表 7-28 北京市 19 年来城镇居民家庭收入与支出数据表　　　　(单位:元)

年份顺序	人均收入(元)	人均生活消费支出(元)	商品零售物价指数(%)	人均实际收入(元)	人均实际支出(元)
1	450.18	359.86	100.00	450.18	359.86
2	491.54	408.66	101.50	484.28	402.62
3	599.40	490.44	108.60	551.93	451.60
4	619.57	511.43	110.20	562.22	464.09
5	668.06	534.82	112.30	594.89	476.24
6	716.60	574.06	113.00	634.16	508.02
7	837.65	666.75	115.40	725.87	577.77
8	1 158.84	923.32	136.80	847.11	674.94
9	1 317.33	1 067.38	145.90	902.90	731.58
10	1 413.24	1 147.60	158.60	891.07	723.58
11	1 767.67	1 455.55	193.30	914.47	753.00
12	1 899.57	1 520.41	229.10	829.14	663.64
13	8 067.33	1 646.05	238.50	866.81	690.17
14	2 359.88	1 860.17	258.80	911.85	718.77
15	2 813.10	2 134.65	280.30	1 003.60	761.56
16	3 935.39	2 939.60	327.70	1 200.91	897.04
17	5 585.88	4 134.12	386.40	1 445.62	1 069.91
18	6 748.68	5 019.76	435.10	1 551.06	1 153.70
19	794 5.7 8	5 729.45	466.90	1 701.82	1 227.13

(1) 建立居民收入—消费函数(使用实际值即可)。

(2) 检验模型中存在的问题,并采取适当的补救措施予以处理。

(3) 对模型结果进行经济解释。

第8章 两个零散的实验

8.1 金融数据描述性统计分析

现有深成指 2003 年 9 月 2 日至 2006 年 7 月 14 日周收盘价格与对数收益率数据(数据来源为雅虎财经网站(cn.finance.yahoo.com),见"开放实验 3-深成指周数据.xls"),试对收益率序列进行描述性统计分析。

8.1.1 利用 Excel 对金融数据进行描述性分析

步骤 1:打开深成指收益率所在的 Excel 文档。点击"工具"—"数据分析"—"直方图",出现如图 8-1 的对话框:

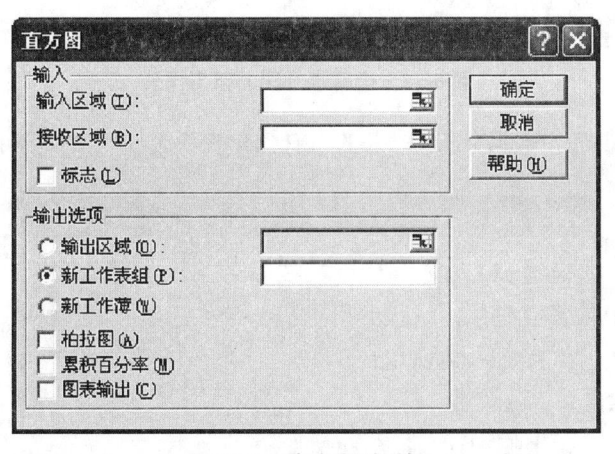

图 8-1 直方图对话框

步骤 2:在"输入区域"输入"C3:C141",在"输出选项"选"新工作表组",并在其后的方框里填上"histogram"(给新工作表命名),在"图表输出"前的方框打"√",按"确定"键,生成了含有直方图的新工作表,如图 8-2 所示:

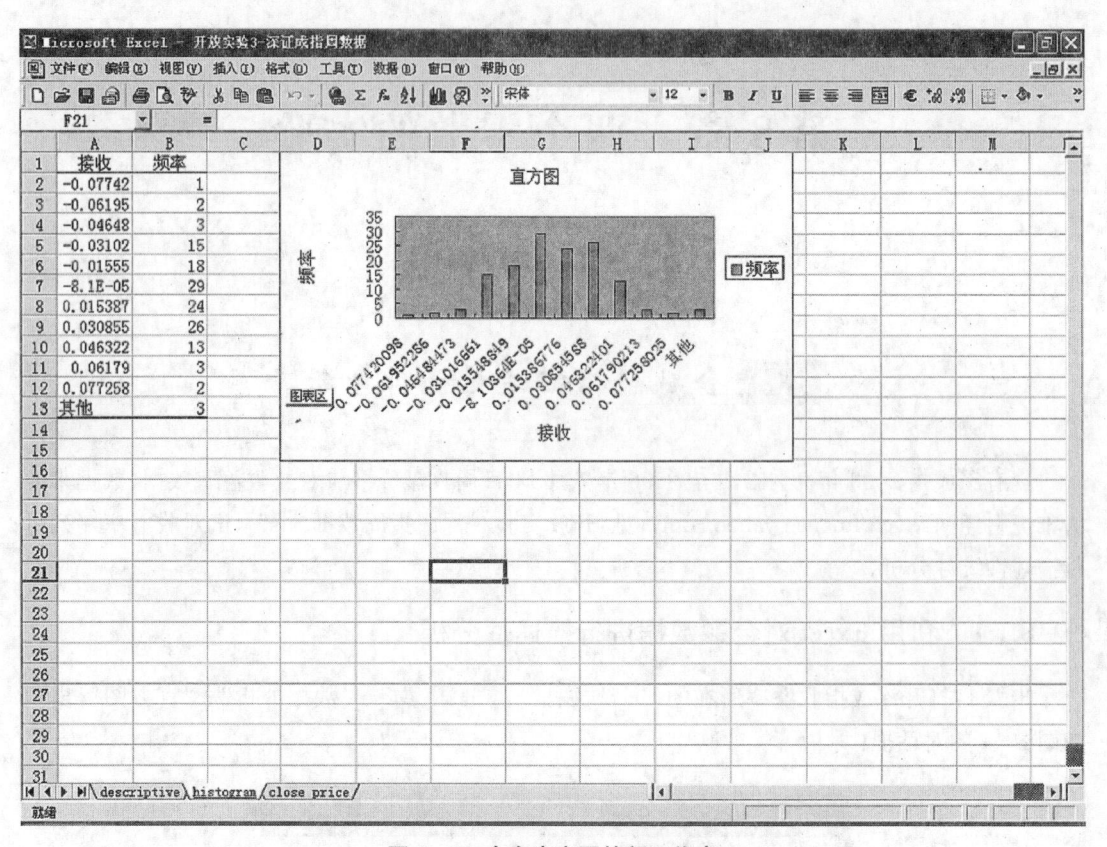

图 8-2 含有直方图的新工作表

步骤 3：点击"工具"—"数据分析"—"描述统计"，出现如图 8-3 的对话框：

图 8-3 描述统计对话框

步骤 4：在"输入区域"输入"C3：C141"，在"分组方式"处选"逐列"，在"输出选项"选"新工作表组"，并在其后的方框里填上"descriptive"（给新工作表命名），在"汇总统计""平均数置信度"

"第 K 大值"和"第 K 小值"前的方框打"√",按"确定"键,生成了含有描述统计信息的新工作表,如图 8-4 所示:

图 8-4 描述性统计工作表

8.1.2 利用 EViews 对金融数据进行描述性分析

步骤 1:打开 EViews4.1,点击"file"—"new"—"workfile",出现如图 8-5 对话框。在"frequency"处选"undated or irregular",在"start observation"处填上"1",在"end observation"处填上"139"。点"ok"建立了没有命名的工作文档。

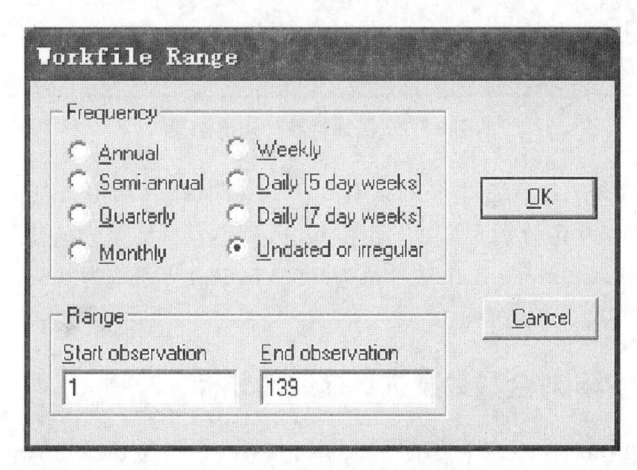

图 8-5 工作文档对话框

若熟悉 EViews 命令,可以在命令栏输入"workfile [path][filename] u 1 139",按回车键即完成工作文档的建立。

步骤 2:点击"objects"—"new object",出现如图 8-6 的对话框。在"type of object"处选择"series",在"name of object"处输入序列名称"rsz"。单击"ok"建立了一空序列。

相应的命令方式是:"series rsz"。

步骤 3:双击已建立的序列 rsz 的图标,打开序列 rsz。单击"edit+/-",输入数据。

步骤 4:在序列 rsz 的窗口点击"view"—"descriptive statistics"—"histogram and stats",出现如图 8-7 所示的输出结果。

图 8-6 New object 对话框

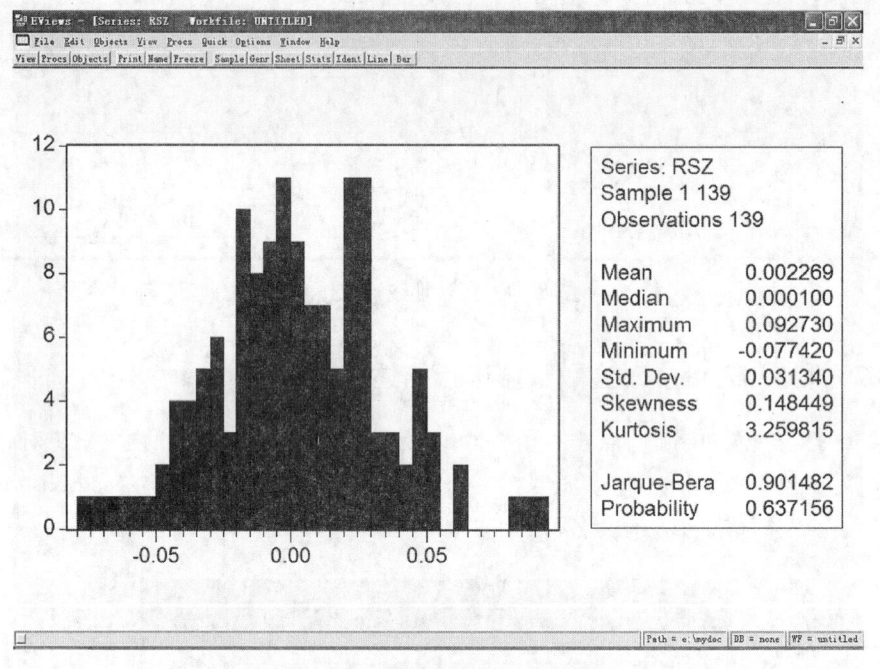

图 8-7 描述性统计输出结果

由图 8-7 可知,深成指收益率序列共有 139 个观测值,其均值为 0.002 269,其中位数为 0.000 10,其最大值和最小值分别为 0.092 73 和 -0.077 42,其标准差为 0.031 34,其偏度和峰度分别为 0.148 4 和 3.259 8,而 Jarque-Bera 统计量为 0.901 5,其临界概率为 0.637 2,不能拒绝序列 rsz 服从正态分布的原假设。

8.1.3 利用 SPSS 对金融数据进行描述性分析

步骤 1:打开 SPSS 软件,点击下方的"variable view",分别输入序列"week"和"rsz"名称、数据类型等信息,将会出现如图 8-8 所示的界面:

图 8-8 variable view 输入表格

步骤 2：点击下方的"data view"，输入两序列的数值。

步骤 3：点击"analyze"—"descriptive statistics"—"descriptives"，出现如图 8-9 对话框：

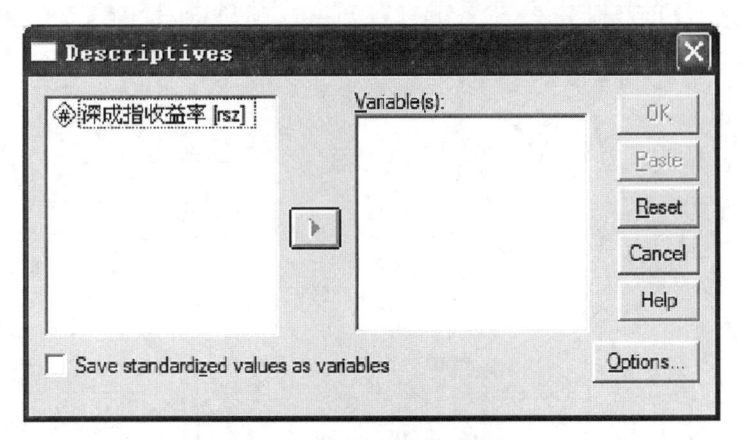

图 8-9 描述性统计对话框

步骤 4：双击选择"深成指收益率[rsz]"，点击图标"options"，出现如图 8-10 对话框，在"mean""sum""std. Deviation""minimum""variance""maximum""kurtosis"和"skewness"前的方框打"√"，并选择"variable list"，点击"continue"继续。

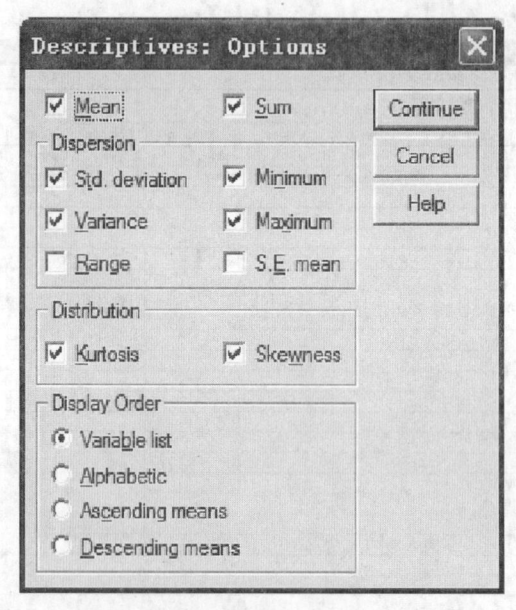

图 8-10 描述性统计选择项对话框

步骤5：单击"ok"完成描述性统计输出。结果如图 8-11。

	N	Minimum	Maximum	Sum	Mean	Std.	Variance	Skewness		Kurtosis	
	Statistic	Statistic	Statistic	Statistic	Statistic	Statistic	Statistic	Statistic	Std. Error	Statistic	Std. Error
深成指收益率	139	-.07742	.09273	.31546	.0022695	.03134042	.001	.150	.206	.314	.408
Valid N (listwise)	139										

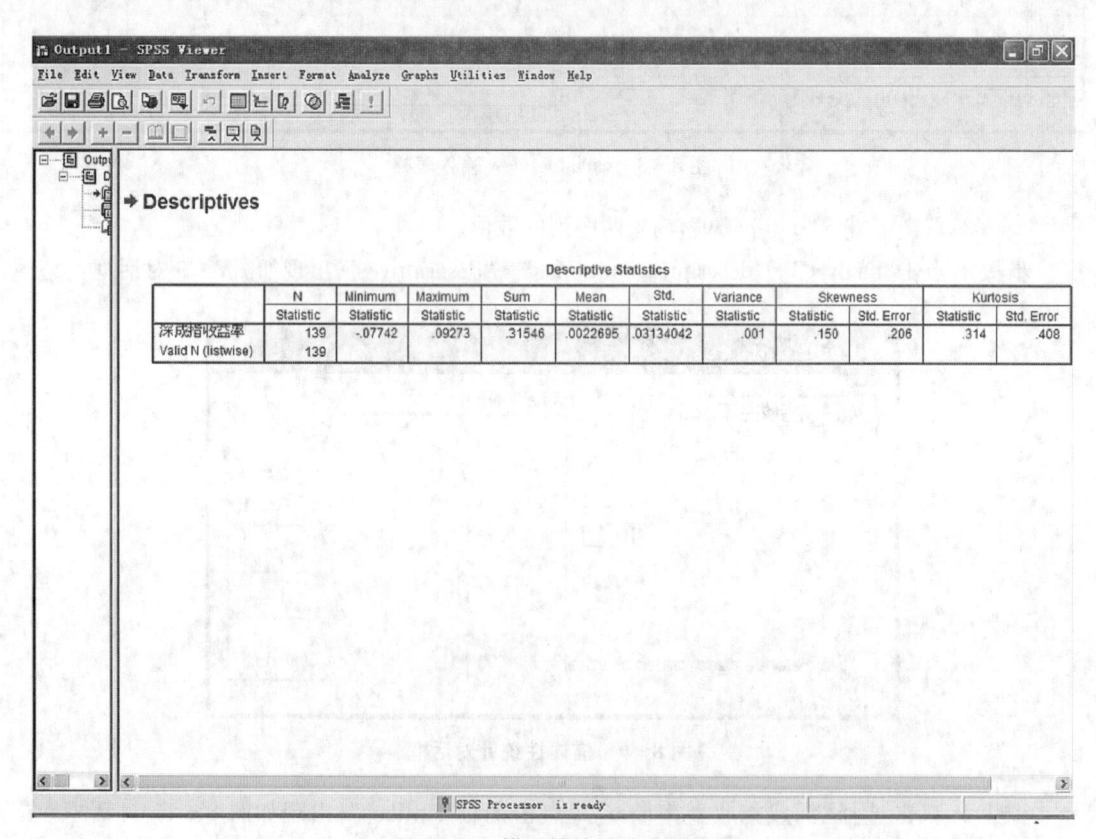

图 8-11 描述性统计输出结果

步骤6：点击"analyze"—"descriptive statistics"—"frequencies"，出现如图 8-12 对话框：

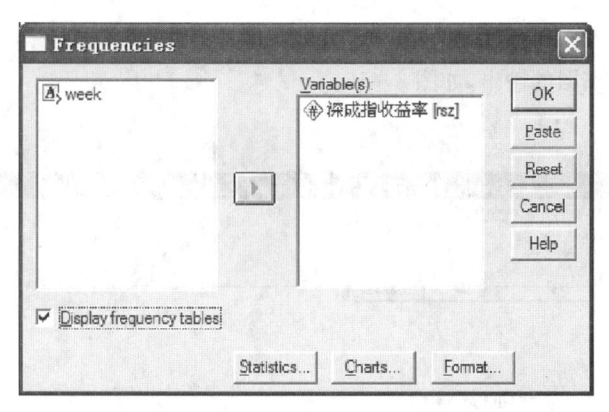

图 8-12 频率对话框

步骤 7:去掉"display frequency tables"前面的"√"(如果不想在输出结果中包含频率表),点击"statistics",出现如图 8-13 所示对话框:

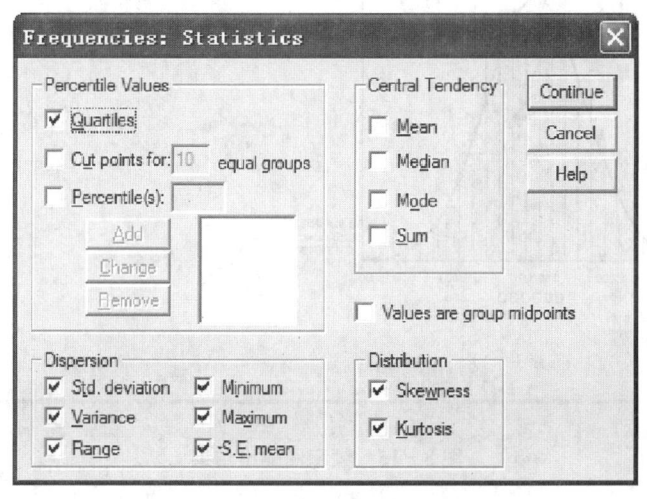

图 8-13 统计量对话框

步骤 8:选择需要的统计指标,点击"continue"继续。点击"charts",出现如图 8-14 对话框:

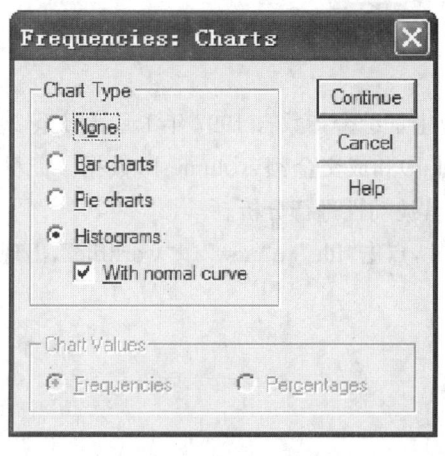

图 8-14 图标对话框

步骤9：选择"histograms"，并在"with normal curve"前面的方框中打"√"，点击"continue"继续。点击"ok"完成频率图的输出，如图8-15：

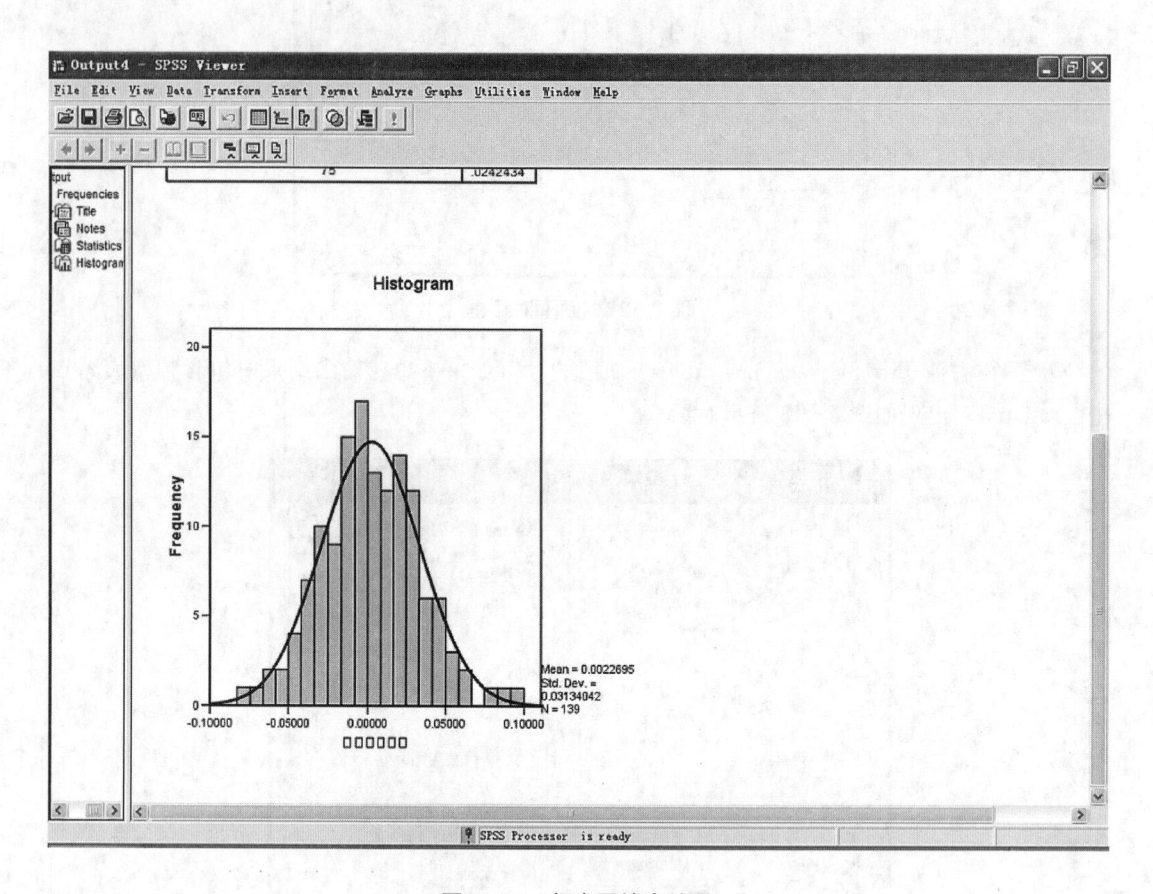

图8-15 频率图输出结果

另外，点击"graph"—"histogram"，也可以得到深成指收益率序列 rsz 的频率图。

8.2 GARCH 族模型

文件"日沪综指.xls"含有上证综合指数自1997年1月2日至2006年7月24日的日收盘指数（closesh）、成交量（turnoversh）和成交金额（volumesh）数据。资料来源：钱龙旗舰证券行情软件。试建立 GARCH 模型对其波动性进行分析。

步骤1：打开 EViews 软件，点击"file"—"new"—"workfile"，出现如图8-16的对话框：

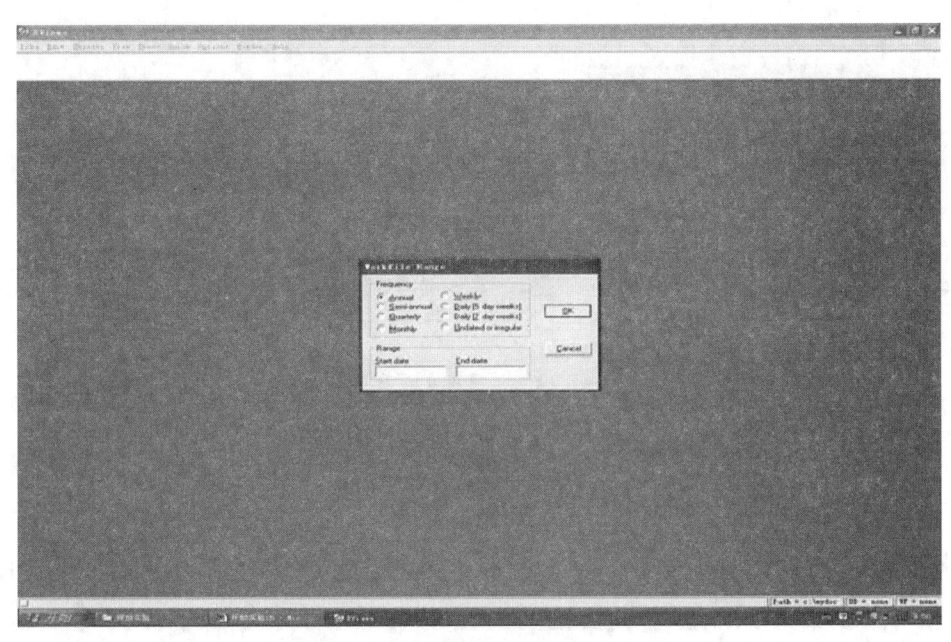

图 8-16 EViews 创建工作文件对话框

步骤 2：在弹出的对话框的"frequency"选择"undated or irregular"，在"start observation"输入"1"，在"end observation"输入"2302"，点击"ok"，完成工作文档的建立，如图 8-17。

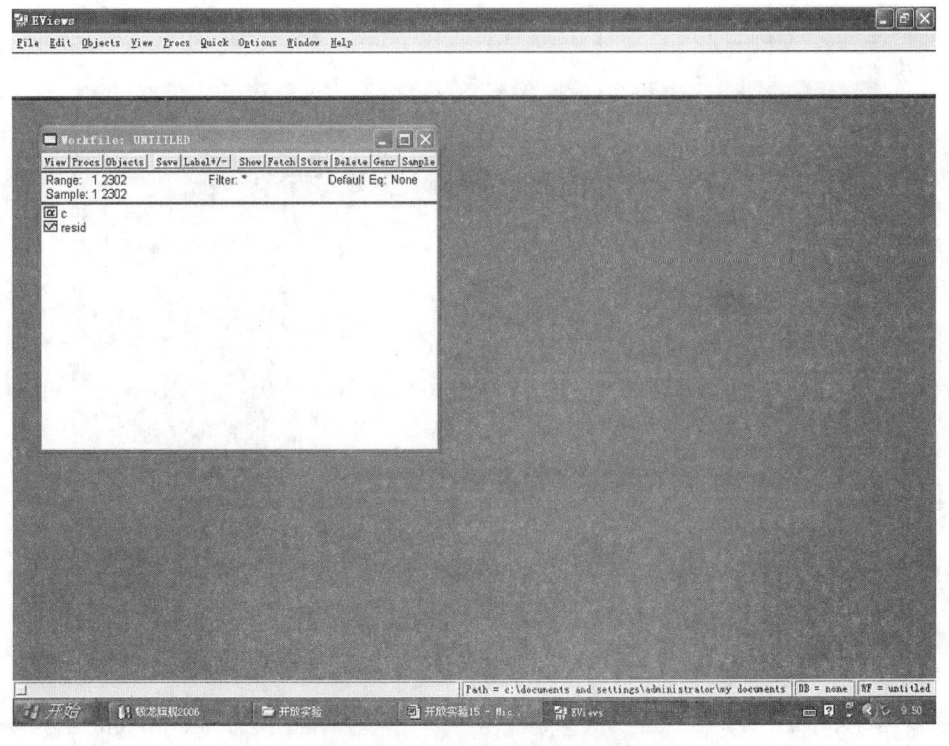

图 8-17 创建完成的工作文档

步骤 3：在主菜单栏点击"procs"—"import"—"read text-lotus-excel"，出现如图 8-18 所示画面：

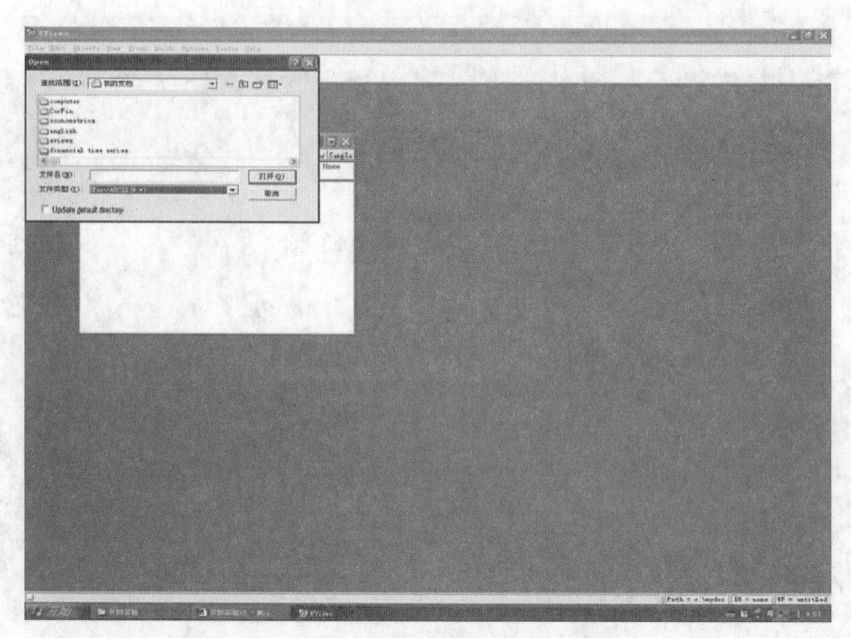

图 8-18 read text-lotus-excel 对话框

步骤 4:在"文件类型"处选择"excel(*.xls)",在"查找范围"处选择"日沪综指.xls"所在的文件路径,双击打开该文件,出现如图 8-19 所示画面:

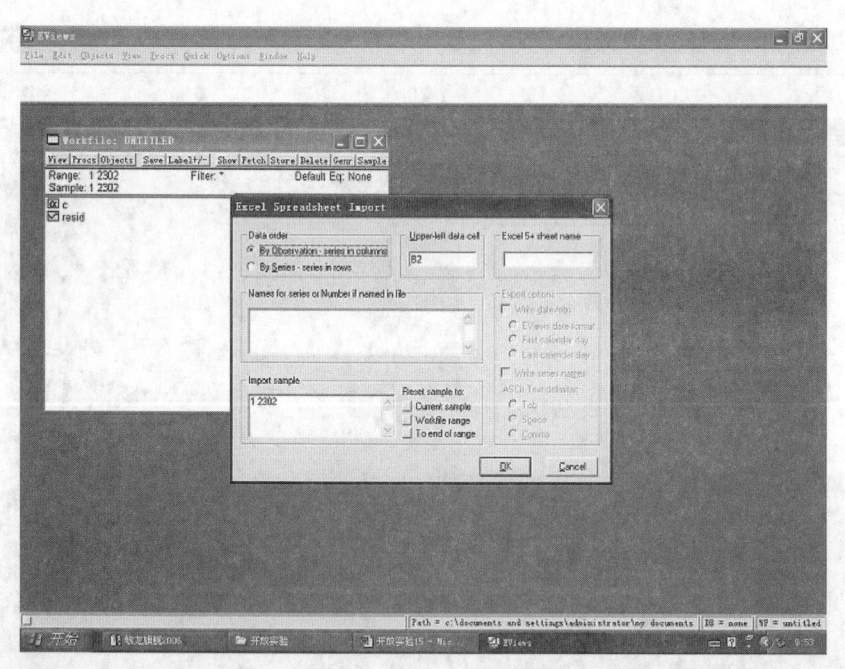

图 8-19 导入 EXCEl 工作表格对话框

步骤 5:在"upper-left data cell"处选择默认的"B2",在"names for series or number of series if names in file"下面的方框里输入"closesh turnoversh volumesh"或"3",点击"ok",完成数据的读入,如图 8-20。

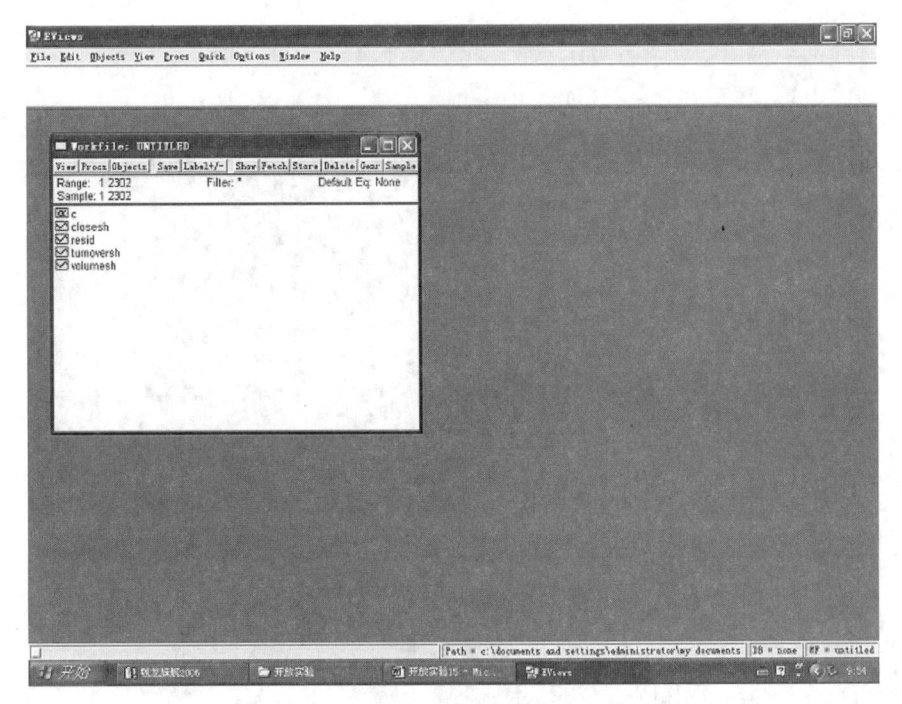

图 8-20 导入成功后的工作文件

步骤 6：点击工作文档窗口的"genr"，出现如图 8-21 所示对话框：

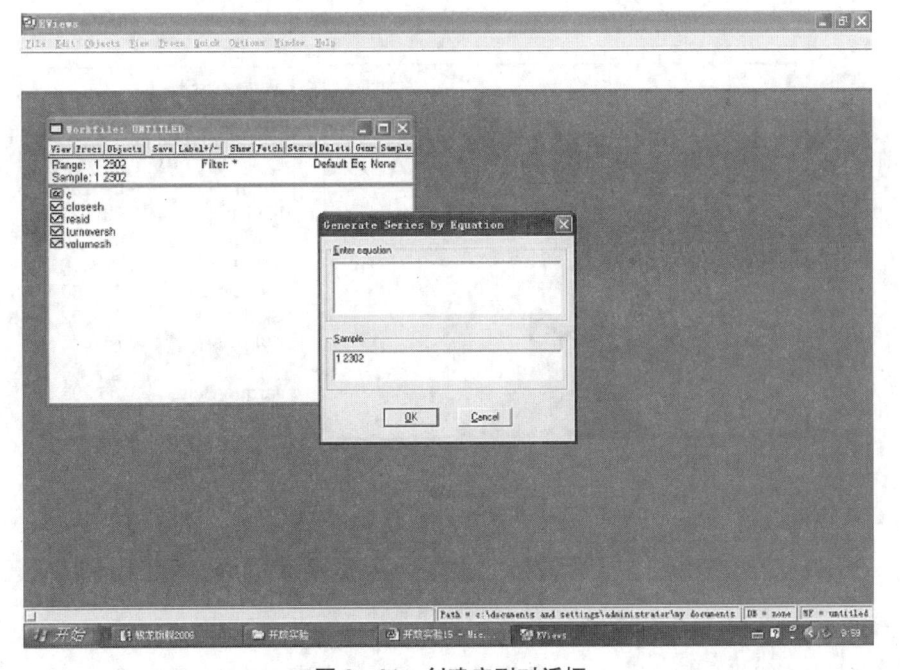

图 8-21 创建序列对话框

步骤 7：在弹出的对话框"enter equation"下的方框内输入"rsh＝dlog(closesh)"，点击"ok"，建立了新序列：上证综指日收益序列 rsh，如图 8-22 所示。

223

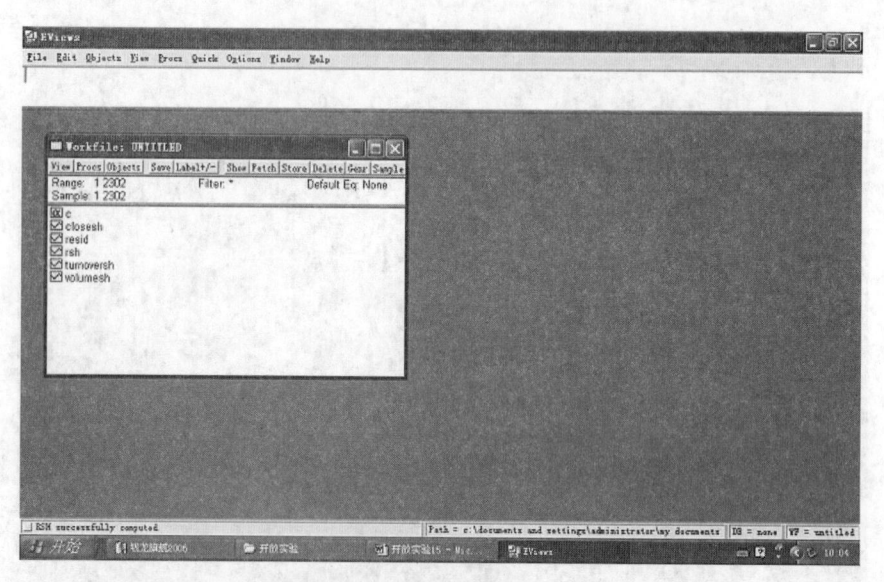

图 8-22 建立了新的序列 rsh

步骤 8：在工作文档窗口双击打开序列"rsh"，点击"view"—"descriptive statistics"—"histogram and stats"，出现如图 8-23 所示结果：

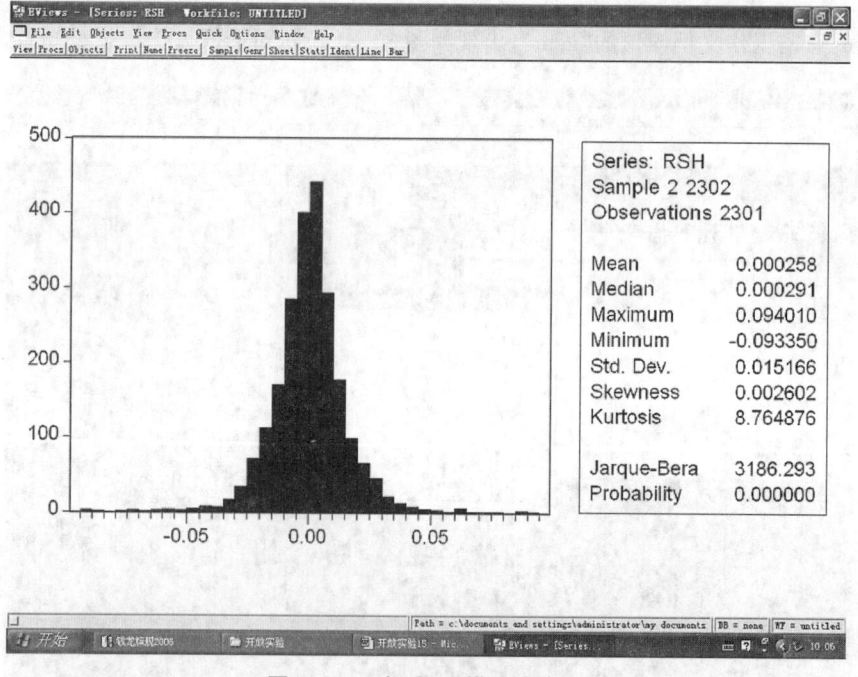

图 8-23 序列 rsh 描述性统计

样本期内上证综指日收益序列 rsh 的均值为 0.026%，标准差为 1.517%，偏度为 0.003，峰度为 8.765，Jarque-Bera 统计量为 3 186.293。这说明上证综指日收益序列具有有偏（右偏）、尖峰、厚尾和不服从正态分布的特征。

步骤 9：点击"view"—"graph"—"line"，得到 rsh 序列的线形图 8-24：

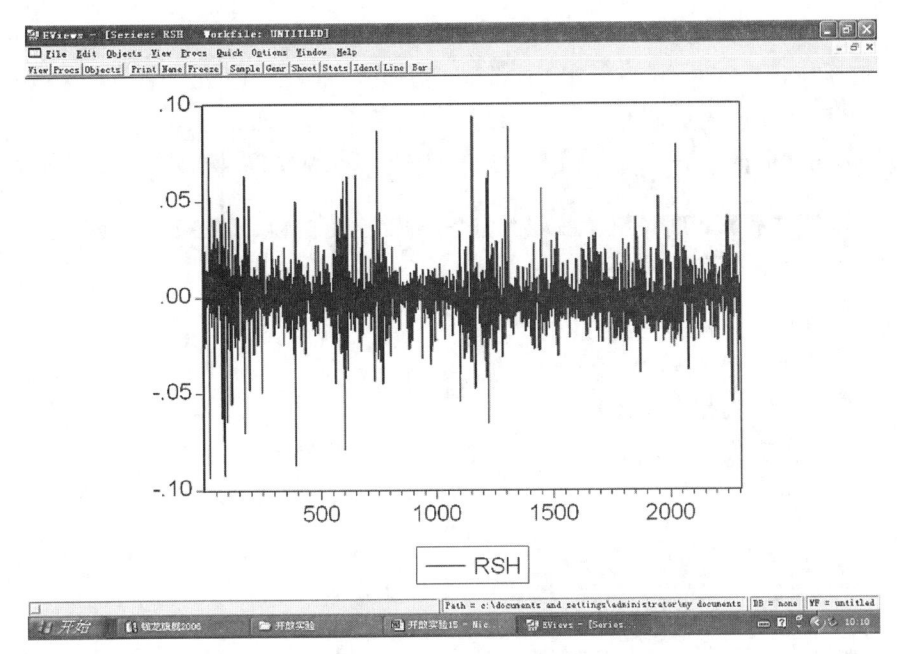

图 8-24　序列 rsh 线形图

从上图可以看出，上证综指日收益的波动性呈现一定的集聚性，较大的波动往往紧接着较大的波动，而较小的波动紧接着较小的波动。

步骤 10：对 rsh 序列进行单位根检验。点击"view"—"unit root test"，出现如图 8-25 所示对话框。

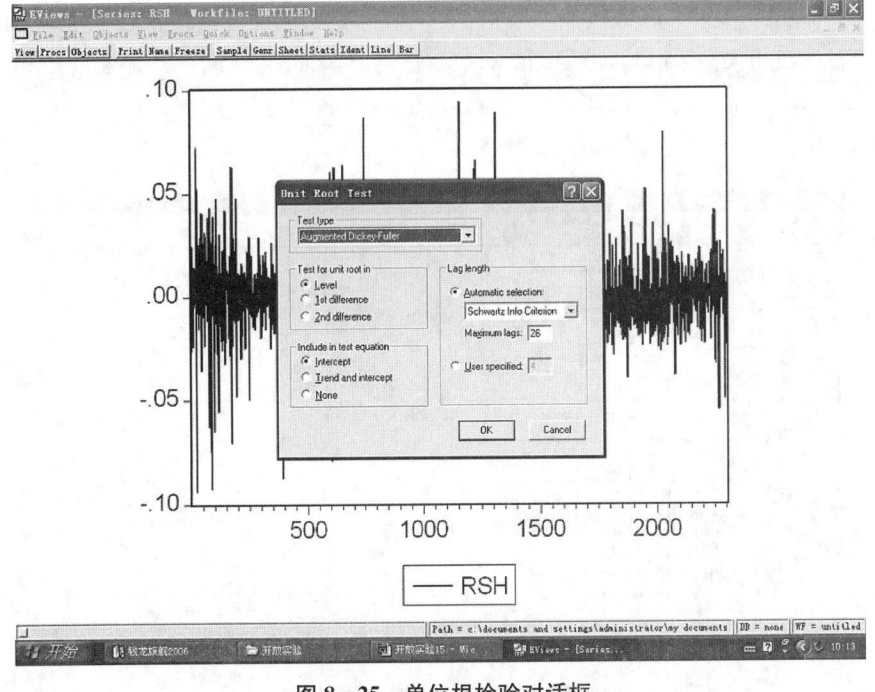

图 8-25　单位根检验对话框

步骤 11：在弹出的对话框的"test type"处选择"Augmented Dickey-Fuller"，在"test for unit root in"处选择"level"，在"include in test equation"处选择"intercept"（因为根据经验收益率均值不为零，一般不存在明显的趋势，这也可以从上图看出），在"lag length"处选择"Automatic selection-Schwartz info criterion"。点击"ok"，得到序列"rsh"的 ADF 检验结果，如图 8-26 所示：

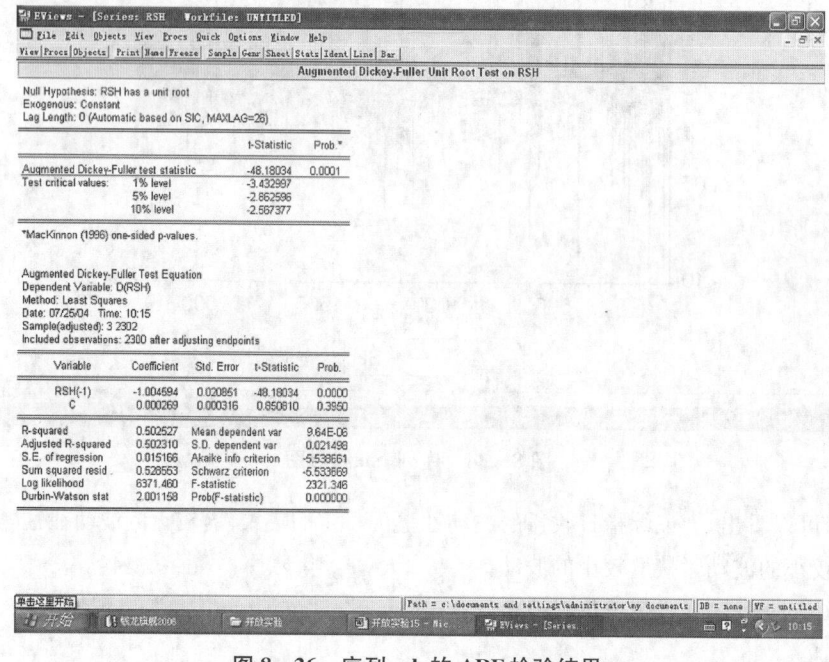

图 8-26 序列 rsh 的 ADF 检验结果

ADF 统计量为 -48.18，临界概率(prob.)为 0.000 1，说明上证综指日收益序列是平稳的。

步骤 12：由自相关检验可知，上证综指日收益序列与其滞后 15 期存在显著的自相关。在命令栏输入"ls rsh c rsh(-15)"，回车后得到方程的估计结果。在方程窗口点击"view"—"residual tests"—"ARCH LM test"，出现如图 8-27 结果：

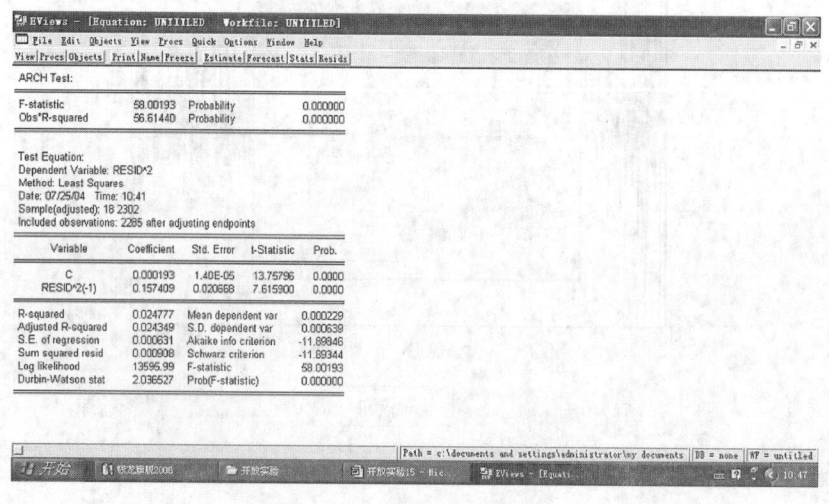

图 8-27 ARCH LM 检验

F 统计量和 nR^2 统计量分别为 58.00 和 56.61，对应的临界概率都为 0.000，说明方程残差中 ARCH 效应是显著的。

步骤 13：点击"quick"—"estimate equation"，出现如图 8-28 对话框：

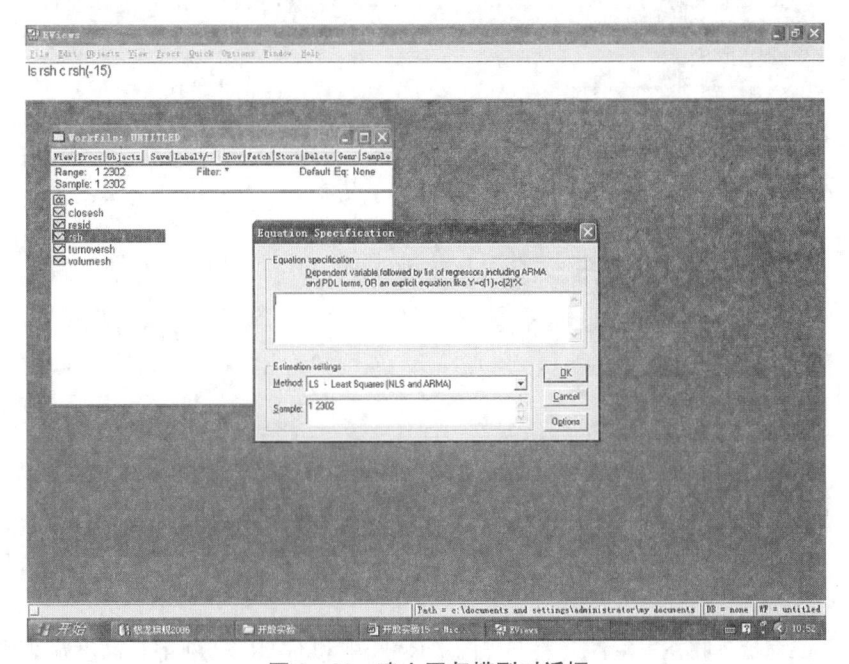

图 8-28 建立回归模型对话框

步骤 14：在"estimation settings"下的"method"选择"ARCH-autoregressive conditional heteroskedasticity"，出现如图 8-29 画面：

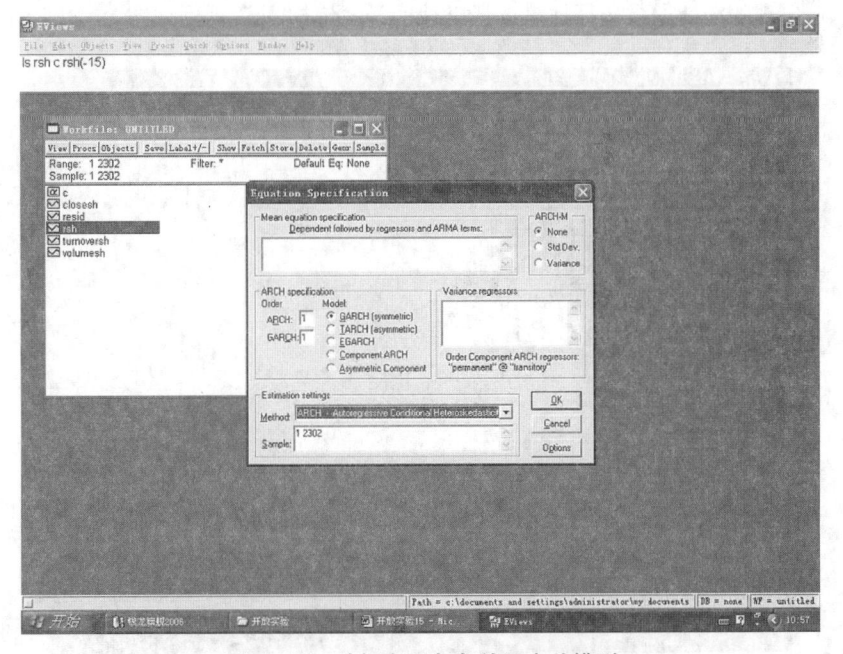

图 8-29 选择自回归条件异方差模型

步骤15：在均值方程设置(mean equation specification)方框内输入"rsh c rsh(-15)"，其他选择默认设定，点击"ok"，得到GARCH(1,1)过程的估计结果，如图8-30：

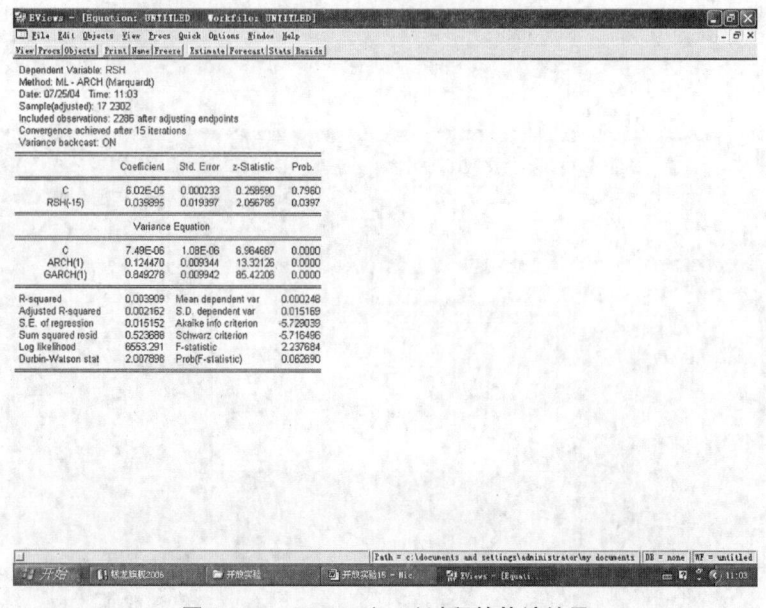

图8-30　GARCH(1,1)过程的估计结果

可见，上证综指日收益率条件方差方程的ARCH项和GARCH项都是高度显著的(其Z统计量分别为13.32和85.42)，ARCH项和GARCH项的系数之和为0.97，说明GARCH(1,1)过程是平稳的，其波动性具有一定的持久性。

步骤16：在GARCH(1,1)方程窗口点击"view"—"residual tests"—"correlogram-Q-statistics"，在出现的滞后期数选择框里选择默认的36，点击"ok"，得到如图8-31所示的结果：

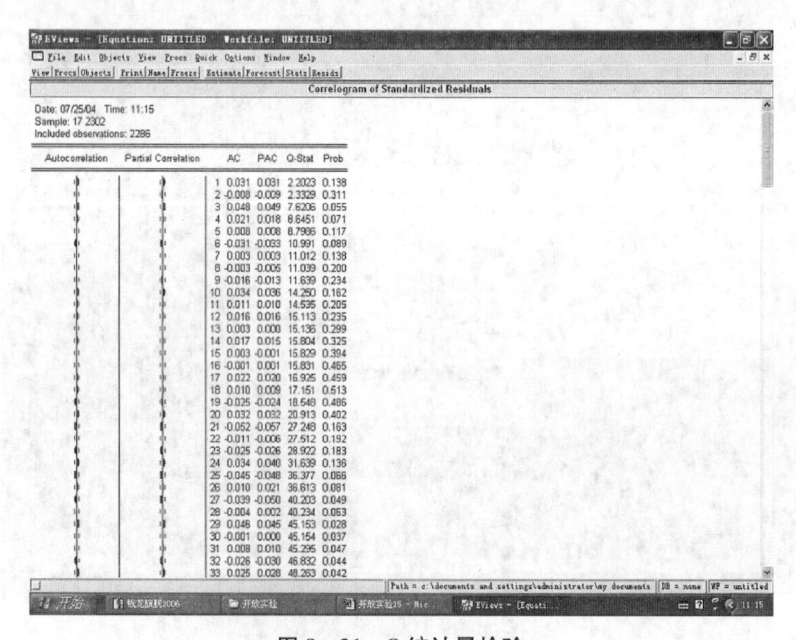

图8-31　Q统计量检验

可见，经过 GARCH(1,1)处理后，均值方程的残差已不存在显著的自相关，从而说明在一定程度上说明均值方程的设置是合理的。

步骤 17：点击"view"—"residual tests"—"correlogram square residual"，在出现的滞后期数选择框里选择默认的 36，点击"ok"，得到如图 8-32 所示结果：

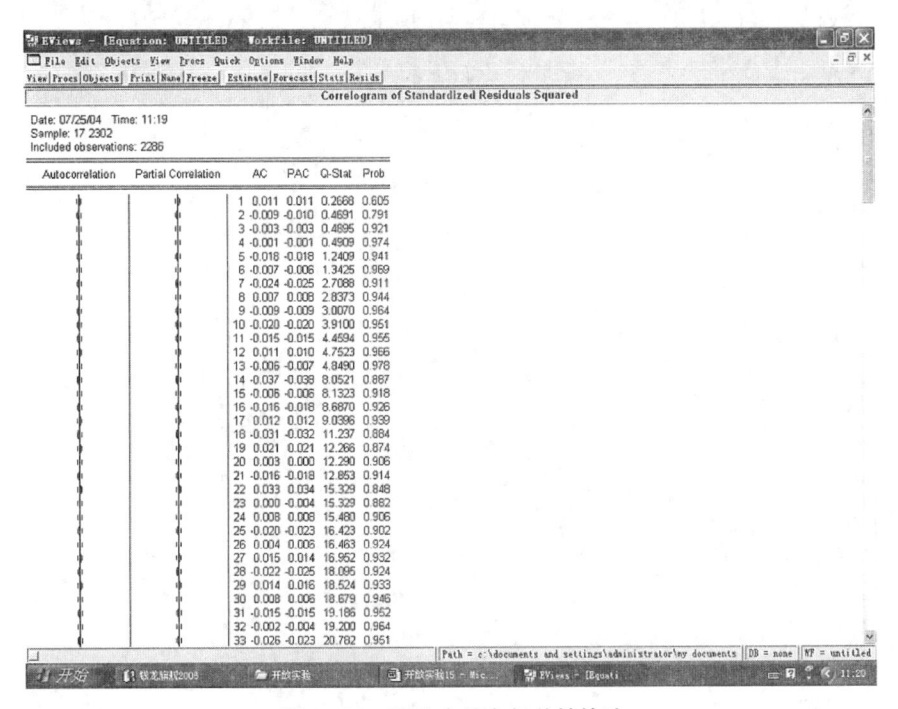

图 8-32 残差方差自相关性检验

可见，方差方程也已不存在显著自相关。

步骤 18：点击"view"—"residual tests"—"ARCH LM test"，在出现的滞后期数选择框里选择默认的 1，点击"ok"，得到如图 8-33 所示的结果：

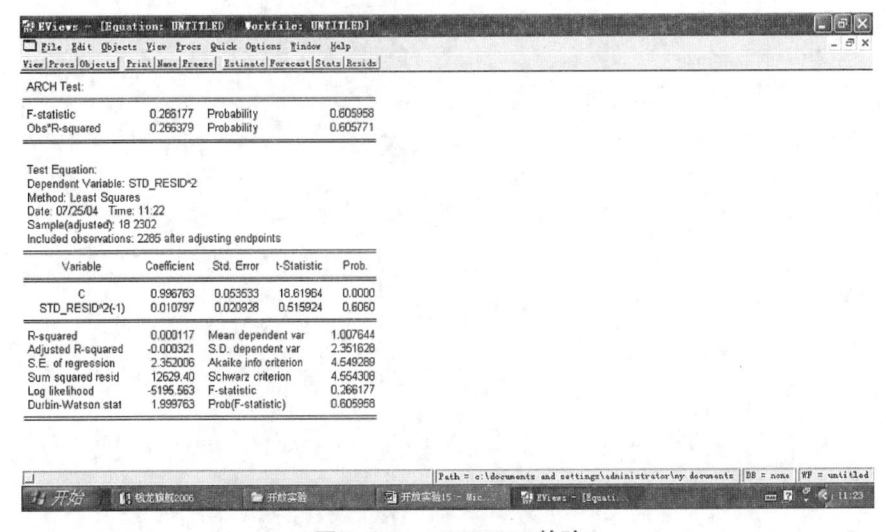

图 8-33 ARCH LM 检验

可见,经过 GARCH(1,1)处理后,ARCH 效应已经不再显著。

练习

自行下载民生银行股票日收益率数据,分别使用 EXCEL、EViews、SPSS 对其进行描述性统计分析,并且建立 GARCH 模型对其波动率进行分析。